杨光瑶◎编著

电子商务短视频营销

中国铁道出版社有限公司
CHINA RAILWAY PUBLISHING HOUSE CO., LTD.

内 容 简 介

本书是一本专门讲解短视频营销的书籍，主要向读者介绍了如何拍摄、剪辑电商短视频以及短视频的营销推广和数据分析。通过本书的学习，能够帮助读者全面认识什么样的短视频才具有吸引力，从而打造出具有带货力的短视频。

本书一共 9 章，内容包括短视频内容的策划、视频拍摄前的准备、拍摄电商短视频的技巧、短视频的剪辑、短视频制作的后期技巧、短视频的分享和发布要点、如何提高电商平台视频播放量、如何在短视频平台进行推广以及利用数据指导短视频运营等。

无论是新手自媒体运营者、电商卖家，还是有一定经验的视频制作者，都可以从本书中获益。另外，本书也适合短视频爱好者、知识分享者、个人微商、新媒体达人等学习和借鉴。

图书在版编目（CIP）数据

电子商务短视频营销：如何拍出吸引人的短视频 / 杨光瑶编著 .—北京：中国铁道出版社有限公司，2021.6

ISBN 978-7-113-27617-1

Ⅰ. ①电… Ⅱ. ①杨… Ⅲ. ①网络营销 Ⅳ. ① F713.365.2

中国版本图书馆 CIP 数据核字（2021）第 027528 号

书　　名：电子商务短视频营销：如何拍出吸引人的短视频
DIANZI SHANGWU DUANSHIPIN YINGXIAO: RUHE PAICHU XIYINREN DE DUANSHIPIN

作　　者：杨光瑶

责任编辑：张　丹　　**编辑部电话**：（010）51873028　　**邮箱**：232262382@qq.com
封面设计：宿　萌
责任校对：苗　丹
责任印制：赵星辰

出版发行：中国铁道出版社有限公司（100054，北京市西城区右安门西街 8 号）
印　　刷：北京铭成印刷有限公司
版　　次：2021 年 6 月第 1 版　2021 年 6 月第 1 次印刷
开　　本：700 mm×1 000 mm 1/16　印张：15.25　字数：250 千
书　　号：ISBN 978-7-113-27617-1
定　　价：69.80 元

前　言

从文字资讯到短视频、从图片到视频，我们可以看到，内容消费的形式正在从文字、图片向短视频转化。随着各种美妆、洗护、DIY玩具等产品在短视频平台上的走红，也让各品牌电商感受到了短视频的带货能力。

在流量竞争越来越激烈的今天，短视频带来的流量不容小觑。根据《中国移动互联网2019春季大报告》数据显示，移动网民人均每天使用349.6分钟看手机，其中36.6%的时间用于看短视频。由此可见，短视频潜藏着巨大流量。不少商家和自媒体也看到了短视频流量的红利，纷纷入驻各大短视频平台。

短视频具有播放时长短、创作门槛低、直观性好、社交互动强等优势，在短视频中植入产品或品牌广告，能够减少观众对广告的排斥力，更容易促进商品成交。

面对这样的趋势，很多想要进入短视频行业的电商却苦于不知该如何下手，有的创作者则在苦恼自己拍出的视频没有成交转化量，本书正是在这样的需求下应运而生。

主要内容

本书总共9章，主要分为四大部分，包括短视频内容策划、短视频拍摄剪辑、短视频营销推广和短视频数据分析，具体内容如下图所示。

第一部分　短视频内容策划

该部分为本书的第1章，主要从短视频内容规划、内容定位、内容要求和内容设计4方面来讲解如何做好短视频前期内容策划。

第二部分　短视频拍摄剪辑

该部分为本书的第2~5章，主要内容包括视频拍摄准备、拍摄技巧、剪辑制作和后期技巧等。通过本部分的学习，可以了解到产品型视频和内容型视频的拍摄手法，以及后期软件的使用方法。

第三部分　短视频营销推广

该部分为本书的第6~8章，主要内容包括短视频发布投放、营销引流技巧和平台推广方法等。本部分将短视频的营销推广按电商和短视频渠道进行了划分，分别介绍了两种平台的不同推广手法。

第四部分　短视频数据分析

该部分为本书的第9章，主要从数据分析入手，讲解如何查看短视频的播放量和互动量等数据，以及如何借助工具持续策划短视频选题，提高短视频的运营效率。

内容特点

实用全面

按照短视频的内容策划、制作、剪辑、营销推广到后期运营的流程进行全面介绍，利于阅读和学习。

操作性强

全书没有太多理论知识的讲解，更侧重于实例操作和分析，旨在帮助读者真正学到实用的技巧。

上手容易

提供了大量的视频运营工具，这些工具操作方便且实用性强，没有运营经验的读者也能轻松上手使用。

读者对象

本书适用于短视频爱好者、电商，以及想要进入短视频行业的新媒体相关从业者，也适合有一定短视频剪辑和运营经验的自媒体创作者学习和借鉴。

编　者

2021年3月

本书素材效果文件下载链接：
https://pan.baidu.com/s/1pIWPAG5636jJvYQlIoKOEQ
提取码：hev3
http://www.m.crphdm.com/2021/0427/14337.shtml

目　录

第5章 后期技巧，重视视频的衔接与输出效果

第9章 数据分析，把握短视频整体运营趋势

第1章

短视频策划，开启内容电商的新玩法

现如今，短视频作为一种热门的内容形态，不管是在电商平台上，还是在社交平台上都随处可见。在短视频热潮的推动下，内容电商的传播方式也从图文逐步向短视频转化。可以说，短视频+电商已成为一种新的发展趋势。

内容规划，把握优质电商短视频的要点

- 看一看哪些商品更适合做短视频
- 这样的短视频才能吸引用户“买买买”
- 竖视频VS横视频，如何抉择
- 把握这3个核心，更能促进销量

精准定位，让视频对目标人群“种草”

- 用户画像细分，目标群体定位
- 明确短视频的内容方向
- 如何策划短视频选题库
- 五大标准检测选题是否合适

1.1 内容规划，把握优质电商短视频的要点

相比纯图文形式，短视频的用户转化效果更好，而电商想通过短视频实现引流和转化，就不能忽视对短视频内容质量的把握。从各大电商和短视频平台的数据来看，高质量视频的带货作用是毋庸置疑的，那么什么样的内容才算是优质的电商短视频呢？

1.1.1 看一看哪些商品更适合做短视频

我们知道，一个网店销售的商品通常不会只有一个，那么是不是所有的商品都适合做短视频呢？答案是否定的。可以看到，很多短视频并不是一经发布就立马有效果的，而是经过一段时间的预热期后才能有一定的播放量并实现客户转化，因此商家在对短视频进行商品选择时，首先要考虑时间因素。

从时间上来看，在为短视频选品时，我们需要选择未来几个月可能成为热销的商品，并且要提前投放短视频。那么为什么要这样做呢？

一般来说，一条商品短视频从制作到投放上线短则需要一个星期左右，长则需要一两个月甚至更久。如果我们选择了店内正在热销的商品，那一两个月后到投放短视频时，这个商品很可能就不是爆款了。

另外，有的商品根据季节特性会有销售淡季和旺季之分，比如服装一般会根据季节更替变化。如果此时我们选择了夏装热门款拍摄短视频，而一个月后秋装开始上市了，这时更多的消费者会选择买秋装，这样我们之前投放的夏装短视频带来的转化率可能不会太好。所以短视频选品时，可以选择1～2个月后的潜在爆款商品。

TIPS *服装产品如何选择短视频投放时间*

对服装产品来说，在2月中上旬时，也就是春节过后通常要清理冬装、上新春装，此时可以选择3、4月份可能成为热门的春装投放短视频；在3月下旬4月初时，则可以着手选择夏装潜在爆款投放短视频，因为5~7月一般是夏装销售旺季；7月底时可以选择秋装潜在爆款投放短视频，等到8月下旬~9月上旬时秋装一般会开始热销；9月底时则可以考虑冬装潜在爆款投放短视频，因为11月时冬装一般会迎来旺季。以上时间表可作为服装类商家投放短视频的参考，具体投放时间，可根据店内商品周期来选择。

从品类上来看，服装箱包、美妆护肤、家居食品类的商品在短视频平台上卖得较好。同时，这几个品类也是电商行业短视频广告投放占比较高的，如图1-1所示为App Growing发布的抖音平台电商广告投放占比数据。

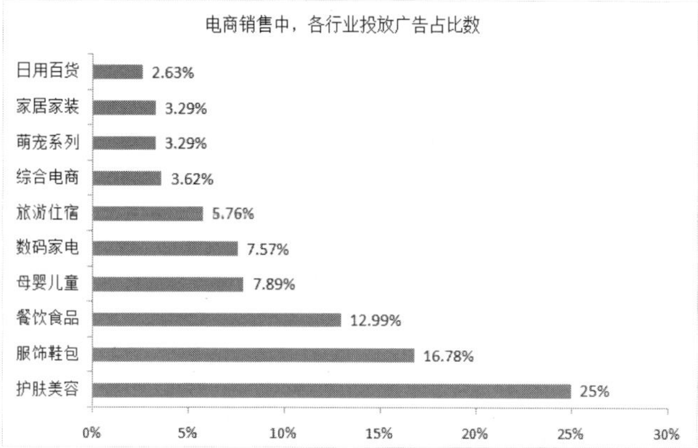

图1-1

由此可见，在选择短视频的商品类型时，选择大众熟知的，与人们日常生活有关的必需品更有优势。另外，价格也是一个重要的影响因素，产品价格越低消费者越不会犹豫，更适合做短视频推广。

1.1.2　这样的短视频才能吸引用户“买买买”

很多电商卖家都明白，用短视频带动商品更能吸引用户下单，但自己拍摄的短视频效果却不理想。这很大程度上是因为视频本身不能引发买家共鸣。从内容上来看，电商短视频要满足以下几点才更能吸引用户下单。

◆ 满足基本观看体验

指短视频的画质要清晰，logo、水印、图标等最好位于画面角落，避免影响商品呈现效果。视频镜头应该无抖动、虚晃，构图满足大众的审美，背景音乐与视频内容协调。

◆ 符合买家人群兴趣点

指短视频的风格和内容要符合目标人群的调性，比如产品的目标人群是18~25岁的女性人群，那么短视频的风格就应偏年轻化、新潮化、娱乐化，娱乐八卦、搞笑段子可能是他们的兴趣点；如果目标人群是41～50岁的中老年人，短视频风格就应偏生活化、品牌价值化，养生健康、情感陪伴可能是他们的兴趣点。

◆ 节奏感强不拖拉

短视频的长度一般在15秒到5分钟不等，这就要求视频内容要具有很强的节奏感，不拖拉，在短时间内就能讲述完剧情，呈现商品的特性、优势，这样才能快速抓住用户。以30秒的挂烫机产品视频为例，只需在视频中展现挂烫机的基本功能、使用方法以及熨烫后的衣物效果即可，没必要在视频开头还详细的介绍产品品牌，使得产品重要信息无法得到呈现。

◆ 讲述真实的感受

不管是何种类型的短视频，都要有真实感，因为消费者想要看到的是产品真实的用户体验。所以我们可以看到开箱评测以及好物推荐类的短视频，都是以“我”的角度（消费者视角）来阐述商品亮点，这样可以降低商品的广告性，也更能令买家信服。

1.1.3 竖视频VS横视频，如何抉择

短视频的呈现方式主要有两种，一种是竖视频，一种是横视频。对于这两种视频形式，很多商家都不清楚该如何选择，一般来说可以综合内容和投放位置来抉择。

不同的平台对于视频的尺寸要求会有所不同，这就使得我们在制作视频时首先需要满足相关要求。以淘宝网为例，在淘宝上传主图视频，它支持的视频尺寸有3种，1:1、16:9和3:4，这就使得我们不能上传9:16的竖屏视频，只能选择3:4尺寸。

而对于淘宝网的哇哦视频频道来说，其支持1:1、16:9、9:16和3:4这4类视频尺寸，由于哇哦视频是在淘宝手机端呈现，从用户的使用习惯来看，一般都会将手机竖着，那么选择3:4和9:16这两个尺寸会较好。在这两个尺寸中，推荐使用3:4尺寸，因为哇哦视频中的短视频不仅可以显示商品链接，还可以显示推荐文案，选择3:4的尺寸可以避免视频下半部分被文案和商品链接遮挡过多。

如果选择1:1或16:9的尺寸，用户在播放视频时会看到空白处的黑边，所以竖版视频会有更好的浏览体验。如图1-2所示为哇哦视频中16:9和3:4视频的两种呈现方式。

图1-2

对短视频平台来说，如抖音、快手，选择9∶16的竖版视频更能抓住用户的注意力，并且可以减少用户翻转手机的动作。从内容上来看，如果需要在视频中交代更多的环境信息，让画面更有空间感，那么使用横版视频更好；如果出境人物不多，想要更多的聚焦被拍摄主体就可以选择竖版视频。总的来说，对于短视频，竖版更符合用户的内容阅读习惯，建议多选择拍摄竖版视频。

1.1.4　把握这3个核心，更能促进销量

很多用户观看短视频都是利用碎片时间，所以我们的短视频也要在短时间内传递出有价值的信息，这样消费者才会买单，具体要把握以下3个核心。

◆ 场景化

在拍摄短视频时，要展现实拍的商品和生活场景图，以此来引发共鸣、刺激销量。比如拍摄餐具的短视频，那么拍摄场景就可以选择家中的餐厅作为背景，用美食来烘托餐具，以营造家居生活的场景；如果是拍摄洗碗手套的视频，就可以选择厨房作为背景，呈现用手套洗碗时的场景，体现手套去污、好清洗、不伤手等功能特征，如图1-3所示。

图1-3

◆ 价值化

价值化是指短视频要让观看者感到一定的价值，这个价值可以是情感共鸣，也可以是某一技巧或是选购参考等。新奇的、有趣的、积极的、实用的都能作为短视频传递的价值。

◆ IP化

IP化是指我们的短视频账号要有一定的辨识度，要有个人特色，比如短视频红人李某的定位是“口红一哥”，老爸评测的定位是“家长式的评测+科普”，他们的短视频都有明显的个性特征且风格统一。当短视频有了IP感后，粉丝会逐渐与你建立感情，黏性也会大大提高。所以，在做短视频时最好深耕一个领域，打造出个性化特征，然后再通过短视频带入商品进行售卖，比如产品是女装，就深耕时髦穿搭领域，打造资深时尚咖、穿搭达人的人设。

1.2 精准定位，让视频对目标人群“种草”

人群定位不同，我们的短视频内容也会有所不同。在拍摄一条短视频前，首先需要对目标人群打标签，分析目标对象的年龄、兴趣、地域等进行定位，这样拍出来的短视频才能对目标人群强烈“种草”。

1.2.1　用户画像细分，目标群体定位

对目标群体进行定位有利于商家了解目标对象的偏好，从而为短视频的精准化营销提供依据。在大数据时代，用户画像也要用数据来说话。对电商卖家来说，要了解目标群体的用户画像，首先可以通过网店的后台数据来分析。以淘宝网为例，在生意参谋中可以通过“客群洞察”或“搜索人群分析”来查看客群画像。如图1-4所示为生意参谋“市场”后台页面。

图1-4

通过后台数据，我们可以明确电商平台上潜在目标用户的人群画像。另外，我们的短视频不会只投放在电商平台，还会投放在短视频平台。因此还可以通过对现有的短视频达人账号进行数据分析，了解目标人群的用户画像，下面以卡思数据网站为例。

进入卡思数据首页并登录，进入“榜单”页面，在该页面可以筛选平台和关键词，这里选择与网店类目相关的关键词，如“时尚”，如图1-5所示。

图1-5

在搜索结果中选择与本店产品类型或视频内容方向较匹配的短视频达人，如图1-6所示。

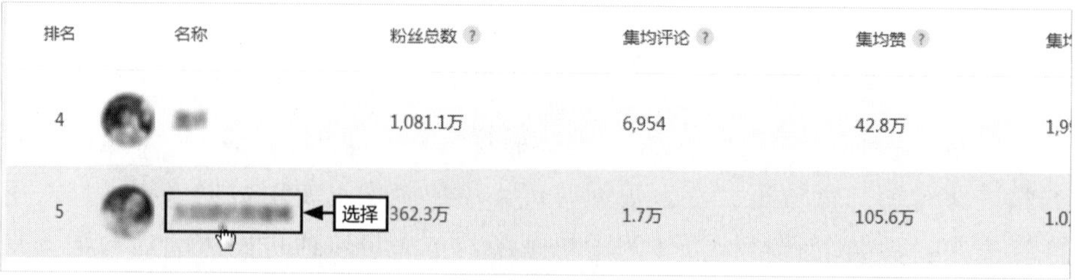

图1-6

在打开的页面中切换至“用户画像”页面即可查看到粉丝的性别、年龄、城市和星座分布，如图1-7所示。

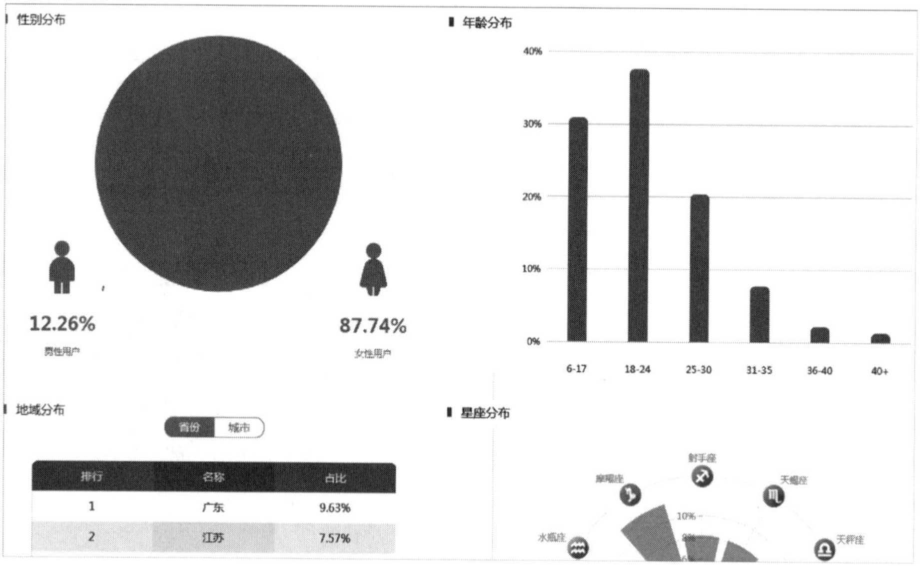

图1-7

通过以上工具能够获得目标人群的基本静态信息（静态信息还包括职业、学历等数据，分析时选择有需要的即可）。除了静态信息外，还需要分析动态信息，动态数据信息是指目标人群的上网偏好，比如搜索偏好、上网区间、转发、点赞以及加购等上网行为。

动态数据可以结合短视频或电商等平台提供的数据报告来分析。比如《2019短视频平台用户调研报告》就可以帮助我们了解短视频平台用户的使用行为数据，而《2019抖音美妆群体分析报告》就可以为美妆类短视频提供动态数据参考，如图1-8所示为《2019抖音美妆群体分析报告》中的用户上网时段分布数据。

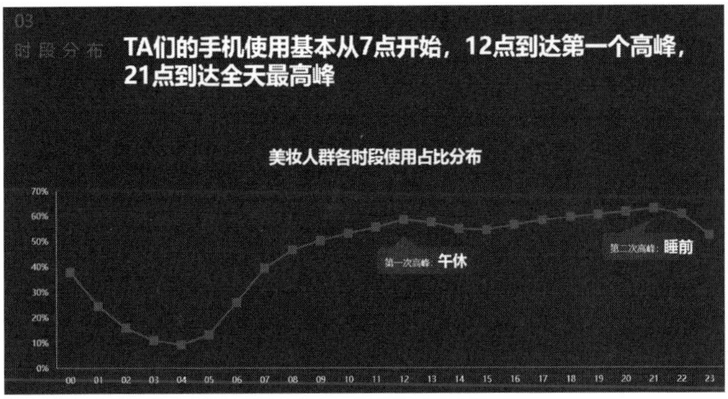

图1-8

有了这些数据做支撑，就可以形成目标人群的短视频画像，要从静态信息和动态信息两方面来书写，如下所示。

性别分布：女性多于男性，女性占比约80%，男性占比约20%。

年龄分布：18～24岁占比最高，约40%；6～17岁占比约30%；25～30岁占比约20%。

地域分布：在广东、江苏、山东、河南、四川等人口大省城市占比高。

视频偏好：爱穿搭、亲子、萌宠、美食。

观看时间段偏好：12:00～14:00，18:00～22:00。

互动行为偏好：点赞＞分享＞收藏＞留言/私信＞下载。

……

1.2.2　明确短视频的内容方向

短视频的内容总体可以分为两大方向：一是单品型视频；二是内容型视频。对于电商平台上发布的头图、详情页视频，大都为单品型视频，因为需要在一分钟内突出商品卖点；而在哇哦视频、抖音、小红书以及其他短视频平台上发布的视频，则可能是单品型视频，也可能是内容型视频。

1.单品型视频

单品型视频是指纯商品展示型的短视频，一般以介绍商品的特征、功能为主要内容。服装鞋包、美妆饰品、家居建材等常见的实物类产品都可以拍摄单品型短视频。

单品型短视频的内容呈现方式有字幕说明式和配音解说式。纯字幕说明式即指将产品放置在所处的生活场景中，单纯以字幕来体现商品外观和使用功能；解说式是指短视频达人或红人以产品体验官的角色，围绕所推荐的商品，通过讲解的方式来呈现商品的使用过程及使用效果。如图1-9（左）所示为纯字幕说明式单品型短视频，图1-9（右）所示为达人解说式单品型短视频。

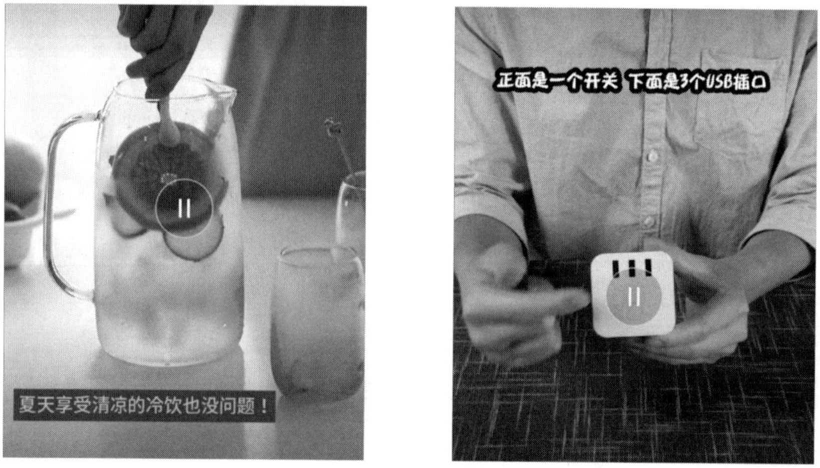

图1-9

TIPS *达人解说式单品型视频内容呈现方式*

达人解说式的短视频达人可以全身出境，也可以半身出境。达人一般会先向观众打招呼，如“哈喽，大家好”，然后说明要向观众开箱或推荐的产品是什么，之后一边开箱展示或使用商品，一边解说产品特点。对于此类短视频，达人是视频的主角，因此达人的人设要与视频中的产品风格统一。对于综合品类的电商来说，就可以多采用达人解说式短视频，利用短视频红人或开箱达人的人气来为产品助力。

2.内容型短视频

内容型短视频是指以故事情节、教学评测、技能技巧等内容来间接带出商品的短视频。按内容来分，这类短视频一般可分为以下几类。

◆ **创意剧情类**：内容主要是情景短剧、搞笑段子等，产品常通过台词、道具的方式植入剧情中。

◆ **评测类**：内容主要是评测一类商品的优劣、功能、设计外观等，视频中达人常常会围绕产品的疑问点进行解答。如试吃评测常常会介绍食物的包装

（如独立小袋、盒装）、食用方法（如开袋即食、自热）、味道口感（如麻辣、酸、脆）、价格等。常见的评测类短视频有美食评测、数码科技评测、美妆护肤评测等。

◆ **科普类：** 内容主要是知识科普、技能技巧的分享，如生活小窍门、一日三餐的做法等。这类短视频常常会以视频关联同款商品的方式来实现带货，如分享美食制作方法的短视频，关联的商品可以是锅、食材等；科普调味品危害大不大的短视频，关联的商品就可以是调味品本身，如图1-10所示。

图1-10

◆ **清单类：** 主要以主题清单的形式盘点或推荐某一类商品，如围绕150小个子的七夕约会装总结几款连衣裙；围绕轻便防晒遮阳伞这一主题推荐几款遮阳伞。

◆ **教学类：** 主要内容是教导用户学习或使用某一工具、技能等。比较常见的是教导用户使用Word、Photoshop等软件，或学习摄影、剪辑等。这类视频的产品通常是非实物类产品，如软件、设计服务、视频课程等。

在选择短视频的内容方向时，要结合产品特性来选择合适的视频类型，只有两者相契合，才能更大程度地发挥短视频的营销效果。

1.2.3　如何策划短视频选题库

短视频要实现持续稳定的更新，建立选题库是很有必要的。选题时要以目标群体为核心，考虑用户的喜爱程度，常用的方法有以下几个。

1.收集常规选题库

短视频的创作者要有意识地收集整理优质的短视频，将这些短视频的内容概要、标题整理成文档，方便日后策划短视频选题时获取灵感。收集整理优质短视频时也要掌握一定的技巧，以提高效率。

首先可以在日常观看短视频时将其收藏，对于特别好的短视频，还可以下载下来，以便再次浏览观看。以抖音为例，在短视频播放界面点击“分享”按钮，在打开的页面可选择“收藏”或“下载”短视频，如图1-11所示。

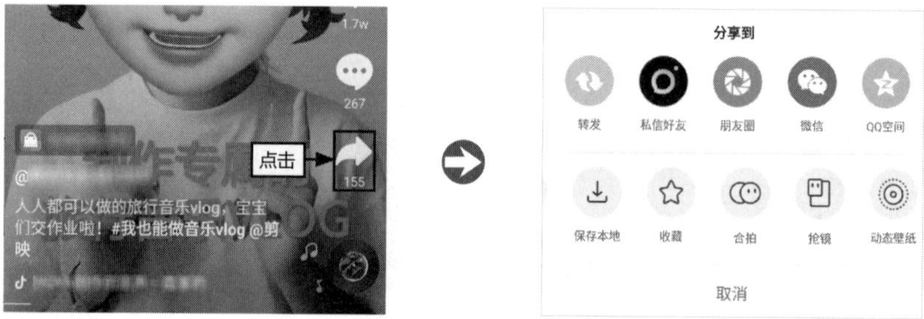

图1-11

对于当天收藏的短视频最好当天就整理在文档中，另外，根据需要也可一周整理一次，整理时最好以表格方式体现，如表1-1所示为短视频题材库。

表1-1 短视频常规题材库

标题	平台	时长	来源	点赞总数（万次）	是否带商品
这个打扮不许笑，记得点赞和关注	抖音	15秒	××弟	86.0	否
家有卷尺的要留意，拉开卷尺才能发现的秘密，装修师傅不会告诉你	抖音	20秒	××××杂谈	1.7	否
这可是你说的啊	抖音	20秒	×茶	32.5	是
如果你能认真的看完这段视频……	抖音	60秒	××珠宝饰品	201.1	否
……					

对于日常收集整理的短视频，可以将其归类为常规选题库。常规选题库

的内容可以很广泛，不管是搞笑段子、还是心灵鸡汤，只要是觉得好的视频都可以放在其中，作为日后的灵感来源。

2.建立爆款选题库

爆款选题库则可以通过对竞争对手的爆款视频进行整理或分析而得来。目前，市场上有很多短视频服务平台可以为我们提供竞争对手爆款视频数据，利用这些数据可以帮助我们更加快速地建立爆款选题库，下面以飞瓜数据为例。

打开飞瓜数据（https://dy.feigua.cn/）并登录，进入工作台页面，单击“新增一个抖音号”按钮，如图1-12所示。❶输入竞争对手的抖音号，❷单击“搜索”按钮，如图1-13所示。

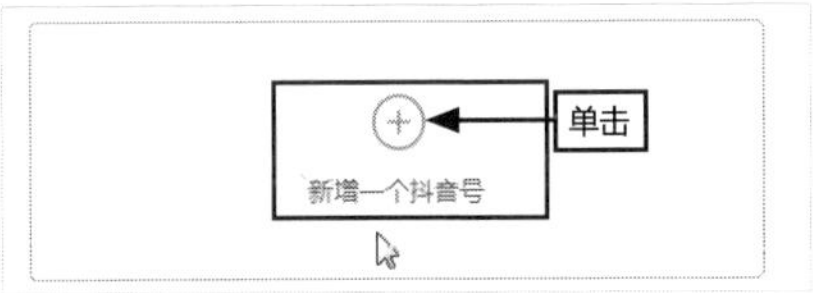

图1-12

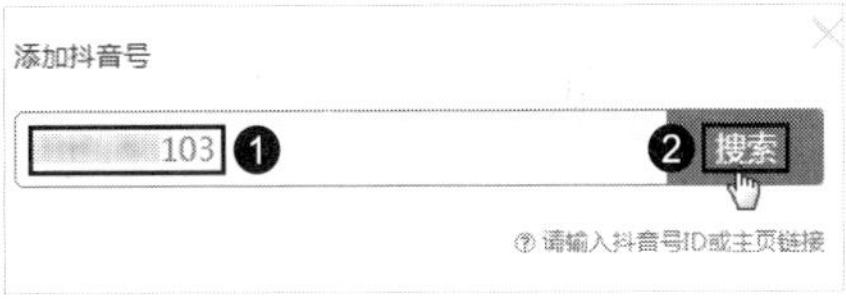

图1-13

单击“立即添加”按钮添加账号后，进入“我的账号”页面，在该页面可以根据“最热”排行来查看该账号的爆款视频，如图1-14所示。

图1-14

需要注意一点，免费版用户目前只支持添加一个账号，如果需要添加多个账号需要升级版本。另外，还可以通过短视频平台查看达人账号的爆款视频，只不过相对比较麻烦。

3.建立热门话题选题库

热门话题通常具有一定的时效性，因此该选题库要把握两个关键词“新”和“热”。具体可结合热点关键词或节日来建立选题，比如七夕节快到了，那么“七夕”就可以作为一个热点，围绕七夕可以发散的选题有爱情、单身、秀恩爱、礼物等，因此需要我们运用发散思维来建立选题库。同时，也可以通过关键词挖掘工具来查看，如5118.com（https://www.5118.com/）的需求图谱。在5118.com网站首页的“挖词”选项卡中单击“关键词挖掘”超链接，在打开的页面输入要查询的词汇进行分析，单击“需求图谱”按钮就能得到如图1-15所示为词频脑图。

图1-15

节日类的短视频选题一般需要提前1~2周策划，因为视频在节日当天发布蹭热度的效果才会更好。可以在电子日历中标注节假日、高考季等热门节日，并将过往比较热门的节日选题角度按照日期先后整理成文档，为日后做选题提供思路，如下所示。

NO.1　2019.8.7　七夕节

1.七夕节，送巧克力却激怒了女朋友。

2.给你们提个醒，七夕节秀恩爱要小心了。

NO.2　2019.9.13　中秋节

1.中秋节怎么嗨？距离下一个假期中秋节只有×天。

2.中秋月饼玩转新吃法？这波操作666。

……

平时留意热门话题对于建立热门选题库很有帮助，如在微博、知乎、头条等网站上浏览内容时，看到比较热门的内容都可以记录下来。另外，还可以利用平台提供的趋势热点工具查看热门话题，如抖音的热搜榜、今日最热视频，如图1-16所示。

图1-16

1.2.4　五大标准检测选题是否合适

初步策划出选题后，还需检测其是否合适，能否与平台的生态相融合，然后适当地进行调整，可通过以下几点标准来自测。

◆ 是否有敏感词汇

不同的平台都有一定的敏感词限定，即使这些词可能比较火，但也不能使用，比如广告法规定的违禁词，如“最”“第一”“绝对”等词汇，不管是在短视频标题还是内容中都不要使用。除了违禁词，一些常见的敏感词也要注意规避，如不文明用语，暴力词汇等。

在书写好一段文案后，可以用违禁词检测工具进行检测，查看是否含有限定词，如进入句易网站首页（http://www.ju1.cn/），输入文字内容，单击“文字过滤”按钮查询，标红的词汇就是违禁词或敏感词，如图1-17所示。

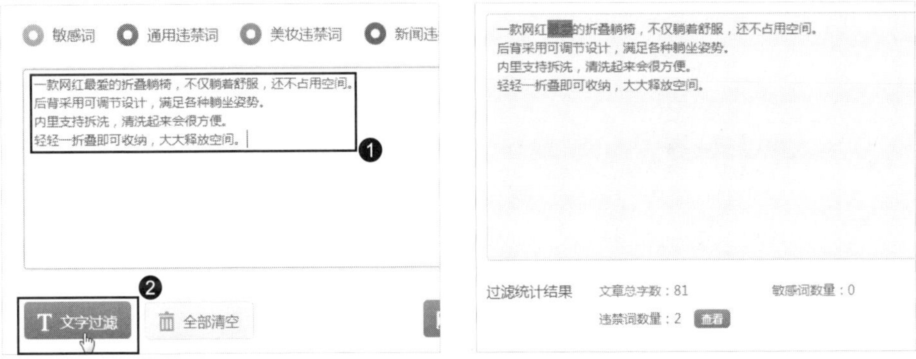

图1-17

◆是否有不能蹭的热点

在做短视频选题时，蹭热门话题常常是很多创作者的选择，但有的热点是蹭不得的。比如就有知名公众号曾因追热点不当，导致账号被封禁的情况。因此蹭热点也要把握好尺度，哪些热点能蹭，哪些不能蹭一定要心中有数。一般来说，涉及时政时事以及伦理道德的热点不能蹭，还有一些三观不正、哗众取宠、低俗的热点也不能蹭。

◆是否符合平台生态

不同平台的短视频风格都有其各自的特点，比如抖音、快手偏轻娱乐化；而淘宝、小红书，其视频风格都具有一定的导购种草性；而梨视频则偏资讯类。基于不同的平台风格特征，我们要检测所策划的短视频选题是否符合其特性。

◆是否足够垂直

短视频的选题内容不能太杂，专注一个内容方向，让视频足够垂直，这样才更容易提高账号的影响力。比如做评测类视频，那么选题内容要与评测有关，如果能专注一个领域就更好，比如专注美食评测、数码评测。

◆是否新颖有创意

短视频发展到今天，同质化的内容有很多。在选题这方面，内容是否新颖有创意，仍是短视频能否赢得粉丝喜欢的一个重要因素。特别是内容型短视频，更要注重这一点。只不过有新意的选题并不是一朝一夕就能做出来的，可能需要一定时间的试错。

在推送了一定量的视频，有了一定的粉丝基数后，找到适合的创意选题的概率会相对较大，因为可以通过账号数据分析，了解粉丝偏好，明确粉丝喜欢什么，不喜欢什么。

1.3 把握内容要求，做好视频策划前期工作

内容要求是短视频的硬性要求，我们创作的短视频只有符合平台的基本规则，才能审核通过。下面就来看看不同平台对于短视频都有哪些规则要求，以便帮助我们做好前期的视频内容策划。

1.3.1 了解内容规则，满足视频基本规范

互联网上的短视频平台有很多，下面以常用平台为例，讲解这些短视频平台的基本要求规范。

1.淘宝网

淘宝网对于短视频的内容有统一的规范要求，具体分为视频内容和商品要求两方面，如表1-2所示。

表1-2 淘宝短视频要求规范

规范分类	内容
视频内容	1.长度应在180秒以内，不能太长。 2.比例支持横版和竖版，为1∶1、16∶9、9∶16或3∶4。 3.画质要求高清，720p以上，格式为mp4、mov、flv或f4v。 4.视频中不能用文字或口播方式传播其他平台的信息，如二维码、logo标志、品牌信息等。 5.视频内容不能违反影视行业相关法律法规条例，不得出现违反广告法的信息。 6.用专业视频设备拍摄、剪辑的高品质短视频，镜头不卡顿抖动、构图美观，拒绝纯电视购物等广告类型。 7.视频内容叙事完整，无重复镜头。 8.不允许静态视频（画面长时间不动）、拼接视频（PPT类视频）、360°静物转一圈拍摄。 9.外文视频要配有中文字幕，且字幕不能影响观看体验，不能有大范围黑边
商品要求	1.视频展示内容和下挂商品链接需是同款商品，即使不完全相同，也必须是类似同款商品。 2.一个视频里不能有重复的商品链接。 3.视频中商品要停留一定的时长，不能一闪而过

2.抖音

抖音是广大用户以记录和分享为主的平台，平台的视频创作者很广泛，因此不像淘宝一样对短视频内容有详细的规范。只是对禁止发布和传播的内容进行了规范，短视频创作者可以在抖音APP中查看具体的行为准则。

登录抖音APP后，打开设置页面，点击“社区自律公约”按钮，如图1-18所示。在打开的页面中即可查看到行为准则内容，如图1-19所示。

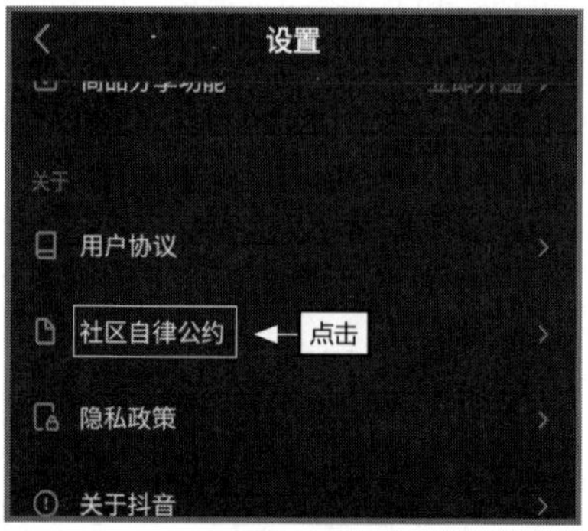

图1-18

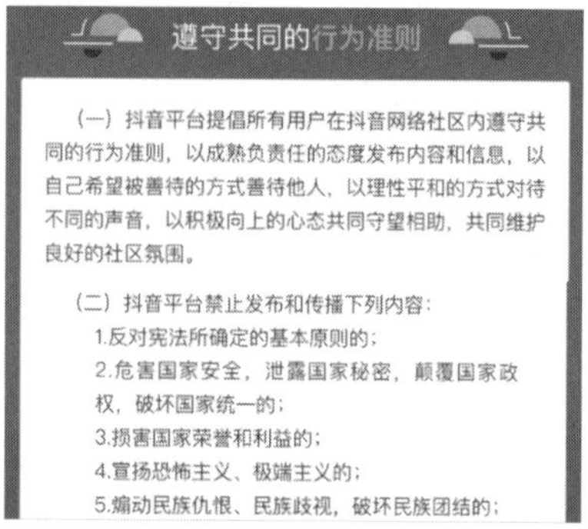
遵守共同的行为准则

（一）抖音平台提倡所有用户在抖音网络社区内遵守共同的行为准则，以成熟负责任的态度发布内容和信息，以自己希望被善待的方式善待他人，以理性平和的方式对待不同的声音，以积极向上的心态共同守望相助，共同维护良好的社区氛围。

（二）抖音平台禁止发布和传播下列内容：

1.反对宪法所确定的基本原则的；

2.危害国家安全，泄露国家秘密，颠覆国家政权，破坏国家统一的；

3.损害国家荣誉和利益的；

4.宣扬恐怖主义、极端主义的；

5.煽动民族仇恨、民族歧视，破坏民族团结的；

图1-19

3.快手

快手对于短视频的基本内容要求与抖音有相似之处，只不过在规则上还对恶意行为内容进行了细化。进入快手“设置-关于我们”页面，在“法律条款-快手社区管理规定（试行）”中即可查看快手对于短视频内容的规范要求，如图1-20所示。

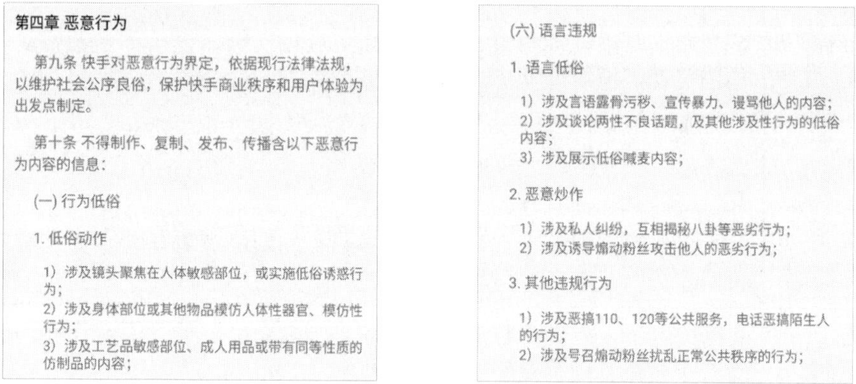
第四章 恶意行为

第九条 快手对恶意行为界定，依据现行法律法规，以维护社会公序良俗，保护快手商业秩序和用户体验为出发点制定。

第十条 不得制作、复制、发布、传播含以下恶意行为内容的信息：

(一) 行为低俗

1. 低俗动作

1）涉及镜头聚焦在人体敏感部位，或实施低俗诱惑行为；
2）涉及身体部位或其他物品模仿人体性器官、模仿性行为；
3）涉及工艺品敏感部位、成人用品或带有同等性质的仿制品的内容；

(六) 语言违规

1. 语言低俗

1）涉及言语露骨污秽、宣传暴力、谩骂他人的内容；
2）涉及谈论两性不良话题，及其他涉及性行为的低俗内容；
3）涉及展示低俗喊麦内容；

2. 恶意炒作

1）涉及私人纠纷，互相揭秘八卦等恶劣行为；
2）涉及诱导煽动粉丝攻击他人的恶劣行为；

3. 其他违规行为

1）涉及恶搞110、120等公共服务，电话恶搞陌生人的行为；
2）涉及号召煽动粉丝扰乱正常公共秩序的行为；

图1-20

1.3.2 单品型短视频的内容要求

对于抖音、快手、火山小视频这样的短视频平台，用户发布的短视频一般只要符合通用的行为准则即可。这里我们主要以淘宝网为例，讲解淘宝对于单品型短视频的内容要求。当然，这也可以作为其他平台发布单品型短视频时的参考。

对于单品型短视频，首先需要满足淘宝对于短视频的基本要求规范。除此之外，单品型短视频的时长需要在60秒以下，最好是9~30秒，主体仅限于单个商品。内容上，要让消费者清楚所展示商品的功能特性，可以将核心卖点通过文字或解说的形式进行呈现。如一则饭盒的短视频，时长为24秒，视频中以字幕“饭菜分离不串味”来体现饭盒的核心卖点，这就是符合要求的单品型短视频，如图1-21所示。

图1-21

单品型短视频的配音要注意一点，不能全程使用带歌词的音乐作为配音。另外，如果视频中要涉及使用场景，那么场景中也需要突出主体单品，如图1-22所示。

图1-22

1.3.3　内容型短视频的内容要求

内容型短视频同样要符合短视频的基本要求规范，这类视频的内容形式很丰富，商品以软植入的方式出现在视频中。视频时长要求180秒以下，以

60~120秒为宜。关联的商品要求与视频内容相关，且商品在视频中有完整的画面展示，如图1-23所示为评测型短视频，视频中关联商品都有完整画面。

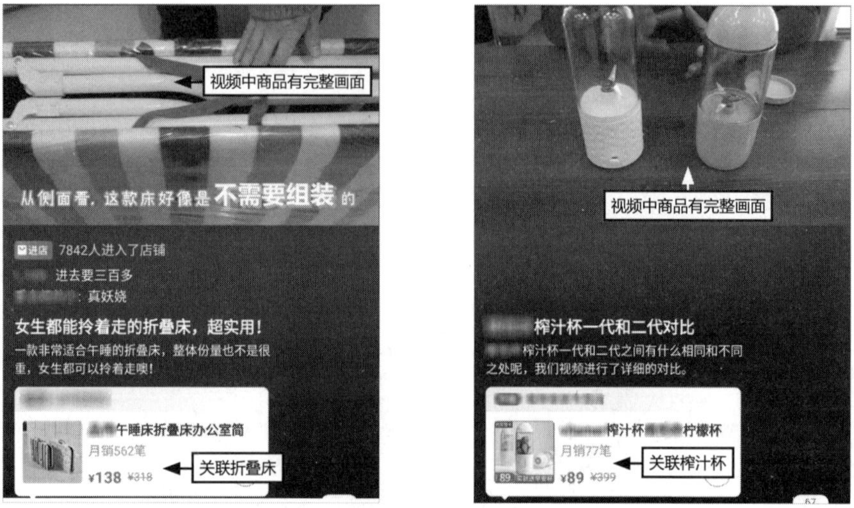

图1-23

对于内容型短视频而言，不同的视频类型，要求会有所不同，下面来看看常见的几类内容型短视频的要求。

◆ **创意剧情类**：要求视频内容有创意，剧情故事要能吸引观看者，或感人或让人开怀一笑，剧情可以有反转。

◆ **评测类**：要求不能是单一产品功能介绍的短视频，要说明所评测商品的优点或缺点。在视频中，要对所评测的商品做出客观评价，如果是专业评测，最好用专业仪器论证产品的优势特点。

◆ **科普类**：要求所科普的内容要有一定的实用性，且要尊重事实，不可胡乱编造。

◆ **清单类**：要求有一定的主题，且所盘点或推荐的商品要与主题相呼应，视频中要说明盘点的理由，商品要有可参考价值。

◆ **教学类**：要给出重要步骤演示，对于步骤操作要通过讲解或字幕方式进行说明，视频中要给出最终成品展示。

内容型短视频的视频风格最好与潜在目标人群相关，这样才能吸引目标人群观看，另外，还要保证视频内容有一定的种草性，这样才能吸引目标人群下单。

1.4 内容设计，从卖点分析到爆款视频打造

在确定好短视频的选题后，就需要对短视频的内容进行设计了。在内容设计过程中，会涉及产品卖点提炼，视频脚本的书写，做好这几步将对我们打造爆款视频提供很大帮助。

1.4.1 商品展示要让用户秒懂你的产品

短视频的时长都很短，要在短时间内让消费者对产品充满信任，了解到产品的优势，那么在展示过程中，商品的核心卖点就一定要传达到位。比如，一款卸妆油产品的短视频，其产品优势是卸妆力强，如何在视频中体现卸妆力强这一优势就至关重要。如果在视频中通过达人亲身试用来给消费者展示产品的卸妆效果，那么这个短视频就会具有说服力，如图1-24所示。

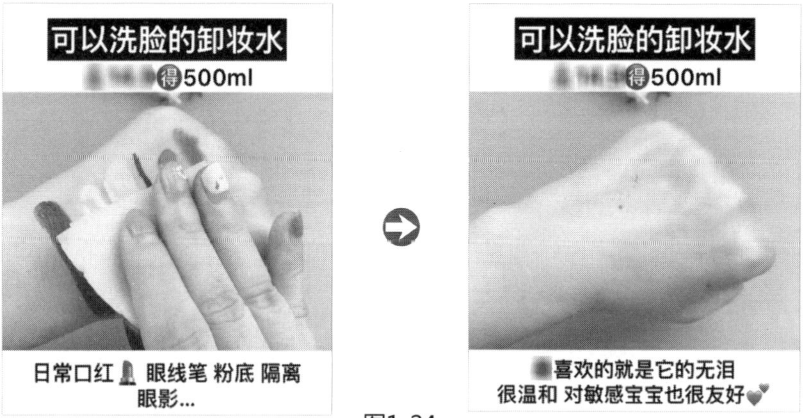

图1-24

所以，在短视频中我们要用简单的直接的描述突出产品优点，这样才能在短时间内打动用户。另外，视频中对产品优势呈现应该是循序渐进的。

同样以卸妆水产品为例。在视频开始前几秒先抛出自己以前使用卸妆水时遇到的问题，比如卸不干净；然后引出自己最近买到的卸妆水，告诉用户原来卸妆不干净与使用方法不正确也有关；接着展示正确的使用方法和最终使用效果；最后再强化产品的其他卖点，比如一瓶可以用很久，全脸都可以用。这样循序渐进地推出产品会让用户更容易接受，种草效果也会更好。

总之，如何让用户快速了解我们的产品，自然地接受我们的种草，是我

们在书写短视频脚本时需要注意的。

1.4.2 卖点提炼，找到消费者关心的问题

对短视频中的商品进行卖点提炼可通过多种途径来进行，主要包括以下几种。

1.图文详情页

对于电商卖家来说，在网店中都有自己的产品详情页展示，产品详情页就是卖点提炼的其中一个途径。在产品详情页中，商品的卖点其实已经有了提炼和总结，我们只需找出核心卖点并进行整理。以一款扫地机器人产品为例，在其详情页中我们可以看到如图1-25所示的内容。

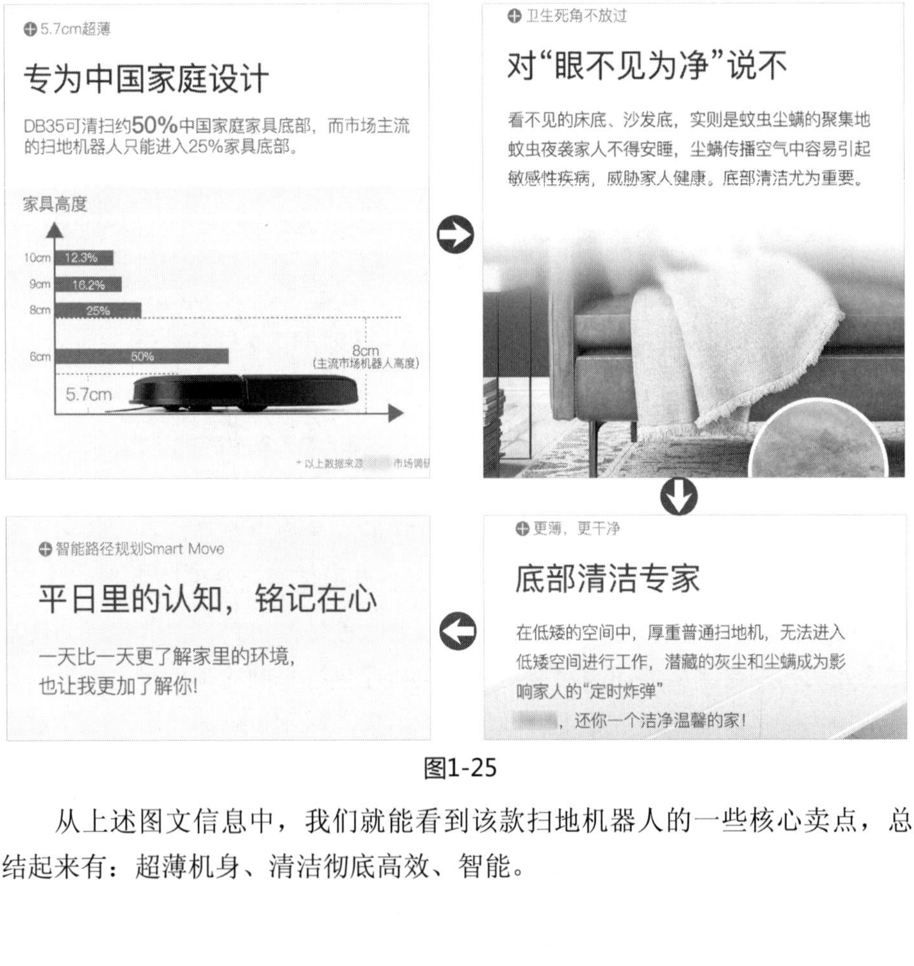

图1-25

从上述图文信息中，我们就能看到该款扫地机器人的一些核心卖点，总结起来有：超薄机身、清洁彻底高效、智能。

2.买家问答社区

不少电商平台都提供了买家问答社区，在这里有意向的买家可以针对产品疑问点进行提问，买过的买家可以进行回答。问答社区汇集了买家关心的产品问题，而商品卖点也会在这些问答中得到体现，如图1-26所示为京东的“问答”页面，如图1-27所示为淘宝的“问大家”页面。

图1-26

图1-27

上图展示了洗衣液产品买家比较关心的问题，从中可以看出，买家问得最多的有：容量、去污能力、香味、是否伤衣。因此，洗衣液的核心卖点就可以是大瓶装量足、去污力强、不伤手不伤衣、好闻。

3.客服询单

很多买家在购买商品时会询问客服关于商品的问题，这些问题一般就是消费者对于商品的关注点。从这些问题中，也可以找到一些卖点，如图1-28所示为一款窗帘的客服询单。

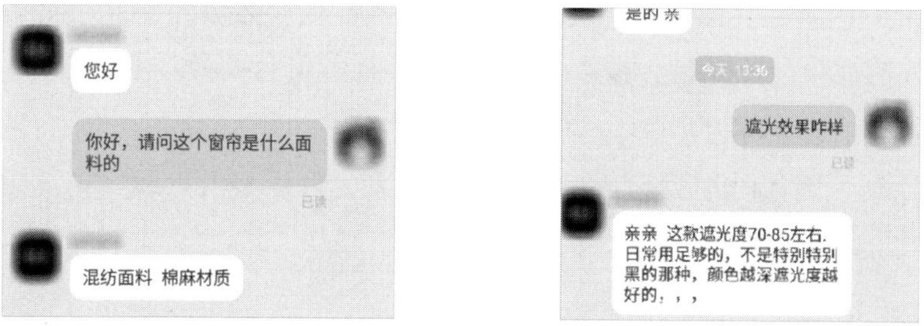

图1-28

从上图可以看出，买家对于面料和遮光效果比较关心，那么在对短视频产品卖点进行提炼时，就可以将用料和功能效果体现进去，如优质棉麻面料、垂感好、遮光度约75%~85%、有效遮挡强光。

1.4.3 卖点表达，讲清商品的核心卖点

提炼出商品的核心卖点后，还需要在短视频中将卖点表达出来。在短视频中，最好的卖点呈现方式是证明，而非展示。那么什么才是证明呢，什么才是展示呢？

以粘钩为例，我们要在视频中体现产品的核心卖点——承重力强。如果只是以产品展示+字幕的方式来体现承重力，那么说服力就不会那么强；如果我们在挂钩上挂上一大桶水，那么承重力强这一卖点就会得到很好的证明。前者就是展示，后者就是证明，如图1-29所示。

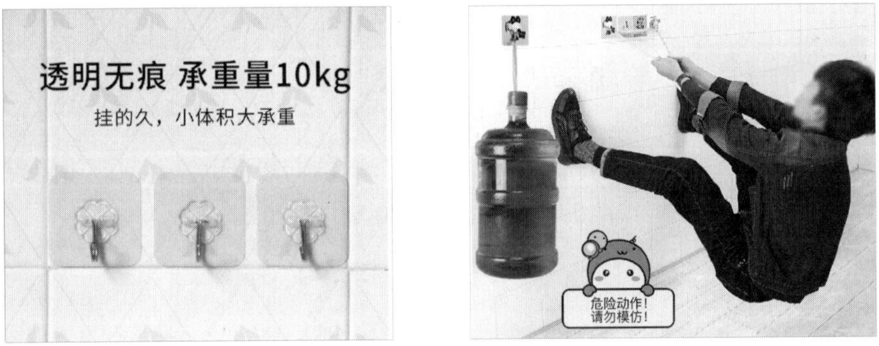

图1-29

对于产品的核心卖点，在视频中以文字或讲解方式来呈现可以加强用户对产品的理解和记忆。所以，建议视频都以字幕+解说的方式来展现。讲解的话用正常口述的方式即可，但要注意语速，不能太快或太慢。对于只有字幕没有解说的视频，最好配上背景音乐，可以让视频更有吸引力。

短视频时长并不长，因此前几秒就不要出现无意义的片头了，如粒子类的过渡片头、倒计时片头等。对单品型视频来说，核心卖点最好在视频的前10秒就展现。

1.4.4　短视频小白三步写脚本的方法

对刚接触短视频的创作者来说，脚本可能是比较陌生的名词，其实我们可以将脚本看作是短视频的大纲，里面记录了短视频的拍摄概览。短视频的脚本并不会很复杂，主要由主题、提纲和分镜头脚本构成。在书写短视频时，也主要分这3步来做。

◆ 明确主题

每一条短视频都有特定的主题，主题决定了短视频拍摄的主体以及类型。比如一款女装产品的短视频，主题是：今年流行的柠檬黄套装，显气质。从主题中就可以看出产品的女装套装，颜色是柠檬黄，特点是显气质。对于单品型短视频来说，主题一般为产品+一段描述，如下所示。

1.个性时髦拼接两件套。

2.气质女神衬衫连衣裙。

3.珍藏美好回忆的月光宝盒。

4.人手一件时尚百搭牛仔裤

……

对于内容型短视频，主题就是视频的主要内容+类型（如科普、剧情），如科普类短视频，主题可能是：蓝晶石的常识；怎样的袜子才适合夏天。

◆ 搭建提纲

提纲主要说明短视频的框架和要点，起到提示的作用。比如一款箱包产品短视频的提纲包含了以下内容。

画面内容：达人出境讲解

场景：室内

脚本：模特+外观+设计+细节

◆ 分镜头脚本

分镜头脚本是对视频内容的详解，后期视频的拍摄主要依据分镜头脚本来创作。分镜头脚本决定了视频的节奏，因此其内容相比提纲要丰富和详尽。如表1-3所示为一款女装产品的分镜头脚本。

表1-3 ××女装分镜头脚本

场景	画面内容	解说词/字幕	时间	背景音乐
室内	模特正对镜头站着，全身各角度展示，然后转一圈	这件白色衬衫是松紧下摆设计的，与黑色纱裙搭配，能有很好的修身效果	5秒	无
室内	模特往前走，然后停下，侧身展示侧面，略停，转身往后走	经典的黑白色低调而雅致，时尚又亮眼	5秒	无
室内	镜头切换，展示连衣裙服装搭配。模特正对镜头，然后侧身，略提裙摆，转一圈	这款黑色连衣裙是宽松版型，裙摆是蕾丝拼接的，很有层次感	5秒	无
室内	模特往前走，略停，转一圈，略停	日常可以搭配老爹鞋或帆布鞋，既休闲又舒适	5秒	无

从上表可以看出，分镜头脚本包括场景、画面内容、解说词/字幕、时间和背景音乐这几部分。根据需要，还可以在分镜头脚本中加上拍摄手法，如正面平视拍摄、俯视+拉近镜头。对于分镜头文案中需要重点表达的内容，还可以标红或者用下画线来突出，以起到提示的作用。

对剧情类短视频来说，情节的连贯性是比较重要的，因此在设计分镜头脚本时一定要注意故事的逻辑性，避免观众看不懂故事情节。

第2章

前期准备，为视频拍摄提供必要支持

要拍摄一条短视频，离不开各种器材设备的使用。另外，要想拍出优质的短视频，还需要掌握一定的摄影手法和场景布置方法。本章就来看看拍摄短视频要用到哪些器材，以及如何通过布景和运镜来让视频更加出彩。

拍电商短视频，你需要准备这些

基础器材，决定视频最终呈现效果
辅助器材，让视频效果获得保障
灯光设备，让光的效果更丰富
商品道具，提升画面视觉感

学会拍摄手法，让电商视频耳目一新

推拉，使画面有大小变化
摇移跟，让视觉有动态呈现
升降，让画面有扩展收缩效果
环绕，让画面围绕圆周运动变化

2.1 拍电商短视频，你需要准备这些

俗话说“工欲善其事，必先利其器”，拍摄短视频，对器材的选择不能忽视，根据视频拍摄需求的不同，需要准备的器材也会有所不同。另外，不同的设备也会影响视频的最终效果。

2.1.1 基础器材，决定视频最终呈现效果

短视频拍摄的基础器材主要可分为3种，摄像机、照相机和手机。对于短视频初创团队或者刚入短视频行业的自媒体来说，并不需要准备专业的摄像机，一是摄像机成本较高，二是摄像机掌握起来相对较难。一般来说，可选择相机、运动相机或手机作为拍摄设备。

在资金有限的情况下，可以选择用手机或运动相机拍摄。它们具有携带方便、操作简单的优势，适合拍摄发布在短视频平台或社交平台上的短视频。如果用手机，最好选择像素较高，拍照性能更好的手机，以保证画质清晰度。一般在商品介绍中就可以看到手机像素，如图2-1所示。

商品名称：[illegible]	商品编号：[illegible]	商品毛重：480.00g	商品产地：中国大陆
存储卡：不支持存储卡	摄像头数量：后置三摄	前摄主摄像素：2000万像素	操作系统：Android(安卓)
屏幕比例：其它屏幕比例	机身颜色：蓝色	运行内存：8GB	CPU型号：骁龙855
后摄主摄像素：4800万像素	屏幕前摄组合：弹出式摄像头	电池容量：4000mAh-4249mAh	机身存储：256GB

图2-1

用手机拍摄短视频只需❶点击“相机”按钮，❷切换至视频拍摄画面，❸点击“拍摄”按钮即可，如图2-2所示。

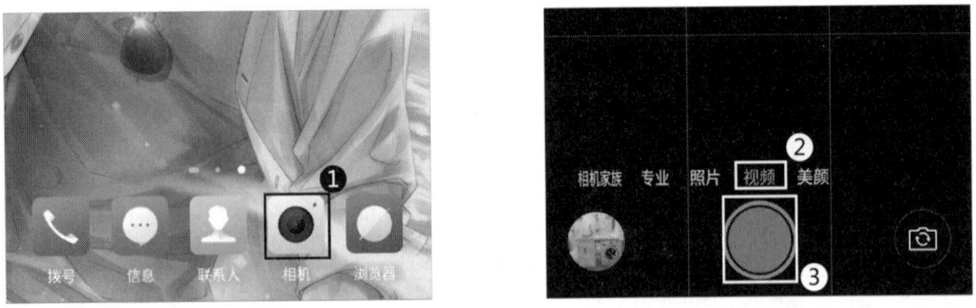

图2-2

如果是要拍摄专业的商品视频，并在详情页或产品头图中展示，最好选

择相机，因为相机拍出来的画质会更好。

在选择相机时，可以选择有防抖功能的，因为拍摄视频时，抖动对于画面的成像影响很大。若相机有防抖功能，那么在边走边拍的过程中，也能在一定程度上保证拍出的画面稳定。相机是否支持防抖可在网店商品详情页的规格页面中查看，如图2-3所示。

拍摄性能	自拍	支持
	连拍速度	ONE SHOT H：约8.0张/秒（最多30张）；ONE SHOT L：约4.0张/秒；SERVO H：约5.4张/秒（最多张/秒
	机身防抖	支持
	延时拍摄	支持
	遥控功能	支持

图2-3

若使用相机拍摄短视频，不同的相机操作可能会有所不同。有的相机需要先将拨盘定位到动态影像模式，然后按快门键进行拍摄，如图2-4所示。而有的相机可能提供了专门的摄像按钮，按下该按钮即可录制视频，如图2-5所示。

图2-4

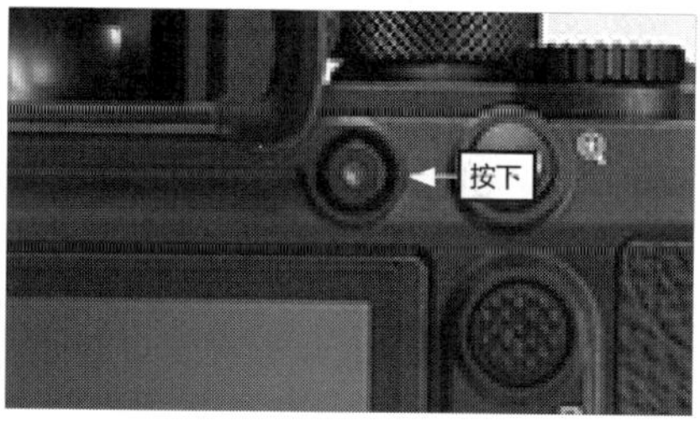

图2-5

另外，有的相机针对视频拍摄设置了专门的档位，在摄像开始之前需要进行设置。除此之外，相机还支持视频文件格式的设置，可根据需要选择合适的格式。

TIPS *短视频创作者如何选择相机*

相机的价格有高有低，如果拍摄的内容主要是静物商品展示，动态镜头的拍摄比较少，那么可以选择入门级的单反或微单相机，性价比更高。等到短视频团队有了一定的发展，对拍摄的要求也越来越高后，可以考虑入手高端专业级的相机。

2.1.2　辅助器材，让视频效果获得保障

辅助器材主要用于辅助视频的拍摄，它能帮助我们得到满意的成像效果，常用的辅助器材有以下几种。

1.三脚架

三脚架的作用是保证相机或手机拍摄的稳定性，在拍摄一些长曝光的场景时，比如拍摄延时摄影、夜景、流水等效果的视频时，手持相机或手机拍摄很容易因为手的抖动导致画面虚晃不清晰。有了三脚架后它就能稳定摄影器材，以实现某种摄影效果，如图2-6所示为常见的三脚架。

图2-6

2.稳定器

在拍摄一些运动的场景时，稳定器就很重要了，它能帮助抵消手持拍摄时的抖动问题。另外，稳定器还能帮助摄影师实现更多影像效果，如三维旋转、动态跟拍。

稳定器有很多品牌和型号，要根据自身的摄影设备来选择合适的稳定器。如果是单反相机，那么要选择承重较大的机型；对于一些微单相机来说，相比单反会更轻，可选择轻便机型的稳定器。

如果拍摄器材是手机，在选择稳定器时要考虑稳定器对手机的重量要求区间或机型，比如有的稳定器要求机型为6.4英寸以下的手机，有的稳定器支持的承重为260克以内。我们可以在稳定器“规格与包装”中了解其适用机型和承重区间，如图2-7所示为某品牌手机稳定器支持的机型和承重要求。

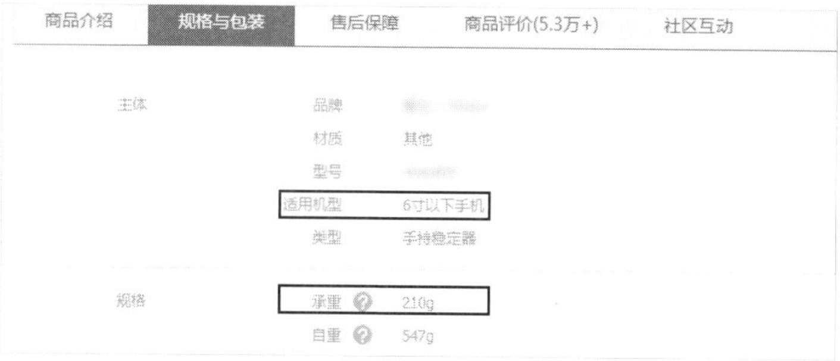

图2-7

3.静物台

静物台多用于拍摄小型静物商品，在电商平台上，我们看到的很多白底商品视频就是利用静物台来拍摄的。从控制成本的角度出发，也可以利用背景布、纸板或板凳等工具，搭建一个简易的静物台来进行拍摄，如图2-8所示为静物台。

4.滑轨

借助滑轨可以将一些静态场景拍出动态效果，如左右平移、前后平移、旋转滑动的动态画面效果，如图2-9所示为滑轨。

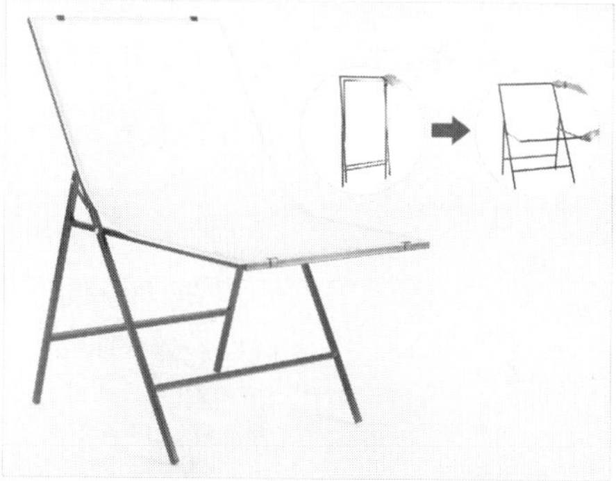

图2-8

图2-9

5.麦克风

虽然手机或相机都自带了麦克风，但如果想要视频里的声音不失真、更清晰，那么最好配备一个麦克风。使用手机拍摄可选择带麦克风的耳机，使用相机拍摄可选择外接的指向性麦克风。另外麦克风也分无线和有线，如果人物移动的范围比较大，那么最好选择无线型的领夹麦克风。如图2-10所示为带麦克风的耳机（左）和相机指向性麦克风（右）。

图2-10

2.1.3 灯光设备，让光的效果更丰富

灯光在短视频拍摄中起着重要的作用，被拍摄主体细节的呈现，轮廓的勾勒常常都需要借助灯光来实现。在短视频拍摄中，常用的光线有自然光、室内窗户光以及灯箱设备。

在户外拍摄时，如果天气很阴沉或者在背光环境下，为避免拍出的画面过暗，会使用反光板或补光灯来补光。而如果光线很强（如正午大太阳的环境下），那么要避免逆光拍摄，以免画面过曝，可选择树荫下或建筑物的背阴处来拍摄。在室内拍摄时，常常会利用室内窗户光，有时也会用到反光板，起辅助照明的作用，帮助更好地突出主体，如图2-11所示为不同形状的反光板。

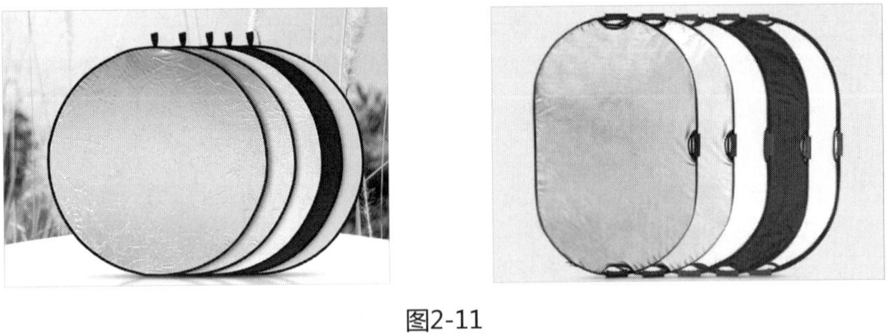

图2-11

在室内拍摄商品视频时，常常需要用到柔光箱，一般需要配备3盏灯。比较通用的布光方法是三点布光，由主灯来照亮被拍摄主体，辅灯来对暗部进行补光，如图2-12所示为常见的三点布光法。

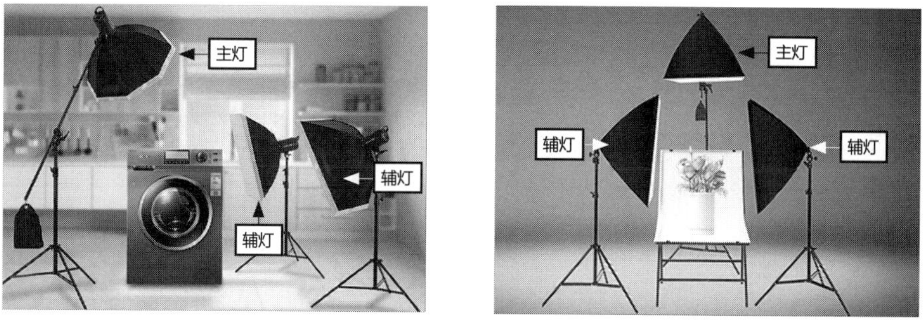

图2-12

除了三点布光法外，在商品视频拍摄中，还会用到其他布光方式，常用的有以下5种。

◆ **正面两侧布光**：将柔光箱放在商品的正向两侧。这样的布光方法拍摄出来的商品视频不会有暗角，商品的整体也会得到很好的表现，如图2-13所示。

◆ **两侧45°布光**：将柔光箱放在商品的左右两侧，倾斜45°，对称布光，打亮商品的顶部。扁平的小件商品比较适合这种布光方式，如饰品，如图2-14所示。

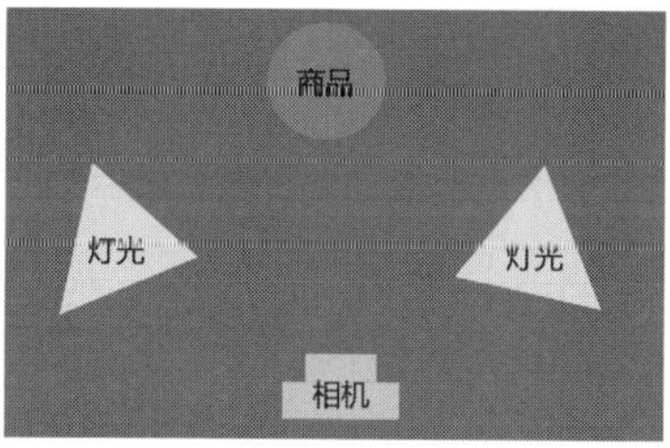

图2-13

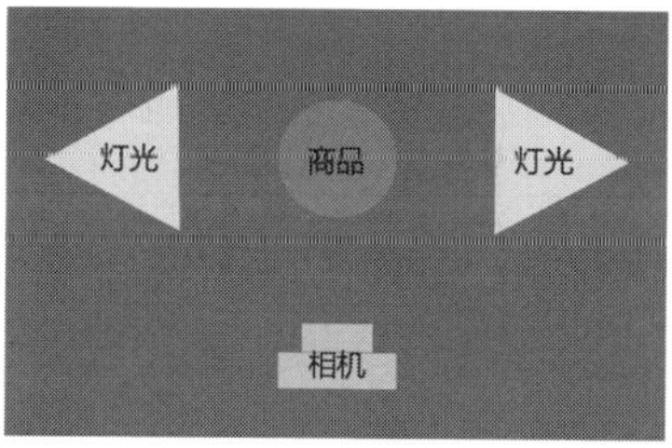

图2-14

◆ **背后两侧布光**：将柔光箱放在商品的侧后方进行打光，拍摄透明、镂空类的商品常用这种布光方法，如图2-15所示。

◆ **倾斜交叉布光**：将一盏柔光箱放在商品的前侧，将另一盏放在商品的后侧，两者呈对角线。这种布光方式可以很好地呈现商品的层次和细节，如图2-16所示。

◆ **倾斜交错布光**：将一盏柔光箱放在商品的前侧，将另一盏柔光箱放在商品的一侧，两者不交叉对称，这种布光方式可以很好地体现商品的质感，如图2-17所示。

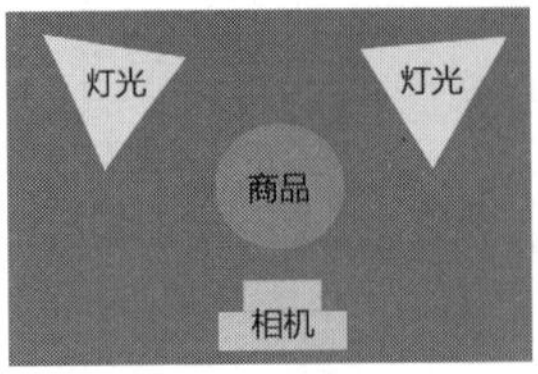

图2-15

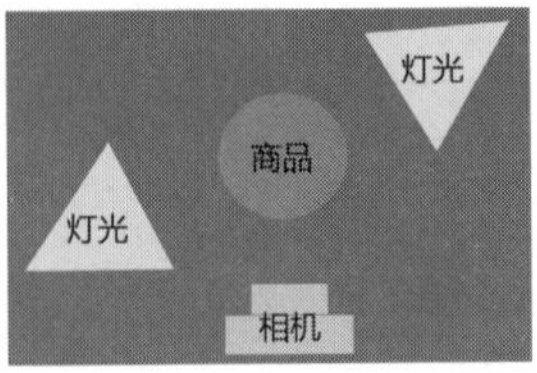

图2-16

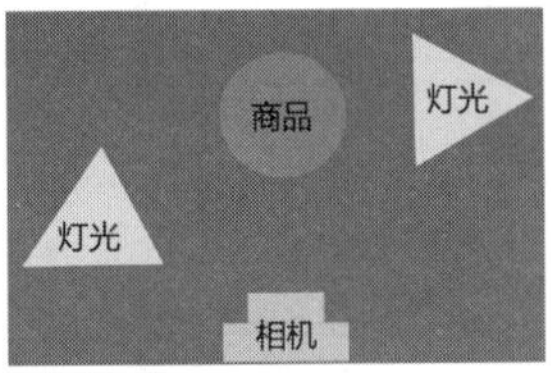

图2-17

TIPS *自拍式短视频可准备美颜补光灯*

如果拍摄的短视频大多是达人解说式的自拍类短视频，那么准备一个美颜补光灯就很有必要。美颜补光灯可以让人物脸部显得更小，肤色显得更亮，适合用于化妆技巧拍摄、纹绣美甲拍摄等。

2.1.4 商品道具，提升画面视觉感

不同的场景会为短视频营造不同的氛围，好的布景能帮助提升画面的整体效果，而在布景的过程中离不开各种道具的使用。

不同的产品都有其各自的使用场所，比如玻璃花瓶一般作为室内装饰品使用，这时就可以优先考虑是否利用客厅、餐厅这样现成的场景作为背景进行拍摄，然后再选择道具进行场景布置。

布景时要选择与被拍摄主体相契合的道具，比如隔热垫产品的短视频，可选择的道具可以是刀叉、食物、杯子等用品，如图2-18所示。

图2-18

道具的选择要注重场景化的表达，以便在展现商品的同时，告诉消费者商品的使用场景。另外还要注意道具与主体的色彩搭配，可通过对比色或相近色等来烘托产品，提升画面的层次感。比如关于餐盘的短视频，食物道具可以是有反差的颜色，如图2-19所示；也可以是相近的颜色，如图2-20所示。

图2-19

图2-20

拍摄场景中的道具只是起装饰的作用，所以不能太抢眼，要把作为主体的商品放在画面的中心位置，让人一眼看出想要展示的商品是什么。另外摆放商品和道具时也要有高有低、有远有近，以营造空间感，如图2-21所示。

图2-21

2.2　学会拍摄手法，让电商视频耳目一新

短视频是动态影像，会大量使用运动镜头，在拍摄时加入一些运镜技

巧，可以让视频看起来更有吸引力。在摄影中，运镜的技巧有推拉、摇移、升降、变焦等。熟练掌握这些运镜技巧，会给我们的作品增添很多惊喜。

2.2.1　推拉，使画面有大小变化

推拉是很常用的运镜技巧，推镜头是指被拍摄主体保持不动，摄像机镜头向主体逐渐靠近。由于摄像机会由远及近地向主体推进，所以通过推镜头可以让主体逐步得到突出，次要对象则慢慢被移出画面之外，如图2-22所示。

图2-22

当需要突出主体，描述被拍摄产品的细节时就可以使用推镜头。在推进的过程中，观众会随着镜头的移动，感受到由弱到强的画面变化，从而引导观众注意被拍摄主体的细节，这就是推镜头所带来的突出效果。

拉镜头与推镜头相反，是指被拍摄主体保持不动，摄像机镜头逐渐远离被拍摄对象。拉镜头的起幅一般是特写或近景镜头，随着镜头向后移动，画面中所涵盖的信息会越来越多，被拍摄对象也会由大变小，如图2-23所示。

图2-23

拉镜头能够起到交代被拍摄对象环境的作用，另外，通过拉镜头衔接近景、中景和远景，也能起到自然过渡的作用。推拉运镜技巧适合沿直线行进的画面拍摄，在运用向前推进或向后拉远镜头时，要规划好路线的起点和终点，如图2-24所示为推拉运镜示意图。

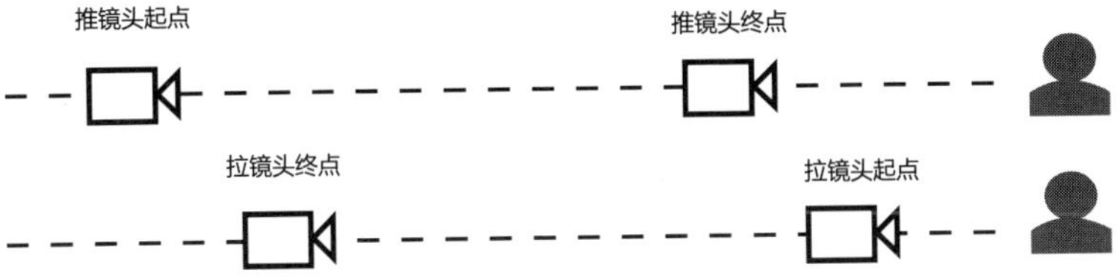

图2-24

2.2.2　摇移跟，让视觉有动态呈现

摇移跟分为摇镜头、移镜头和跟镜头3种运镜方法，3者有各自不同的拍摄手法。

1.摇镜头

摇镜头是指摄像机所处的位置不发生改变，借助三脚架的云台，让镜头上下、左右或旋转拍摄。可以把摇镜头看成人物的眼睛，人保持原地不动，视角跟着眼睛的转动而变化。

当一个画面无法呈现出所要展现的景物时就常常使用摇镜头，比如拍摄山川、大海时，为展现景物的开阔，就用摇镜头来获取更广阔的画面效果。在拍摄动态的场景时，也可以用摇镜头，比如拍摄奔驰的汽车前行过来并开走的画面，用摇镜头就可以表现汽车行驶的状态，如图2-25所示为摇镜头运镜示意图。

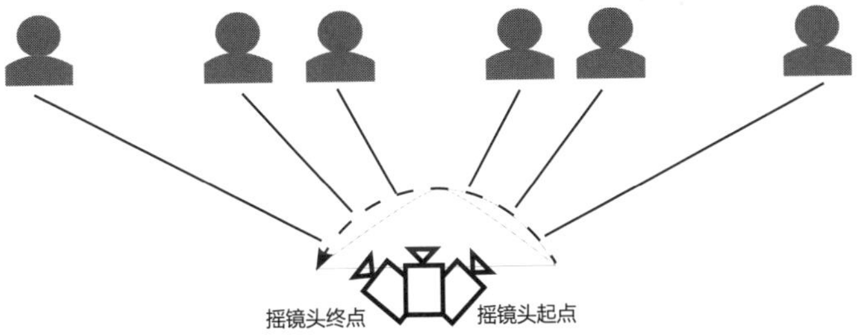

图2-25

2.移镜头

移镜头是指摄影机在水平方向移动拍摄，就好比边走边看。在表现形式上，移镜头和摇镜头有相似之处，但移镜头的摄像机机位会发生改变，所以拍出来的画面会更有动感，视觉效果也更强烈，如图2-26所示。

图2-26

移镜头分为左右横向移动、上下竖向移动以及不规则移动，在移动时摄像机要匀速运动，以让画面看起来平稳流畅，如图2-27所示为左右横向移动拍摄示意图。

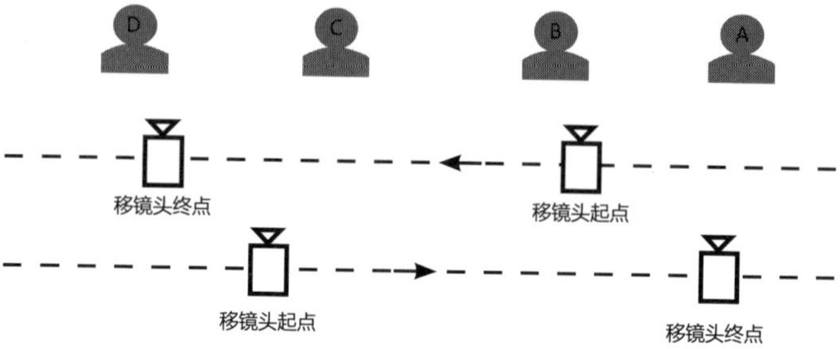

图2-27

3.跟镜头

跟镜头强调的是“跟”，指摄影机与被拍摄物体保持等距离，跟随其运动轨迹而移动。

跟镜头可以让观众视线牢牢锁定被拍摄主体，常用于表现人物的运动过程。在“跟”镜头画面中，被拍摄主体与摄像机的相对位置不会发生改变，但周围的背景环境却会发生变化，这就会给观众身临其境的感受，营造出现场感和参与感。如图2-28所示为跟镜头拍摄示意图。

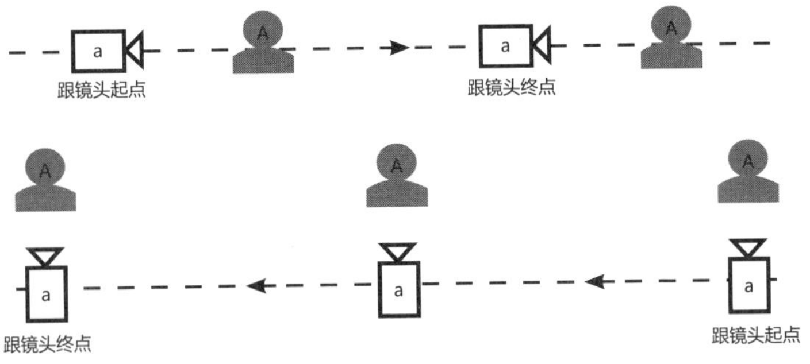

图2-28

2.2.3 升降，让画面有扩展收缩效果

升降镜头是指摄像机做上下运动拍摄，以便让画面有空间感，常用于表现大范围场面，比如航拍、音乐会。在使用无人机拍摄风景的过程中，升降镜头就运用得比较多，如图2-29所示。

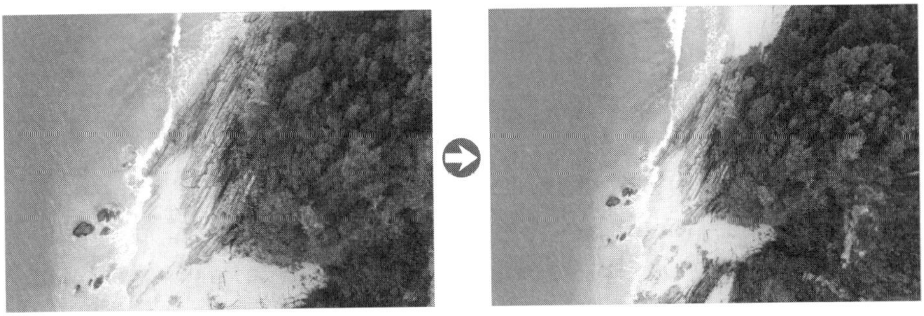

图2-29

在商品摄影中，也可以用升降镜头来表现商品的细节以及整体外观特征，如图2-30所示。

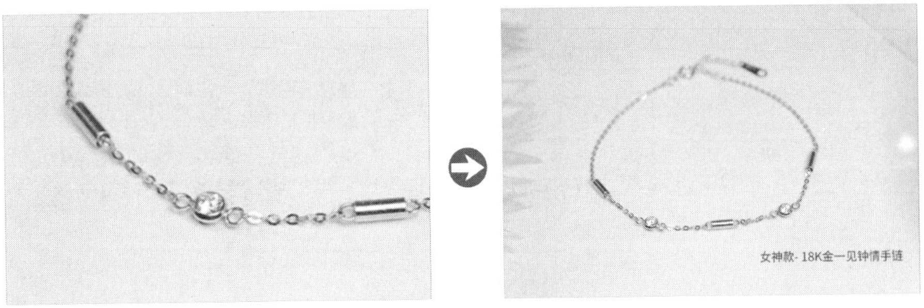

图2-30

2.2.4 环绕，让画面围绕圆周运动变化

环绕是指摄像机与被拍摄主体保持一定的半径距离，然后围绕着主体做圆周移动拍摄。这种拍摄手法能让被拍摄主体保持在圆心位置，可以360°呈现产品的外观特征，如图2-31所示。

图2-31

从上图可以看出，环绕拍摄不会使画面的构图发生改变。根据主体展示的需要，环绕的角度和方向可随机变化，如30°、60°等，如图2-32所示为环绕拍摄示意图。

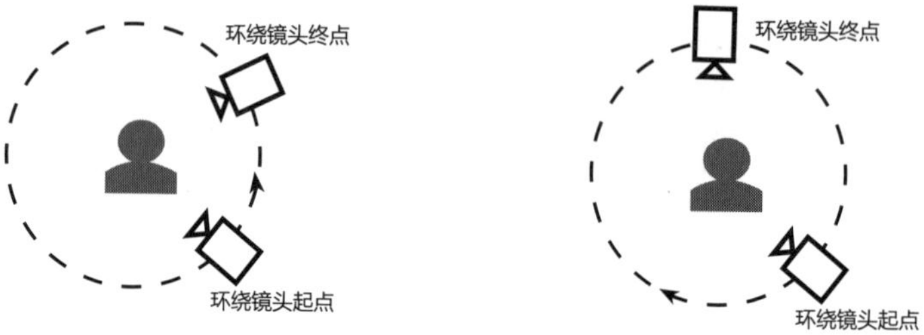

图2-32

TIPS *综合性运用镜头让画面拥有丰富变化*

综合性镜头是指推、拉、跟等运镜方式综合运用在一起进行拍摄。根据不同的组合方式，综合性镜头能呈现出不同的视觉效果，比如先推镜头再摇镜头或者先升镜头再平移镜头。在短视频拍摄过程中，摄影者要灵活运用各种运镜方式，这样才能拍出更好的作品。

2.3 拍摄场景布置，好视频需要好场景

在拍摄商品型短视频时，为了让商品看起来自然，会搭建一个场景，为单调的产品制造场景化氛围，让其看起来更真实。同时，很多时候也会结合道具来表现产品的质感、颜色等。

2.3.1 小型摄影棚如何搭建

店内销售的商品如果是小件商品，如珠宝首饰、配件配饰等，就可以搭建一个小型摄影棚来拍摄。小型摄影棚的搭建比较简单，在网上购买折叠型的静物台，然后将其撑开，如图2-33所示。

图2-33

搭建好小型摄影棚后，在摄影棚中摆放好商品和道具，然后根据拍摄需要调整灯板位置和角度，旋转调光器按钮调整灯光的亮度，让打光合理，如图2-34所示为某小型摄影棚的打灯方式。

图2-34

利用小型摄影棚也可以实现多角度拍摄，如俯拍、正面拍摄，如图2-35所示。

图2-35

在小型摄影棚拍摄商品旋转视频时，可以搭配转盘来辅助拍摄，这样会更加方便。拍摄转盘有不同的尺寸，可根据商品的尺寸、重量来选择，如图2-36所示。

尺寸	转速	承重	厚度
15cm	约15s/圈	约15kg	5cm
25cm	约40s/圈	约25kg	5.5cm
35cm	约60s/圈	约30kg	6cm
45cm	约80s/圈	约30kg	6cm
60cm	约80s/圈	约30kg	7cm

图2-36

2.3.2 户外场景的合理选择

对于服装鞋包、户外运动等产品，室外也是比较好的拍摄场景。室外拍摄短视频，场所的选择很重要。要根据产品风格来选择，以服装类产品视频为例，小清新时装风格就可选择校园的足球场或篮球场、公园草地或座椅作为拍摄场景；流行服饰就可选择商业街、格调门店的橱窗外等；古风服饰可选择古镇、荷花池塘或者有亭台楼阁的植物园等。

另外，在选择时还要看所处的环境是否干净简洁，不要选择太过脏乱的环境，如图2-37所示为室外拍摄女鞋的短视频，可以看到背景选择了户外的栏杆，看起来简洁明亮。

图2-37

内容型短视频则要根据内容需求来选择户外场景，比如街道、公交车上、地铁站台、小区等，这些地点都可以成为内容型短视频的拍摄场景，如图2-38所示。

图2-38

在室外拍摄，容易受光线、天气等因素的影响。一般来说，选择早上或傍晚时分拍摄会比较好。拍摄过程中也可以结合道具来突出主题，比如古风服饰在拍摄时可以搭配纸扇、纸伞、吊坠等道具；流行服饰可搭配手提包、墨镜等道具。

2.3.3 室内场景的和谐布置

短视频的室内拍摄场景可选择颜色简约的桌子、纯色的窗帘或干净的墙面作为背景，如果没有合适的墙面，也可以用背景布来布景，如图2-39所示为用白色背景布作为背景布置室内拍摄场景。

图2-39

背景布有不同的颜色，如白色、灰色、咖色等，为避免画面色彩过于杂乱，一般选纯色的背景布即可。产品的颜色要与背景布的色彩相协调，为保险起见可选白色或灰色，这两个色系比较百搭。

作为拍摄背景的桌子不能太小，餐桌、书桌都可以，如果桌面花纹与商品不是很搭，可准备一些纯色或有花纹的布来搭配，比如格子桌布，如图2-40所示。

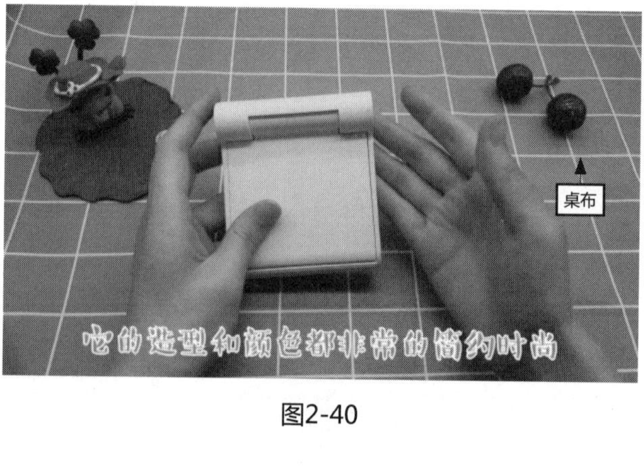

图2-40

将窗帘作为室内背景，一般以白色的轻纱为背景。在白纱前面放上被拍摄的商品和道具，利用窗户光来拍摄，如图2-41所示。

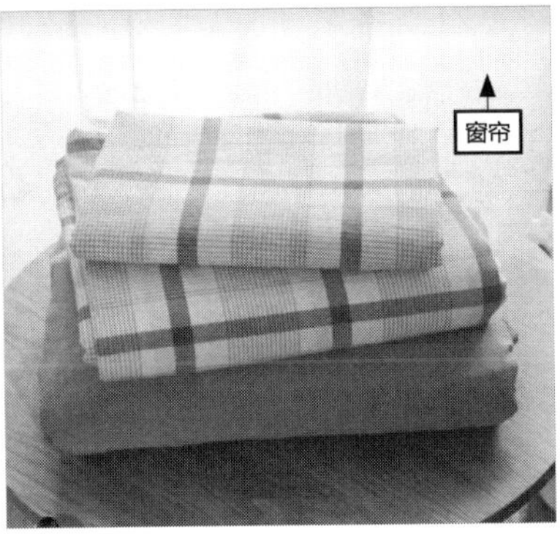

图2-41

拍摄达人解说式的短视频，干净的墙面就常常作为背景，在达人前方还会放置一张桌子，用于摆放商品，如图2-42所示。

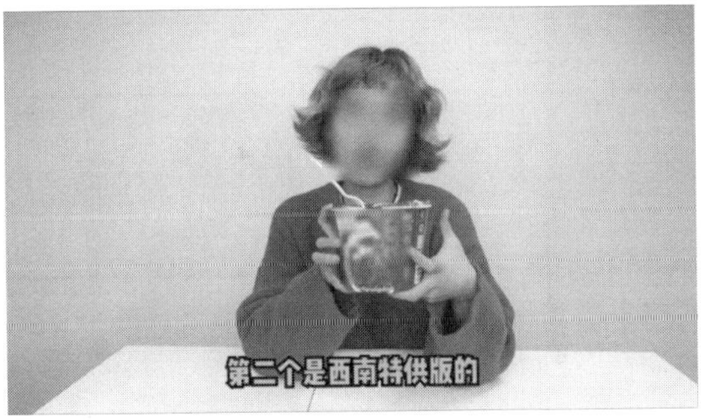

图2-42

2.4 素材准备，建立短视频素材库

短视频的后期剪辑和制作离不开各种素材的使用，包括视频素材、音频素材以及特效素材等。素材选取的好坏在一定程度上也会影响短视频的最终效果，那么短视频制作者要去哪里寻找素材呢？

2.4.1 将视频文件传输到本地电脑中

短视频的视频素材大多是我们拍摄的视频，这些视频最开始是存储在手机或电脑中的，需要将其导入电脑中用于后期剪辑。以将手机中的视频导入电脑为例，打开电脑后，将数据线的一端连接手机，另一端连接电脑的USB接口，如图2-43所示。此时在手机中选择“传输文件”选项，如图2-44所示。

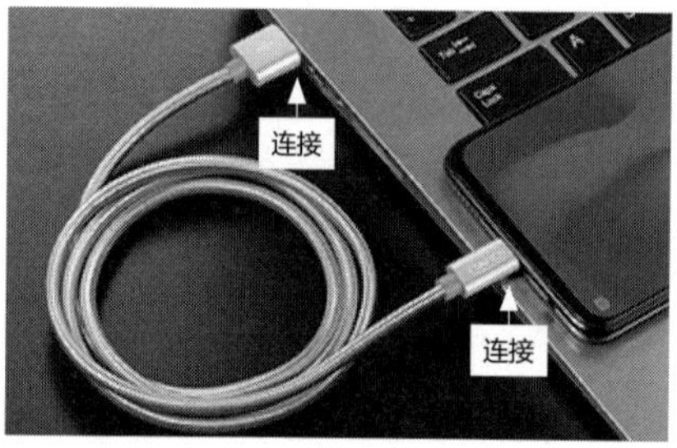

图2-43

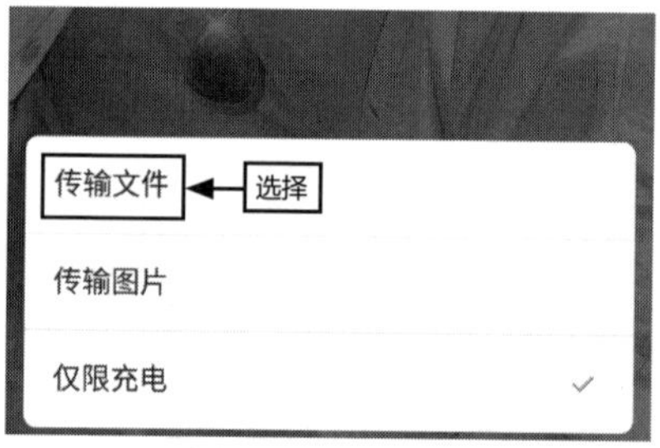

图2-44

双击“计算机”图标，找到便携设备，双击其名称，如图2-45所示。在打开的文件夹中找到视频存储文件夹，按住【Ctrl】键选择视频，如图2-46所示。按【Ctrl+C】组合键复制视频文件，在本地电脑中选择一个文件夹，按【Ctrl+V】组合键粘贴视频文件。

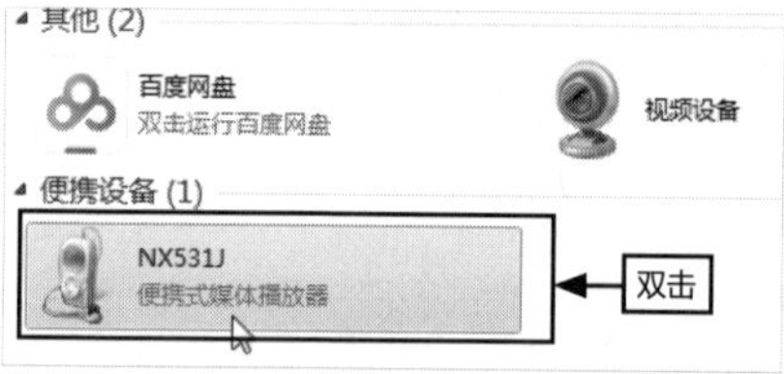

图2-45

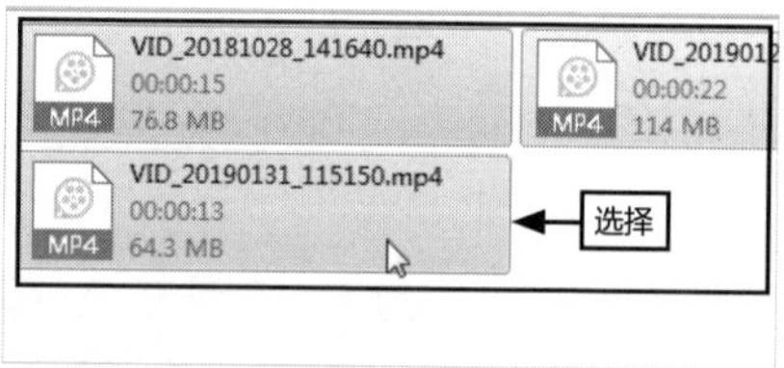

图2-46

TIPS *使用QQ将视频素材导入电脑*

如果身边没有数据线，可以通过QQ、微信等软件来传输视频素材。以QQ为例，在手机和电脑上同时登录QQ账号。在手机QQ中打开“我的电脑”对话框，点击“文件”按钮，在打开的“本机文件”中选择视频素材，再点击“发送”按钮，最后在QQ电脑端接受文件即可。

2.4.2　在线下载短视频素材

有些短视频素材可以通过素材网站下载得到，下面分享几个实用的短视频素材网站。

1.爱给网

爱给网（http://www.aigei.com/）是一个以创意作品库为核心素材的共享平台，在里面我们可以找到音效、配乐、视频、3D以及游戏素材等。在爱给网下载素材很简单，找到合适的素材后，在素材播放页面单击“高速下载”按钮即可下载素材，如图2-47所示。

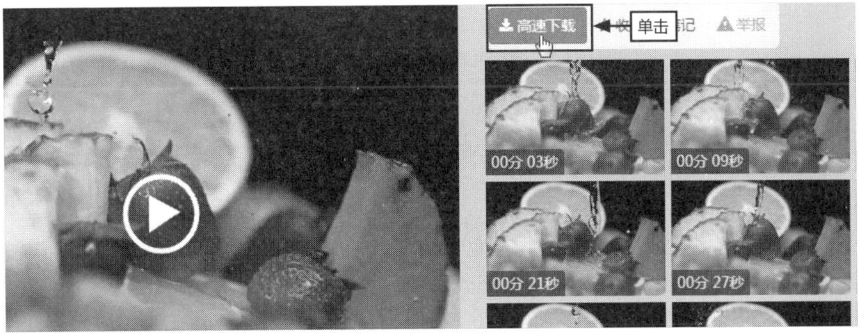

图2-47

2.傲视网

傲视网（http://www.aoao365.com/）是视频素材交易平台，网站上的素材需要付费才能下载。该平台提供的视频素材比较丰富，包括视频模板、背景视频以及实拍视频等，如图2-48所示为网站首页。

图2-48

3.VJshi

VJshi（https://shipin.vjshi.com/）是专业视频素材供应平台，该网站上提供的视频素材既有付费素材，也有免费素材。素材类型包括模板素材、视频素材、背景视频、实拍素材等，如图2-49所示为网站首页。

图2-49

2.4.3 音频素材可以从哪里获取

短视频音频素材可以从一些素材网站上获取，只不过很多素材网站上提供的音频素材大多是配乐或音效素材，如图2-50所示为包图网提供的短视频配乐素材。

图2-50

如果要下载歌曲素材，可以在音乐播放软件中下载，比如QQ音乐、网易云音乐等平台。以QQ音乐为例，可以在“精选”歌单中查看比较新和热门的歌曲，还可以在“分类”歌单中按类型选择歌曲。另外，也可以通过搜索的方式搜索歌曲。

对于新手短视频创作者来说，建议选择纯音乐作为背景音乐，因为纯音乐没有歌词，包容性较强，剪辑起来也更方便。如果要选择带歌词的歌曲作为背景音乐，就要把握好视频内容与歌词的契合度。

在使用这些歌曲素材时要注意用途，很多歌曲仅限于分享使用，如果我们的短视频中涉及了产品广告，就可能需要付费授权后才能使用。

在音乐播放器中下载歌曲素材也比较简单，找到合适的音乐后，单击“下载”按钮进行下载，如图2-51所示。

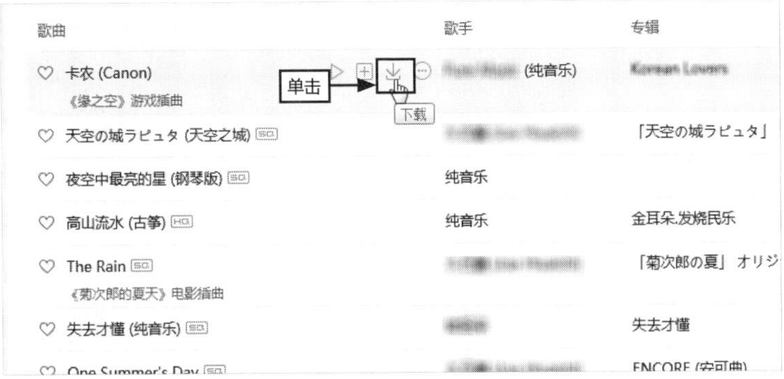

图2-51

除了以上途径外，还可以在短视频平台上提取音乐素材。比如要在抖音APP上提取音乐素材，可按照以下操作步骤进行。

首先，在抖音APP上将需要提取的音乐素材的视频文件下载到手机中，然后将该视频文件传输到电脑中。进入QQ影音官网（https://player.qq.com/），单击“立即下载”按钮下载并安装QQ影音，如图2-52所示。启动QQ影音，将视频文件拖动到QQ影音主面板上，如图2-53所示。

图2-52

图2-53

右击，在弹出的快捷菜单中选择“工具/转码压缩”命令，如图2-54所示。在“格式”下拉列表中选择“纯音频”选项，如图2-55所示。

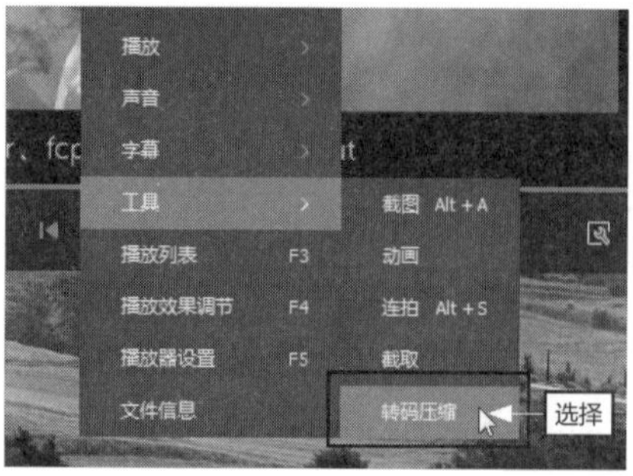

图2-54

图2-55

❶选择文件保存位置，❷单击“开始”按钮，软件会自动转码压缩视频文件，如图2-56所示。

图2-56

最后在对应的文件夹中就可以查看到提取的音频文件，使用QQ影音可以播放该音频文件，如图2-57所示。

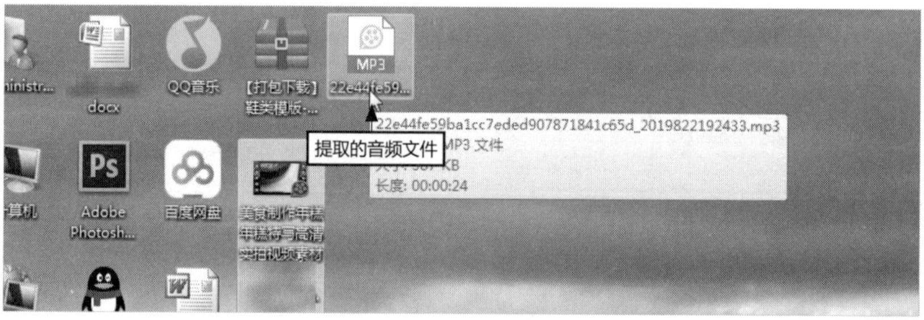

图2-57

第3章

摄影制作，强种草的电商视频这样拍

拍摄电商短视频，如果把产品拍得很难看，消费者自然不会买单，只有在视频中展现出商品“美”的一面，才能起到种草的作用。那么同样是拍视频，为什么你拍出来的视频就差强人意呢？这可能是因为你没有掌握视频拍摄的技巧。

学点构图法，让商品更容易被记住

- 记住简洁明了，主体突出法则
- 中心构图，将产品进行重点强调
- 九宫格，为视频营造趣味中心
- 对称构图，使画面具有平衡感

掌握拍摄技法，让视频更加专业

- 通过对焦练习快速找到焦点
- 避免抖动拍出稳定的画面
- 设置视频画质为高清
- 合理的曝光保证视觉效果

3.1 学点构图法，让商品更容易被记住

在摄影摄像中，构图是很重要的，每拍摄一帧视频，都会涉及构图。同样一个场景，构图不同，画面的表现力以及表达的主题就可能完全不同。好的构图会突出主体，让画面富有美感，如何合理安排各元素在画面中的位置即是构图了。

3.1.1 记住简洁明了，主体突出法则

摄影构图有一个比较基础的法则，即画面要做到简洁明了，主体突出。简洁明了是指画面要简洁不杂乱，让观众一眼就了解到所要表达的内容；主体突出是指被拍摄主体应处于画面的视觉中心，做到鲜明突出。下面来看两张照片，如图3-1所示。

图3-1

在图3-1（左图）中，画面中只有一个杯子和一些树枝做装饰，没有其他干扰物，背景也很干净，很容易看出画面的主体就是装满茶水的杯子。在图3-1（右图）中，画面中有两个杯子，装满茶水的杯子位于画面左下方位置，整体清晰，而另一个杯子则被虚化了，同样可以看出主体是装满茶水的杯子。

通过上图我们可以知道，做到主体突出可以采用两种方式：一是背景干净，减少画面中的干扰元素；二是让主体清晰，虚化背景或其他干扰元素。在拍摄商品视频时，如果能做到背景简洁，让商品本身清晰突出，会更容易让消费者记住我们的产品。

3.1.2 中心构图，将产品进行重点强调

中心构图是指将被拍摄主体置于画面的中心，这种构图方式能够让视觉重心自然地集中在被拍摄主体上，起到突出商品的作用。在利用旋转运镜方式拍摄商品时，就可以采用这种构图方式，如图3-2所示。

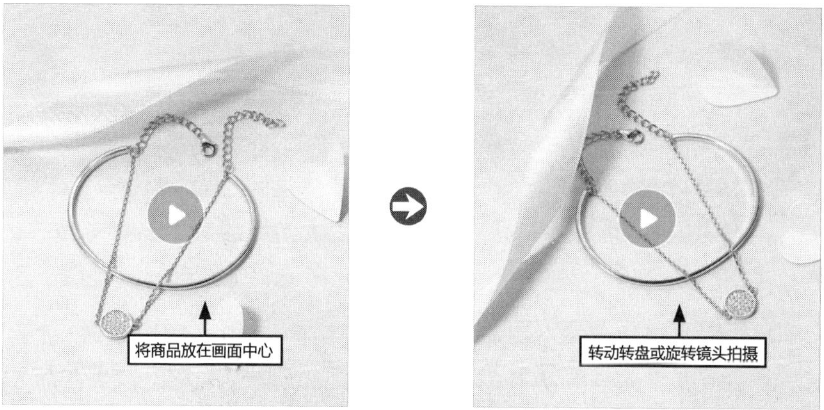

图3-2

对于本身具有动态功能呈现的商品来说，可以将其放在画面中心后保持位置不变，打开电源启动商品，让消费者了解其功能。比如加湿器，启动电源后可以看得出雾口的喷雾效果，这时就可以让加湿器放在画面中心不动，呈现水雾源源送出的加湿状态，如图3-3所示。

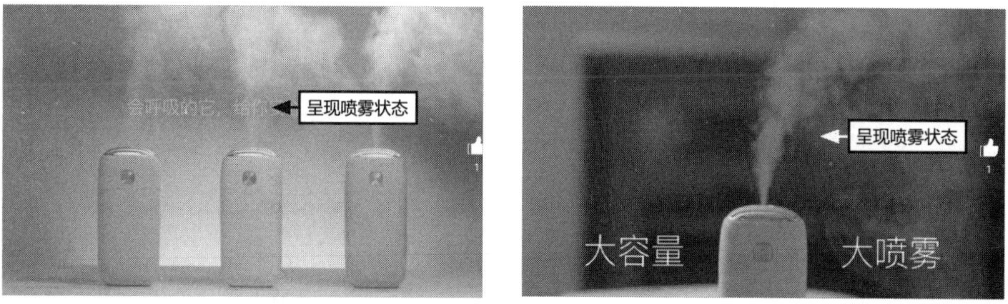

图3-3

将商品摆放在中心位置后，还可以通过上下平移、升降或推拉镜头来呈现商品的外观。比如拍摄玻璃杯，将玻璃杯放在画面中心后，从近景拉起，然后将红酒倒入玻璃杯中，让镜头逐步远离玻璃杯，呈现由近到远的动态影像，也让玻璃杯的外观逐步得到呈现，如图3-4所示。

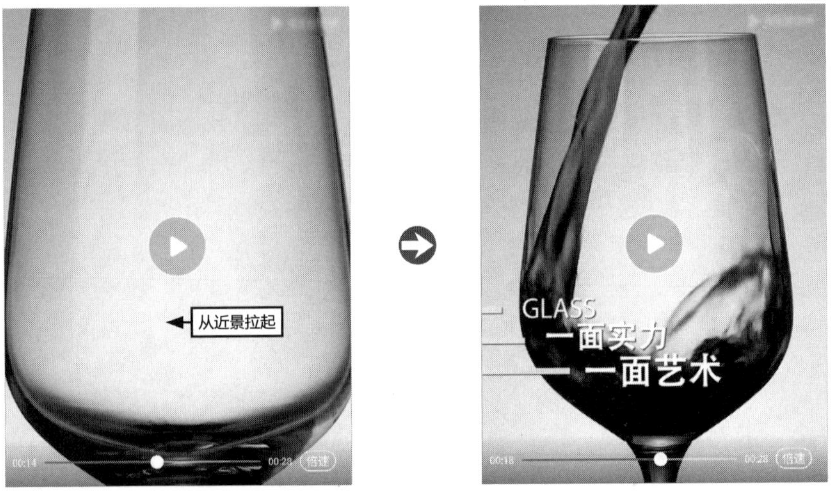

图3-4

对于开箱评测的内容型视频，一般也采用的也是中心构图，将评测的商品放在中心位置，然后一边开箱一边讲解商品功能特点，人物或商品始终保持中心位置不变，如图3-5所示。

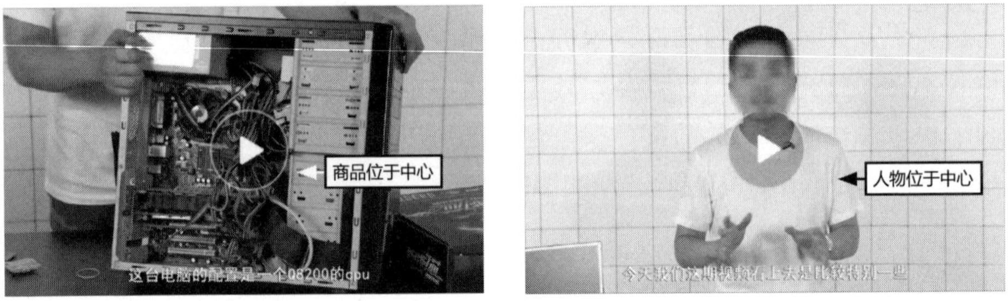

图3-5

3.1.3　九宫格，为视频营造趣味中心

九宫格构图是指将画面按照“井”字分为9个格子，将被拍摄主体放在4个交叉点上，这种构图方法比较常用和实用。现在的智能手机和相机一般都提供了九宫格构图线，在拍摄时可打开构图线辅助拍摄。我们只需将被拍摄主体安排在交叉点上即可，如图3-6所示的画面就是采用的九宫格构图法，可以看出主体分别被放置在了画面的左上角和左下角。

图3-6

拍摄短视频无论横竖都可以运用九宫格构图法。被拍摄物体可以安排在单点上，如左下单点、右上单点；也可以安排在双点上，如对角交叉点、左侧双点。以横着拍摄杯子为例，可让被拍摄主体接近九宫格左侧的轴线，也可以让其接近右侧的轴线，如图3-7所示。

图3-7

竖着拍摄时，将被拍摄主体安排在垂直的两个交叉点上，可以给人以延伸感。拍摄人物时，使用这种方式可以让人物更显高，如图3-8所示。

图3-8

3.1.4 对称构图，使画面具有平衡感

对称构图是指让画面呈左右、上下或斜线对称，这种构图方式能带来平衡感，在拍摄建筑、风景等题材时，就常运用这种构图方式，如图3-9所示。

图3-9

在对称构图中，比如桥栏、地平线以及建筑物的中轴线常常会成为构图中的对称轴。在运用对称式构图时要注意端平手中的摄影器材，避免对称轴歪斜，这样拍出来的画面才会好看。

有时，为了让对称式构图显得不那么呆板，可以让对称轴不完全居中，或在画面中加入一点不对称的元素，让画面富有变化。比如在风光摄影中，以三分线来规划对称轴，并在画面中纳入一些前景，如图3-10所示。

图3-10

拍摄产品视频可以利用倒影板来构建有倒影的对称式构图画面，如图3-11所示为利用倒影板来拍摄的手表。

图3-11

倒影板有白色的，也有黑色的。白色倒影板拍出来的阴影会比较淡，黑色倒影板所呈现的倒影会比较清晰。

具体使用白色倒影板还是黑色倒影板要根据产品特性来选择，一般在拍摄手表、珠宝首饰等产品时，为体现产品的高级感会使用黑色倒影板；拍摄化妆护肤品以及其他居家用品时，比如钱包、洗发水、水杯等，就常常使用白色倒影板，如图3-12所示为白色和黑色倒影板示意图，可以看出在阴影呈现上有一定的差别。

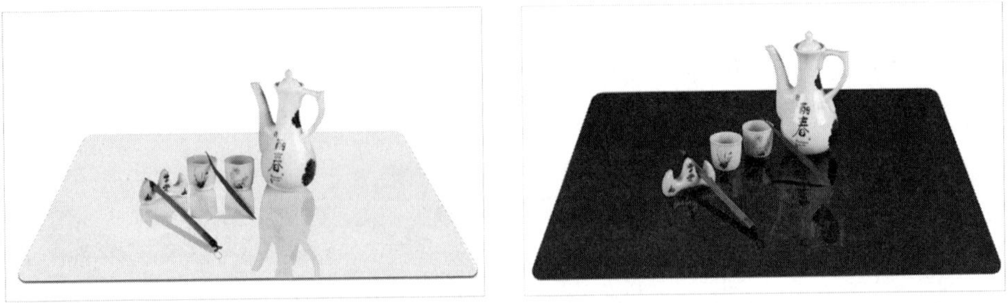

图3-12

倒影板配合灯光来使用可以更好地呈现产品的立体感，所以在拍摄时最好配合摄影棚和灯箱来使用。

3.1.5 斜线构图，让主体显得动感活泼

斜线构图是指让画面沿着斜线分布，这种构图方式可以让画面显得活泼动感，并且画面中的斜线会成为引导线，吸引浏览者的目光，如图3-13所示为风光摄影中斜线构图的运用。

图3-13

在实际拍摄时，要善于去发现斜线，比如桥梁、山脉、并列的物体等，这些景物都可以构建出斜线，如图3-14所示。从图中可以看出，花卉的枝条可以构建出斜线，而河渠也可以构建出斜线。在画面中，斜线倾斜角度不同，所带来的延伸感也会不同。

图3-14

拍摄产品时可以通过物体的摆放方式来构建斜线，比如拍摄彩色铅笔，我们可以用斜线的方式来摆放，然后通过不同颜色的排列来让画面产生色彩变化的效果，使得画面看起来更生动活泼，如图3-15所示。

图3-15

在拍摄视频时，将产品斜向摆放后，可以通过移动镜头的方式来逐渐呈现产品的颜色、外观等特性，如图3-16所示。

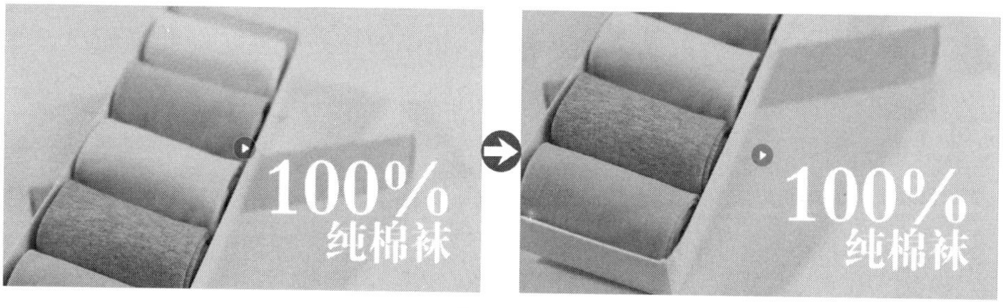

图3-16

斜线构图在横屏和竖屏拍摄中都可运用，竖屏拍摄时可将多个产品竖向斜线排列，让画面空间更有表现力，如图3-17所示为斜线构图在竖屏拍摄中的运用。

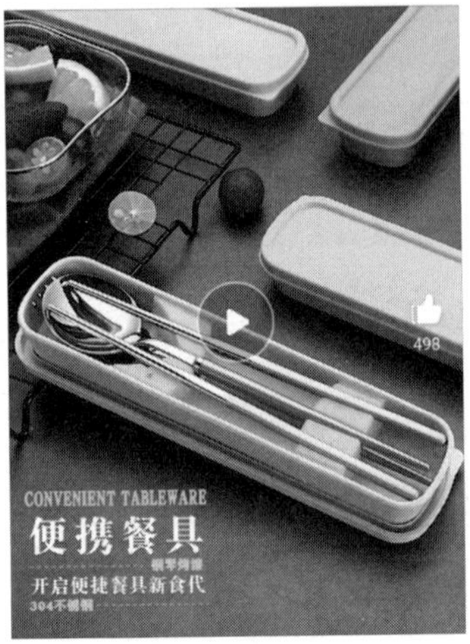

图3-17

3.2 掌握拍摄技法，让视频更加专业

对于新手摄影者来说，初次拍视频可能会遇到以下问题，比如拍出来的视频画面很模糊、上下抖动很厉害、光线看起来杂乱无章……那么面对这些问题应该如何解决呢？其实，这些问题大部分是由于拍摄方法有误而造成的。通过不断练习拍摄技法，可以让我们的视频拍得越来越好看。

3.2.1 通过对焦练习快速找到焦点

拍摄视频对焦是否准确是很重要的，如果对焦错误就可能让画面中该清晰的地方变得模糊，该模糊的地方反而清晰了。这不仅影响画面的美观度，还会影响主题的表达。

不管是使用手机拍摄还是使用相机，对焦方式都有两种，一种是自动对焦，另一种是手动对焦。自动对焦就是让相机或手机自动进行对焦，手动对焦是指通过手动调整焦点来对焦。

比如现在的很多手机和相机都有识别功能，在自动对焦模式下，它们会自动对焦人物脸部或者眼部，如图3-18所示分别为手机和相机的自动对焦功能。

图3-18

其实在大多数情况下，自动对焦都能满足拍摄需求，但有时也可能出现对焦不准确的情况，如夜景环境中、对比度不足的情况下微距拍摄。这时就需要手动对焦来保证被拍摄主体是清晰的。

手机的手动对焦方法比较简单，在手机视频拍摄界面点击想要对焦的主体，此时画面会出现小方框，这个框就是对焦框，如图3-19所示。

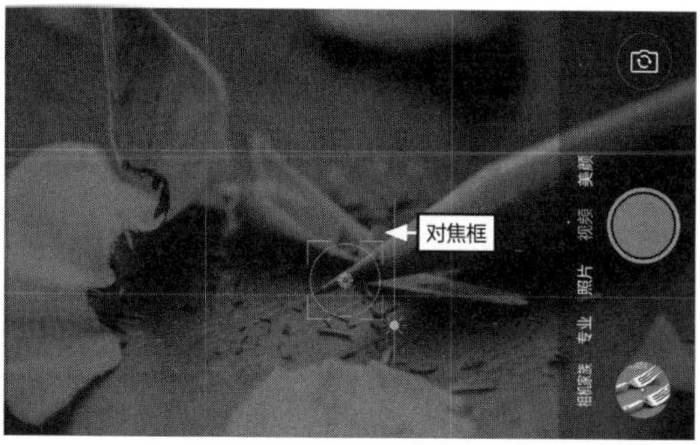

图3-19

不同的相机其手动对焦方式会有所不同，有的相机需要在菜单栏中设置对焦模式为手动模式，有的则是通过转动对焦环来调整焦点，如图3-20所示。

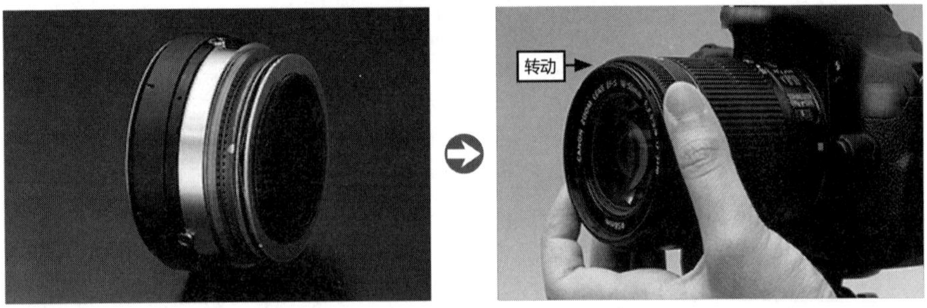

图3-20

在视频拍摄过程中，由于是动态的，所以对焦会更复杂一些。为了更准确地对焦，摄影者可在平时多用手中的设备练习对焦，以便在拍摄时对焦更得心应手，具体有以下练习方法。

- **练习追焦**：选一个有车流的马路边，对即将行驶到来的汽车对焦，然后锁定焦点，保持腰不动，手肘和拍摄设备跟随移动的汽车转动，进行匀速拍摄。这个拍摄方式就是摇镜头拍摄，要点是保持焦点始终对准汽车，且手肘转动速度要和汽车行驶速度同速，这样才能使汽车清晰。
- **练习移焦**：选择两个有位置差且保持静止的物体，然后移动镜头对这两个物体变换对焦，也就是先对焦A物体，然后再把焦点变换至B物体上，然后再对焦A物体，通过这样的练习可以让我们更快找准移动焦点。
- **练习俯仰**：选择建筑、树木等比较高大的物体，运用不同速度练习俯仰摇移对焦。
- **练习跟焦**：选择运动的物体，跟随其对焦拍摄，感受被拍摄主体移动速度的变化，看自己能否让被拍摄主体始终在镜头中清晰，通过这种方法可练习平移跟焦能力。
- **练习使用变焦**：如果手中的设备是变焦镜头，那么就要通过练习，让自己熟练地掌握如何手动变焦。

3.2.2 避免抖动拍出稳定的画面

拍摄视频时，如果手中有稳定器，那么可以很大程度上减少拍摄中的抖动。但有时外出可能手中并没有稳定器，拍摄视频时又应该如何避免抖动呢？具体有以下方法。

1.找支撑点

如果被拍摄主体是运动的，而我们拍摄器材不需要运动，这时就可以找一个支撑点，让拍摄器材保持稳定，如拍摄风景时，将手靠在栏杆上。俯拍城市景观时，将手机贴在玻璃上进行拍摄，这样就可以在很大程度上避免抖动了，如图3-21所示。

图3-21

2.开启视频防抖

有的手机提供了视频防抖功能，可以在拍摄前进入设置页面打开视频防抖功能，这样可以在一定程度上抵消抖动，如图3-22所示。

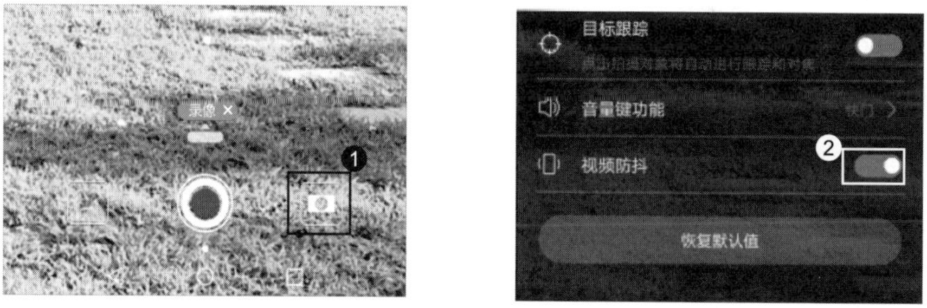

图3-22

3.慢速移动

拍摄时如果要移动拍摄，可以在走路时尽量减少上肢的摆动幅度，端平手机保持水平，放慢脚步的移动速度，这样可以有效减少手部抖动带来的画面晃动。另外，也可以在拍摄时慢速移动手机或相机来拍摄，这样得到的画面往往会更稳定。注意，不要单手持机拍摄，双手持机会更稳，用右手大拇指来控制快门，其他手指来固定手机，同时注意手指不要遮挡摄像头，如图3-23所示。

图3-23

3.2.3 设置视频画质为高清

很多相机和手机都支持画质设置，要让拍摄的视频达到高清画质，在拍摄视频前就要查看画质是否为高清，如果不是那么就要先进行设置。以手机为例，进入手机相机的设置页面后，找到视频画质设置功能，将其画质设置为最高即可，如图3-24所示。

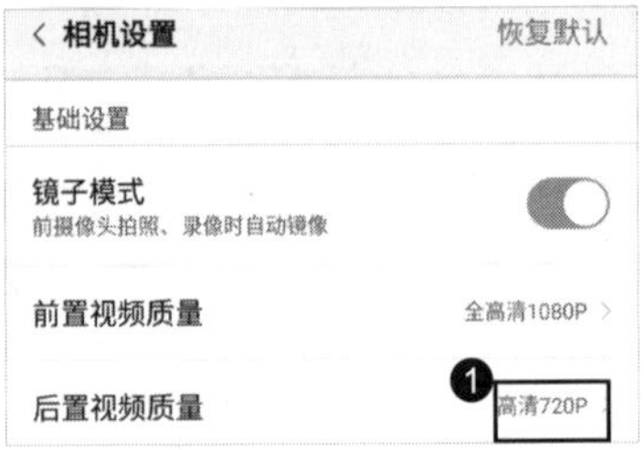

图3-24

在相机菜单中，也有画质设置功能。相机的图像画质一般分为3档，L（大）、M（中）和S（小），每种画质又可设置为“Fine（优）”或“Nomal（普通）”。①点击“图像画质”按钮，②在打开的“图像画质”设置界面中点击“L”按钮即可将画质设置为L，如图3-25所示。

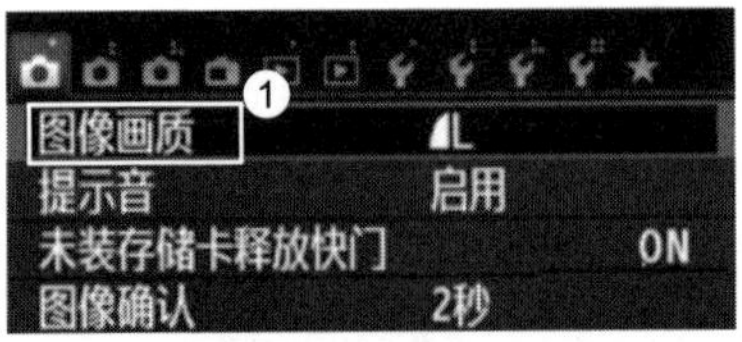

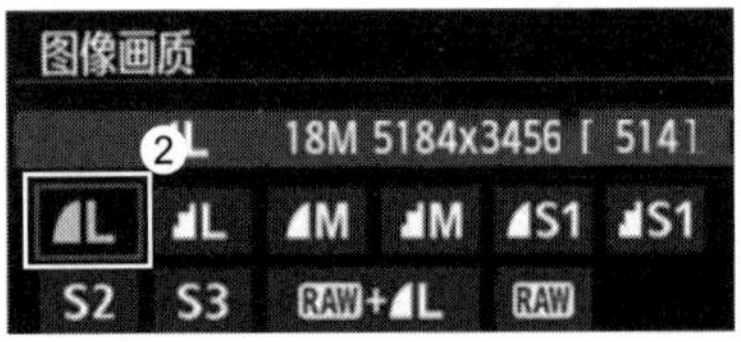

图3-25

3.2.4　合理的曝光保证视觉效果

曝光会影响视频的最终成像效果，曝光过度会让画面看起来太亮，曝光不足会让画面显得很暗。手机拍摄时，可通过上下滑动调节“小太阳”图标来加减曝光度，向上调节为增加曝光，向下调节为减少曝光，如图3-26所示。

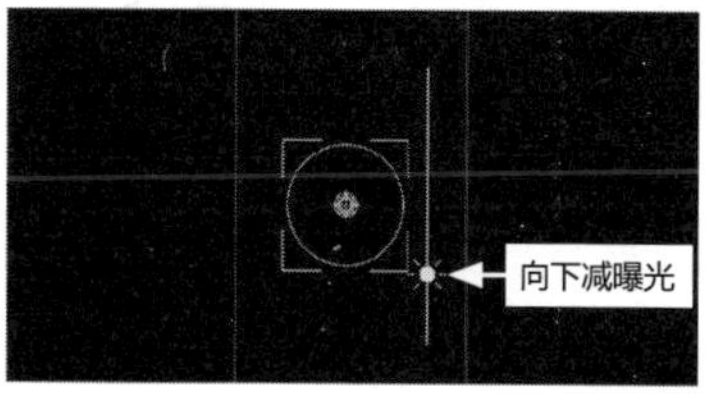

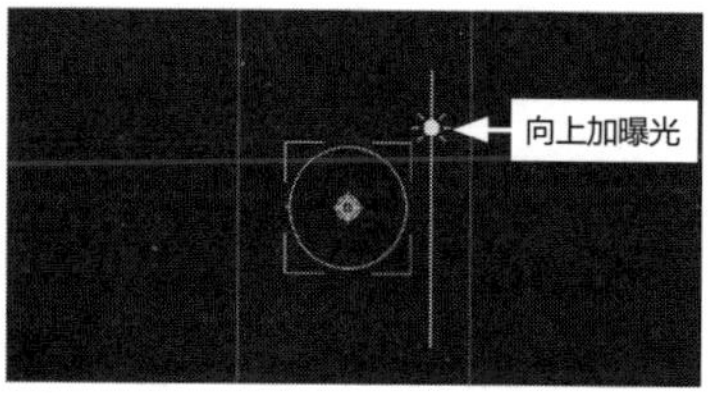

图3-26

相机的曝光设置相对要复杂很多，可用快门、光圈和ISO这3个参数来控制，这3个参数对曝光的影响如下所示。

- **快门**：快门的数值越大，表示快门越慢，画面的进光量就会越多，反之进光量就越小。即1/500s＜1/30s，在其他参数不变的前提下，前者快门速度更快，画面亮度更暗。
- **ISO**：ISO是指感光度，感光度数值越大，照片亮度就会越亮。即ISO50＜ISO200，在其他参数不变的前提下，前者画面亮度更暗。
- **光圈**：光圈是指镜头孔径的通光量，用F表示，光圈的数值越大，光圈越小。即F32＞F11，前者光圈更小，在其他参数不变的前提下，F32比F11画面亮度更暗。

视频拍摄时曝光是否合适可通过相机的实时取景框来判断，如果觉得画面太亮了，可以适当降低曝光量，反之就增加曝光量。需要注意，在拍摄一些特殊场景时，有特定的曝光原则需要我们记住，那就是“白加黑减”。

白加黑减是指拍摄整体偏白的场景时需要增加曝光，拍摄整体偏黑的场景时需要减少曝光。比如拍摄雪景，如果让相机自动对焦曝光，相机会判断画面偏白，从而自动给我们减曝光，这样拍出来的雪很灰。以我们人眼的视觉感受来看，雪应该是白的，这时就需要人为增加曝光补偿，来使雪景看起来一片洁白。

拍摄整体偏黑的场景时，比如拍摄黑色的键盘，相机会认为画面太暗了，从而增加曝光，这样会使得键盘拍出来很灰没有质感。这时我们就需要人为减少曝光补偿，来让键盘看起来更具质感，如图3-27所示。

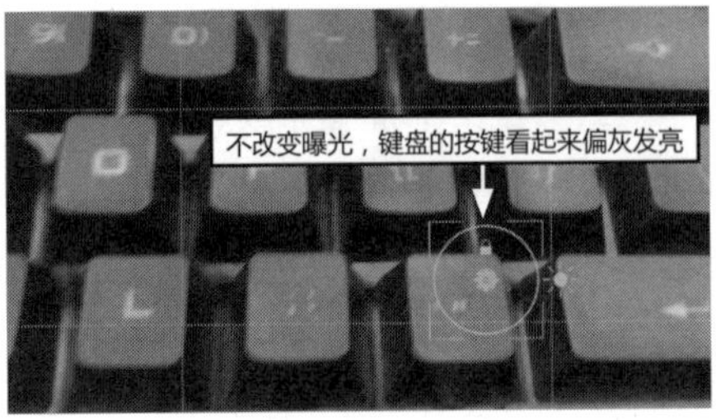

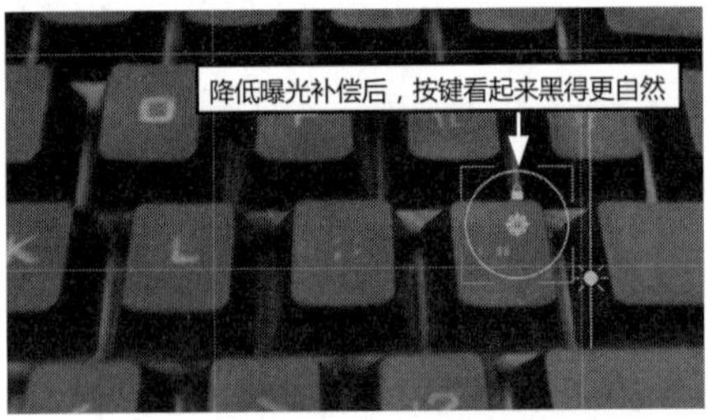

图3-27

3.2.5 选择合适的拍摄视角

同一个场景，拍摄的视角不同，画面所呈现的视觉效果也会不同。比如同样是拍桃胶，垂直俯拍和平拍的效果是不同的，如图3-28所示。

图3-28

从上图中可以看出，右图与左图相比看起来更有立体感，这就是改变拍摄角度所带来的不同视觉感受。拍摄角度总体可分为仰拍、俯拍和平拍。仰拍即从下往上拍，这种拍摄角度可以让被拍摄主体看起来很高大。在拍摄建筑、树木、灯具等事物时，就可以使用这种拍摄角度，如图3-29所示。

图3-29

俯拍是指从高处往下拍，能表现出景物的辽阔，很适合拍摄一些大场景，比如建筑群、海岛等。拍摄人物时，可以用俯拍来表现人物的面部表情和神态。另外，拍人物自拍类的视频时，可以仰起头，将手机举高，使用45°俯视角度来拍摄，这样会显得眼睛更大，脸更小。

俯拍在产品摄影中运用得也比较多，根据产品展示的需要，俯视的角度也需要进行变化，如30°、90°等，如图3-30所示。

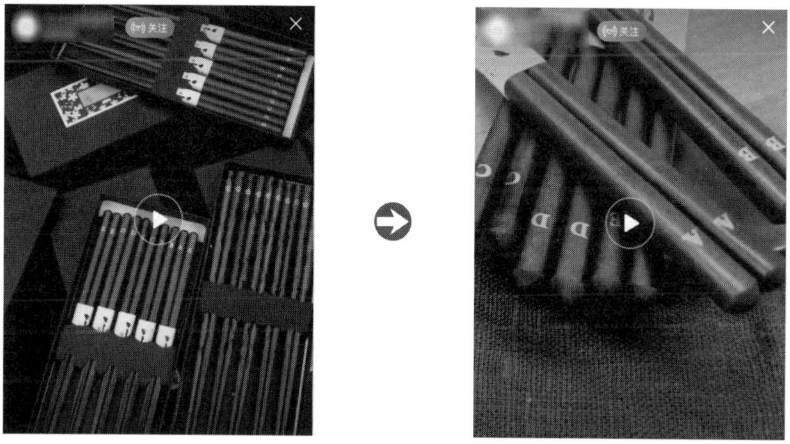

图3-30

平拍是指以人平视的角度来拍摄，这一视觉角度符合人们的视觉观察习惯，拍出来的主体不易变形，但也可能缺乏立体感。在视频拍摄中，常常将平拍与移镜头结合起来呈现被拍摄主体的正面特征，如图3-31所示。

图3-31

在拍摄一个场景或产品时，都需要提前进行观察，待找到合适的角度后，再拿起手中的设备开始拍摄。

3.3 打造有“带货力”的单品短视频

我们知道单品短视频是以单个商品为拍摄主体，拍摄能展现其优势、功能等特征的视频。对电商卖家来说，单品短视频是买家了解产品的重要方式，那么单品短视频究竟要如何拍才能提升商品成交转化率呢？

3.3.1 服装类，上身效果+材质评测

购买服装，消费者普遍关心的主要有服装的上身效果、材质、设计和搭配等，所以拍摄服装类单品视频时可以从这几方面来入手。

在视频中展示模特试穿服装的整体上身效果，可以让消费者对服装的全貌有一个认识。拍摄时，可以保持摄影设备不动，让模特在镜头前转一圈或摆几个动作。也可以采用跟镜头的运镜方式，以模特边走边拍的方式来展示服装上身效果，如图3-32所示。

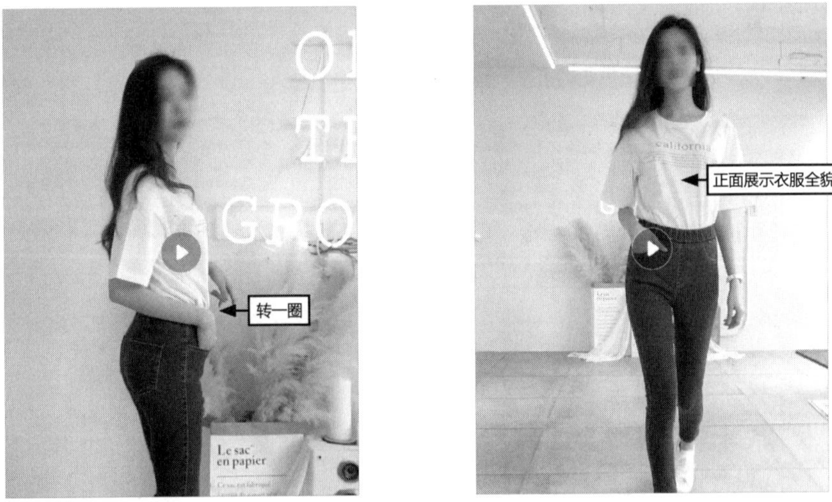

图3-32

对服装的设计亮点、材质等进行介绍，可以让消费者更加透彻地了解商

品属性。在对设计亮点和材质进行描述时，要体现产品所带来的好处，比如材质是纯棉的，但在阐述时不能只说是纯棉面料的，还应加上“柔软亲肤透气、夏天穿不会觉得闷热，水洗不起球”等展现性能特点的内容，如图3-33所示。

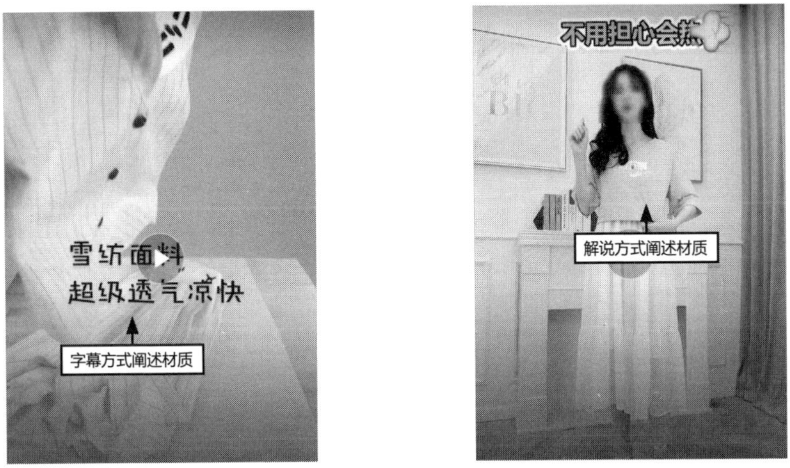

图3-33

在介绍搭配时，主要展示与店铺其他服装搭配起来的效果，这样可以帮助提高其他商品的销量，如图3-34所示。

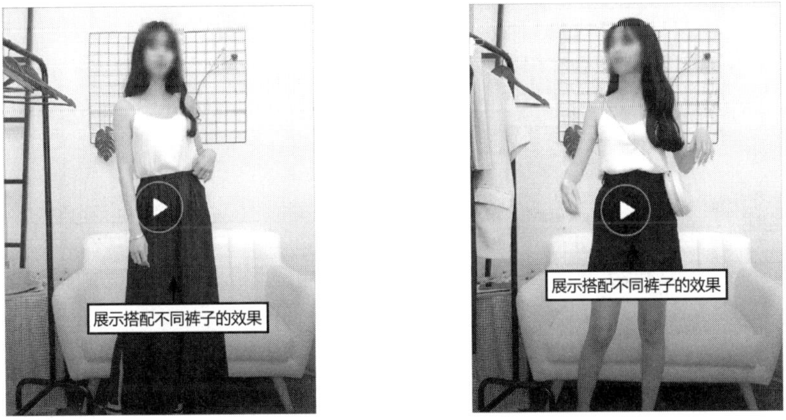

图3-34

服装类单品短视频的内容顺序一般是先让模特全身各角度展示上身效果，然后再拍细节。如果视频时长较短，比如只有10s，那么视频只展示模特的上身效果即可。如果时长足够，可以在展示了整体服装全貌后，拉近镜头拍服装的细节，让消费者看清楚服装的材质、工艺以及设计等，如图3-35所示。

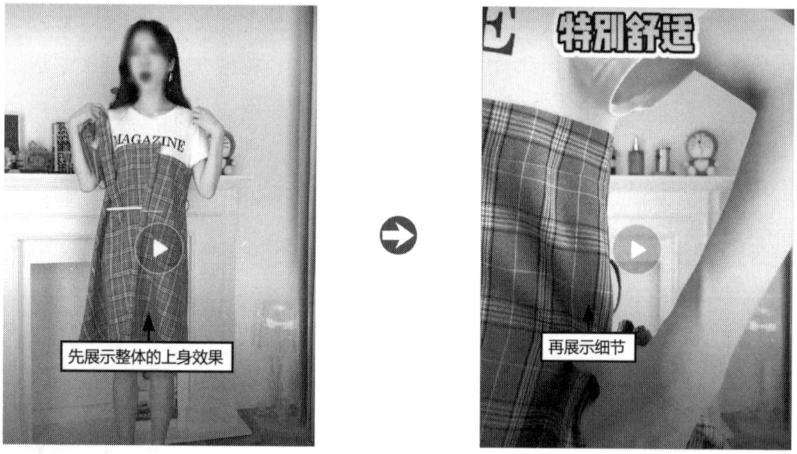

图3-35

3.3.2 鞋包类，外观展示+细节体现

鞋包产品的短视频主要会从外观、细节和上身效果的展示这3方面来安排内容。外观展示常常会放在视频的开头，要从产品的正面、侧面和背面来呈现外观，让消费者对产品有一个具体印象，如图3-36所示。

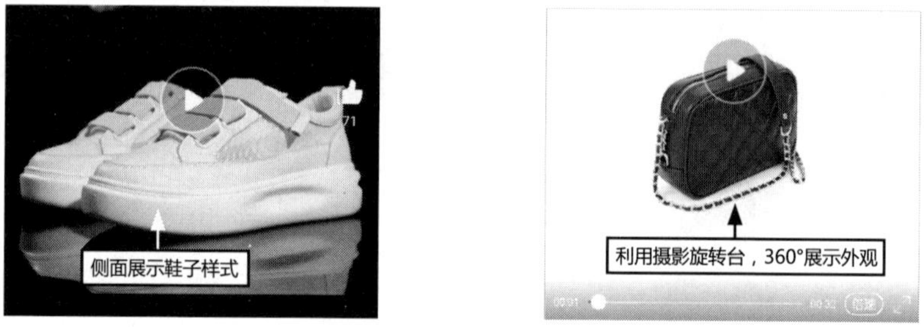

图3-36

在细节的呈现上，鞋子和箱包会有一定的差别，鞋子一般从鞋底（如防滑、松糕底、柔软度）、鞋面面料（如牛皮、网纱、透气）、鞋跟（如平底、坡跟、内增高）来展现细节。箱包主要会从包袋容量（如大容量）、材质（如牛皮、优质皮料）、拉链（如拼皮链条、柔软皮质肩带）、卡袋（如内里分区、有拉链隔层袋）来展示箱包的质量。

在视频表现方式上，一般以演示评测为主，这样会更有说服力。同时在介绍细节时配上字幕，以帮助用户理解，如图3-37所示。

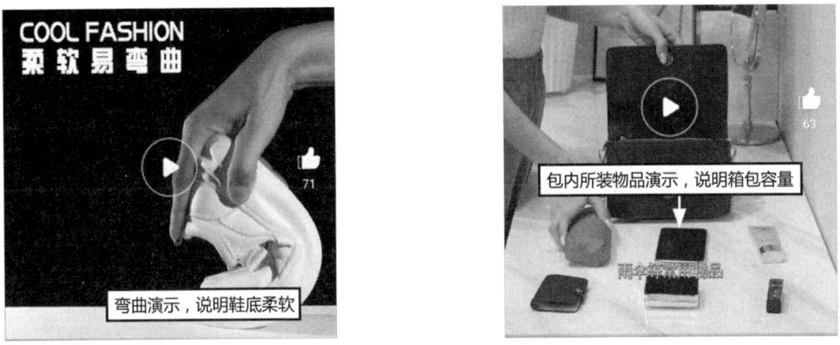

图3-37

上身效果会通过模特来展示，箱包会展示不同的背法或搭配效果，鞋子则通过模特穿着走动来对各角度外形进行展示。在拍鞋包类产品的模特上身效果视频时要注意一点，主体是鞋包本身，注意对焦主体，不能拍得太小，如图3-38所示。

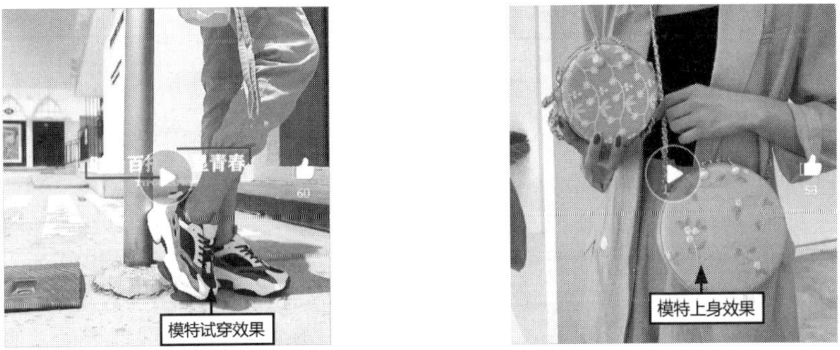

图3-38

3.3.3　美妆护肤类，模特演示+前后对比

对于美妆护肤类产品，消费者会比较关心上妆或护肤效果，另外对女性消费者来说，护肤品的外观包装也会成为她们是否选择该产品的一个重要因素。所以拍摄美妆护肤类产品短视频，可从产品功效和外观两方面来展现。

拍摄时最好采用演示+讲解的表现方式，通过展现商品使用前后的效果对比来赢得消费者的信任。以爽肤水为例，在视频中模特先演示产品的使用方法，再配以字幕来讲述产品的卖点，如图3-39所示。

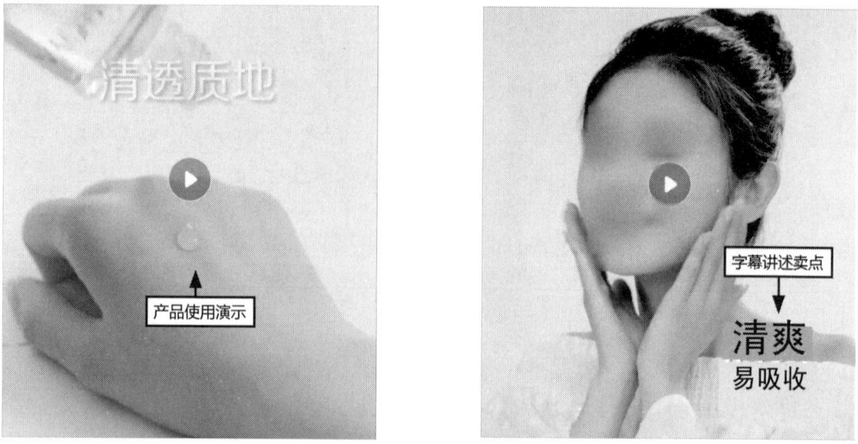

图3-39

然后，对使用前后的效果进行评测说明爽肤水的补水保湿效果；接着在使用产品后模特对产品进行展示，并再次强调卖点，如图3-40所示。

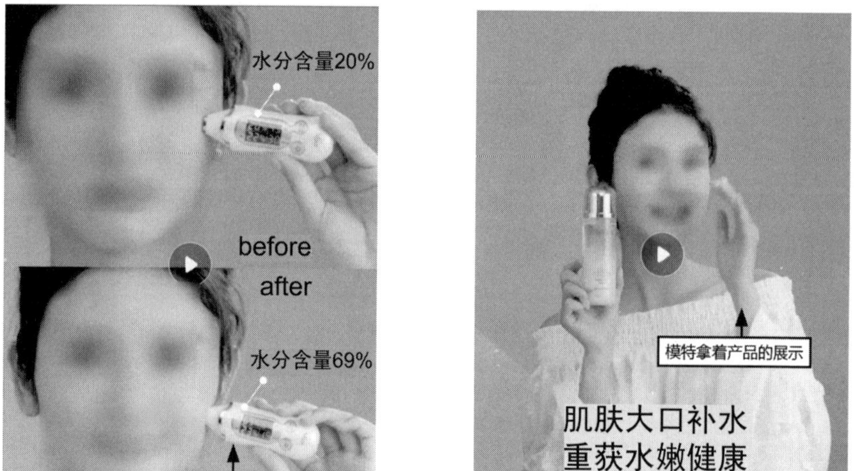

图3-40

通过演示+评测的方式来说明护肤品的效果，能够给用户以真实感。产品的外观展示一般放在视频的最前面，因此美妆护肤产品短视频的常规拍摄顺序就是：外观展示→使用演示→使用测评。

如果产品在设计上还有亮点，那么也可以在视频中进行简单介绍，如按压式取量、喷嘴式设计等。

3.3.4　电子产品类，功能优势+使用演示

电子产品的使用功能是消费者是否选择该产品的重要因素，因为电子产品都融入了高科技技术，所以在拍摄时要体现出高级感和科技感。在短视频内容的安排上，电子产品主要会从功能优势和使用演示两方面来阐述卖点。

以吸尘器为例，其核心的功能是清洁，那么在短视频中，就可以通过清扫过程的场景演示来阐述产品的卖点，如图3-41所示。

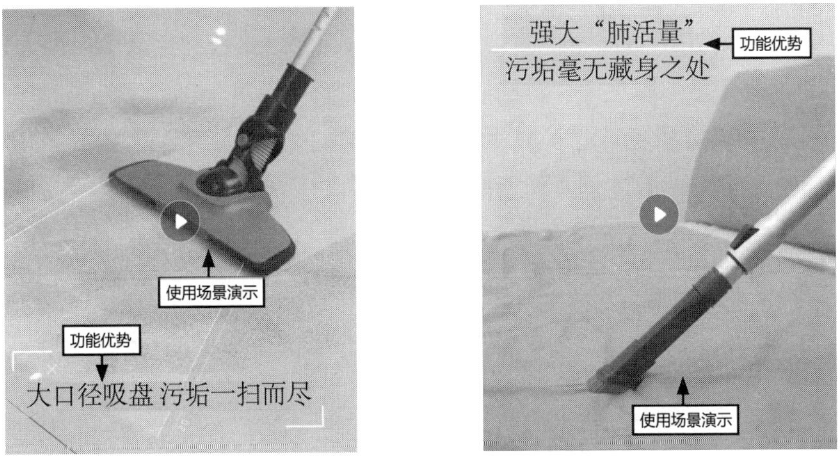

图3-41

很多电子产品的材质表面都比较光滑，所以在拍摄视频时要注意反光对产品拍摄的影响。另外，有的电子产品在设计上有独到之处，因此在视频中也会强调设计感，如图3-42所示。

图3-42

3.4 拍出有购买欲的内容型短视频

内容型短视频是通过内容来实现产品的间接带货，所以内容型短视频要从内容本身出发吸引消费者，从而引导用户购买产品。

3.4.1 评测类，体验测试过程展示

评测类短视频可以是单个产品的评测，也可以是多个产品的评测。在视频内容上，评测类短视频要注重对产品的客观评价，给消费者有用的参考意见，帮助消费者选择更适合自己的产品。

在视频的开始部分要告诉消费者此次评测的产品是什么，然后再对产品的外观、功能等进行评价，如图3-43所示。

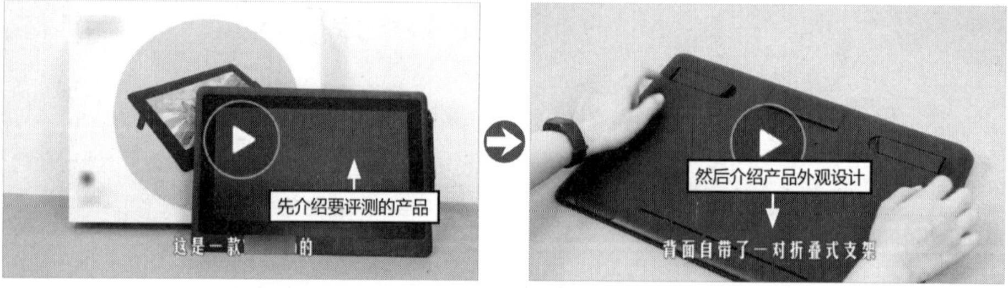

图3-43

在产品评测的过程中，一般先介绍产品的整体外观，然后再对产品的细节亮点和功能进行介绍，如图3-44所示。

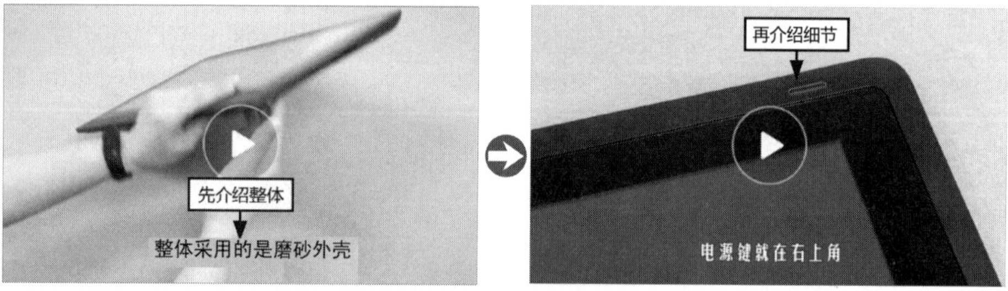

图3-44

拍摄时，要保持产品始终在镜头中，介绍细节时可以拉近镜头，给产品一个局部特写，让观众看清楚产品的细节部分。介绍功能时可以进行产品演示，这样会给人以真实感，如图3-45所示。

图3-45

对同类产品进行多个评测时，要在视频中对比产品的区别，让消费者对产品的不同之处有一个直观的认识，如图3-46所示。

图3-46

3.4.2　清单类，根据主题进行盘点

清单类短视频可以从有趣、有价值、当季流行等角度来盘点商品榜单或清单，比如适合北欧风的网红窗帘、适合黄皮的粉底液。清单好比一份购物攻略，因此清单的主题要明确，视频中的产品要符合清单主题，并且是一个品类的。既然是盘点，那么产品就要突出精选感，要让消费者看了以后觉得这个购物指导是有实用价值的。

在视频中，清单类短视频要说明盘点的理由，突出每个商品的卖点。比如关于电风扇盘点的视频，在视频中，要以序号表述的方式告诉了用户分享了几款电风扇，并且依次介绍每款电风扇的亮点。

通过这样的方式可以让消费者清楚清单内容的商品组成，利用数字元素也能突出清单的精选感，如图3-47所示。

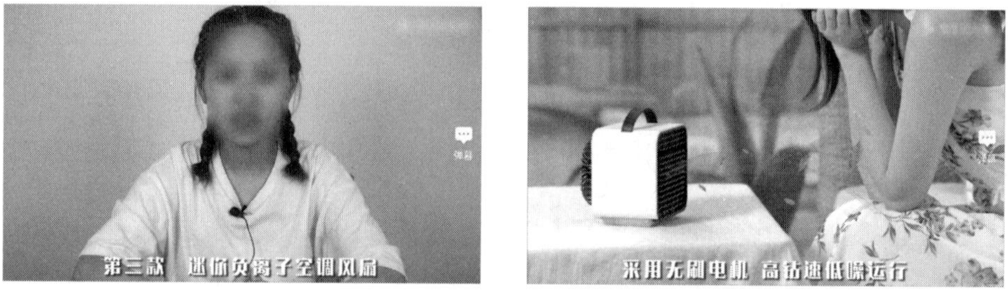

图3-47

清单类视频不能是几个产品的简单介绍，内容要全面深入，比如9月值得入手的手机推荐，要从性价比、外观设计、配置来比较说明。再比如提升生活品质的家居好物盘点，要先说明快节奏生活下人们希望提升生活品质这一背景，然后逐一介绍这几款产品为什么能够提高生活品质。

通过这样深入的说明可以大大提高商品推荐的可信度。另外，清单类视频的主题不要太宽泛，比如“女神必买清单”这样的主题就太宽泛了，“有创意的黑科技文具”“92%学生党都用过的彩妆品牌”“新房入住必买的餐盘”这样的主题就比较好。如图3-48所示的清单主题就很好，并且通过字幕的方式在视频封面展示清单内容范围，可以让消费者一眼明了。

图3-48

3.4.3　搭配类，展现穿衣整体搭配

搭配类的内容型短视频一般从风格、场景、时节、人群或材质等方面来进行服装穿搭推荐，比如简约复古风的穿搭、微胖女孩秋冬穿搭、职场一周穿搭等。确定好一个搭配主题后，视频就需要围绕这个方向推荐符合该主题的搭配。每个推荐的搭配应该完整，包含上装和下装，视频中最好有模特真

人出镜，让客户能看到穿搭后的真实效果，如图3-49所示。

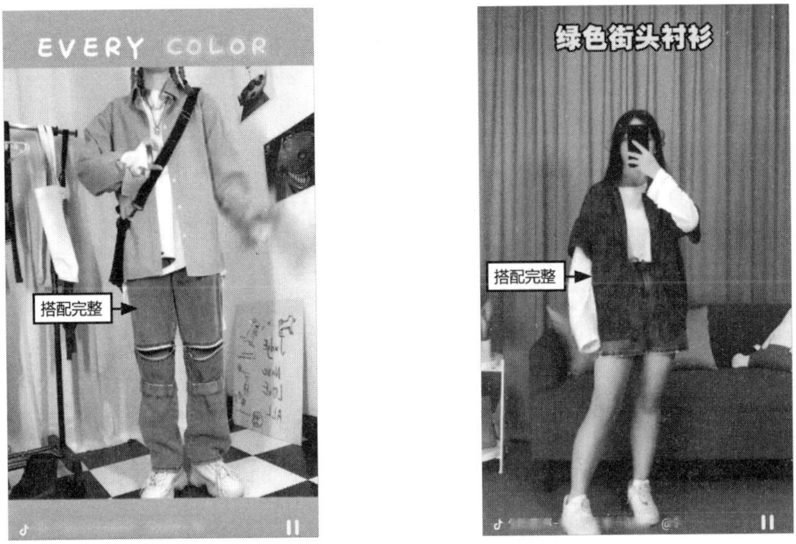

图3-49

在一段视频中，一般展示3~6套服装即可。模特可以做相同或不同的动作，然后通过音乐节奏卡点来切换场景和服装。也可以场景不变，只变换服装，如图3-50所示。

图3-50

3.4.4　百科类，传达有价值的资讯信息

百科类短视频一定要追求真实可靠，如果视频内容不够专业可靠，一旦被粉丝发现，就会产生不好的影响，比如掉粉、差评等。当知识与短视频结

合起来后，视频内容本身的长度和节奏都会发生一定的改变。

用短视频的形式来传递知识，内容应该精简化、通俗化、轻量化，这样才能让用户愿意花碎片化的时间来观看视频。所以对于百科类短视频，在视频内容的安排上要巧妙，把握好时间节奏。以生活妙招和软件技能分享的短视频为例，视频一开始就可以直接进入主题，展示小妙招和软件的使用方法，避免前奏过长，如图3-51所示。

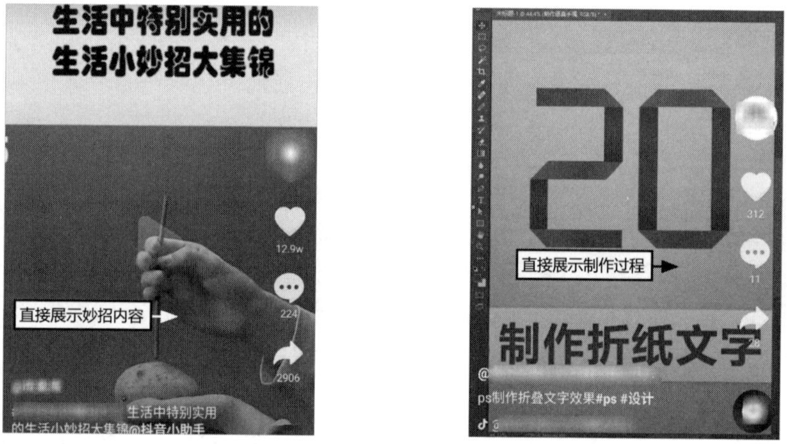

图3-51

在策划百科类短视频的内容时，要选择知识最精华的部分，这样才能吸引用户持续关注并产生学习兴趣。一般来说，可选择技巧性强的、可实操的、与人们生活相关的知识来拍摄短视频，比如家居收纳技巧、新手化妆教程、历史冷知识等。

对于一些比较专业枯燥的理论知识，则需要将其转化为通俗易懂、有趣的内容，让观众更容易理解和接受。比如垃圾分类科普的短视频，以动画的形式来趣味科普，就会让人觉得易懂、有趣，如图3-52所示。

图3-52

第4章

剪辑制作，快速制作输出视频

拍摄好短视频素材后，还要对其进行剪辑后才能发布。视频剪辑软件有很多，有专业的电脑端剪辑软件，也有容易上手的手机视频剪辑软件，下面就来看看如何使用这些软件剪辑一段短视频。

后期软件这么多，如何选择

- 会声会影，能快速上手的剪辑软件
- premiere，强大的视频剪辑软件
- 爱剪辑，一用即会的剪辑软件
- VUE Vlog，适合视频博主的剪辑软件

利用会声会影将视频无缝衔接

- 将视频插入编辑面板中
- 剪掉不需要的视频片段
- 添加字幕传递信息
- 为视频添加背景音乐并输出

4.1 后期软件这么多，如何选择

面对种类繁多的视频剪辑软件，很多短视频创作者都不清楚该如何选择。市面上，不同的剪辑软件都有其各自的特点，并没有绝对的好坏之分。但因为不同的创作者对视频剪辑的需求不同，因此选择的软件也会不同，我们只需选择适合自己的软件即可。

4.1.1 会声会影，能快速上手的剪辑软件

会声会影是一款简单易上手的视频剪辑软件，即使是没有学过专业视频编辑知识的创作者也能快速学会使用该软件。会声会影提供了电子相册制作、视频混剪、录屏以及视频输出分享等功能，利用会声会影剪辑视频需要经历如图4-1所示的操作流程。

插入素材 → 添加特效 → 添加字幕 → 添加音乐 → 输出视频

图4-1

会声会影软件的操作界面比较简洁，分为捕获、编辑和共享三大面板。在视频剪辑过程中，用得比较多是编辑面板，素材的剪辑、字幕添加等操作都会在该面板进行操作，如图4-2所示。

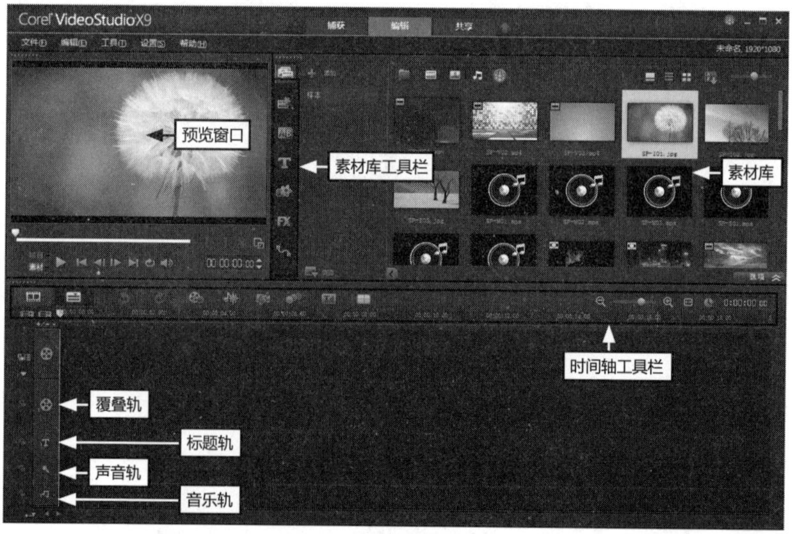

图4-2

当我们需要将剪辑好的视频输出保存时，就会使用共享面板。保存视频时可以选择不同的格式，包括AVI、MP4等，如图4-3所示为共享面板界面。

图4-3

4.1.2　Premiere，强大的视频剪辑软件

Adobe Premiere是一款强大的视频剪辑软件，能够满足专业人士的剪辑需求，它提供了素材导入、剪辑、调色、特效美化以及字幕创建等专业功能。Premiere的操作界面主要由菜单栏、媒体素材库、预览窗口、编辑面板等组成，如图4-4所示。

图4-4

编辑好一段视频后，如果要输出视频，需要在菜单栏中选择“文件/导出/媒体”命令，此时会打开“导出设置”对话框，在该对话框中可以对视频格式、名称等进行设置，如图4-5所示。

图4-5

4.1.3 爱剪辑，一用即会的剪辑软件

爱剪辑是一款操作简单的视频剪辑软件，该软件对电脑的配置要求并不高，一台普通电脑也能流畅地进行视频剪辑。爱剪辑提供的剪辑方式很直观，这使得新手也能快速完成视频的剪辑，如图4-6所示为软件主界面。

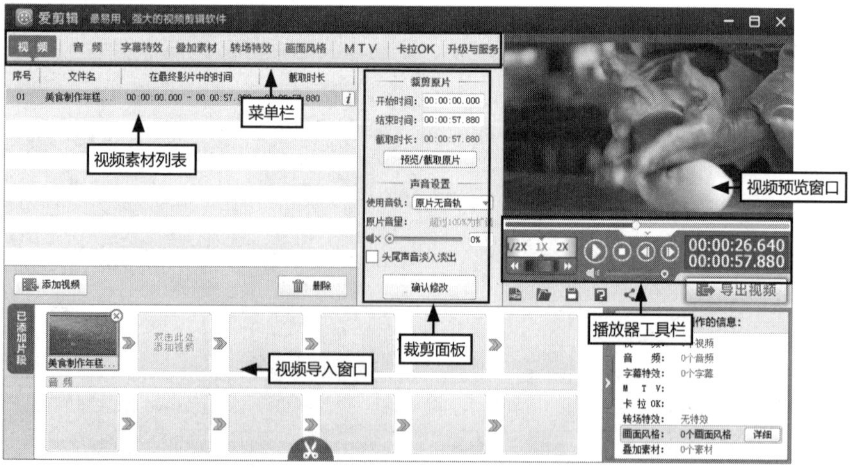

图4-6

爱剪辑的菜单栏很简易，通过切换选项卡即可进行音频剪辑、特效应用等功能。它提供的特效效果也很丰富，可以帮助我们制作出更生动的视频，如图4-7所示为字幕特效和转场特效界面。

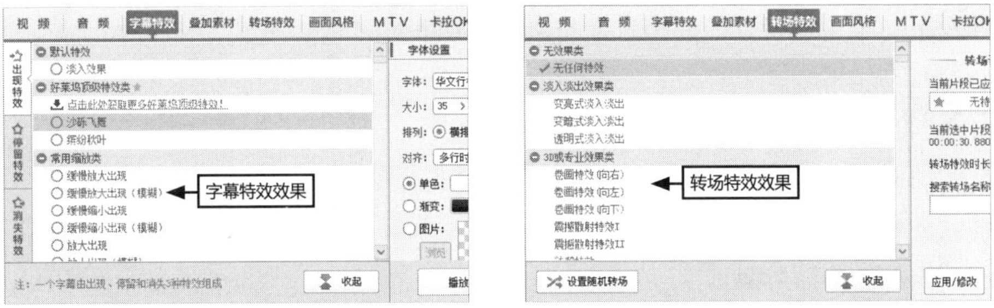

图4-7

在爱剪辑主界面单击“导出视频”按钮即可导出视频，导出时可对格式、尺寸、帧速率进行设置。

4.1.4　VUE Vlog，适合视频博主的剪辑软件

VUE Vlog是一个原创视频分享平台，在该手机APP上可以进行视频剪辑并在线分享，它提供了很多滤镜和贴纸效果，如图4-8所示为剪辑操作界面。

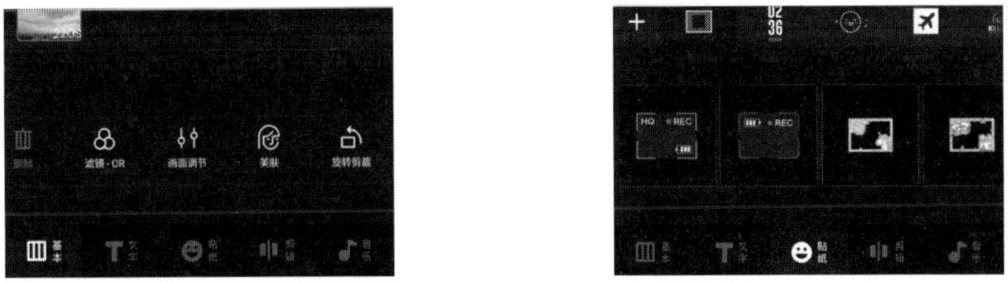

图4-8

除了剪辑功能外，VUE Vlog还提供了创作套件功能，创作套件中提供了几种实用的视频模板，我们可以通过模板快速创建视频，如图4-9所示。

图4-9

4.1.5 其他便捷的视频剪辑工具

除了前面提到的视频剪辑工具外，还有一些实用的剪辑工具可供我们选择，下面就来看看其他的手机剪辑工具和网页在线剪辑工具。

1.剪映

剪映是一款简单易操作的手机剪辑软件，它提供了很多好看的贴纸、字体、音乐、滤镜和特效，另外，还有很多免费使用的素材，如图4-10所示为软件剪辑页面和特效页面。

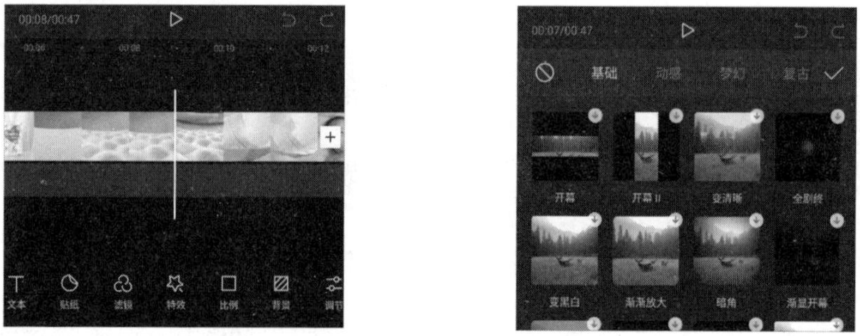

图4-10

2.快影

快影是快手旗下的手机视频编辑软件，提供了分割、修剪、复制、旋转等剪辑功能，丰富的音乐库和个性化封面可以帮助我们快速制作出有趣的视频，如图4-11所示为软件首页和剪辑页面。

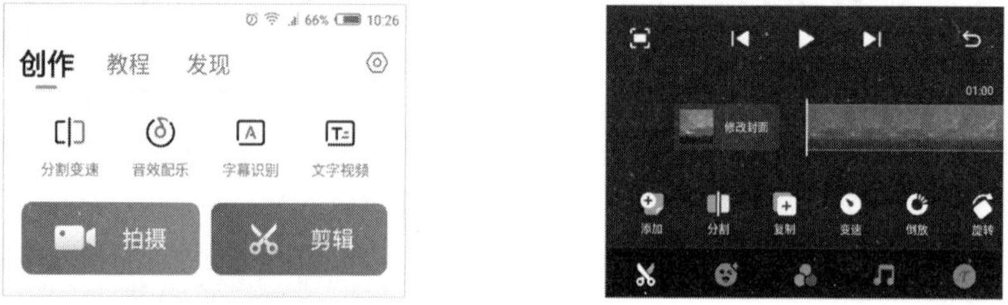

图4-11

3.传影

传影（https://www.chuanying520.com/）是一款在线视频编辑工具，无须下载即可进行视频剪辑。它提供了两款在线工具——传影一键相册和传影轻剪辑。一键相册提供了很多模板，通过图片替换即可完成电子相册的制作；轻剪辑为视频剪辑工具，通过上传素材，添加音乐和文字即可进行视频剪辑。另外，传影也提供了手机APP，也可以在APP上进行剪辑操作，如图4-12所示为网站首页。

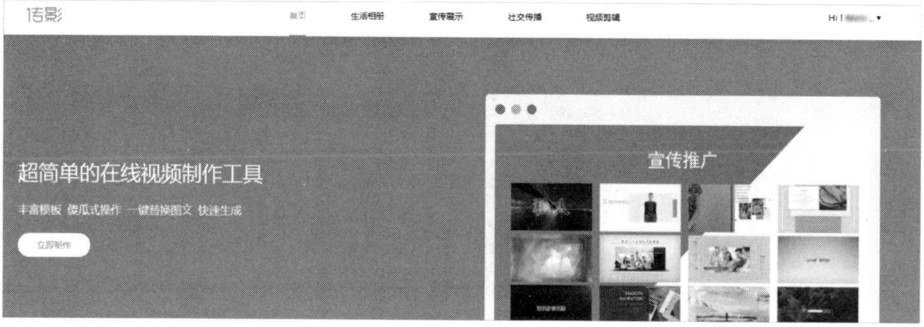

图4-12

4.2 利用会声会影将视频无缝衔接

下面以会声会影软件为例，来看看如何将拍摄的视频片段素材组合成一段完整的视频。

素材文件	◎素材\Chapter 4\手工年糕
效果文件	◎效果\Chapter 4\手工年糕.mp4

4.2.1 将视频插入编辑面板中

在利用会声会影剪辑视频时，我们首先需要将视频素材导入视频轨中。双击会声会影快捷方式打开软件，选择要导入的视频将其拖动到视频轨中即可，如图4-13所示。

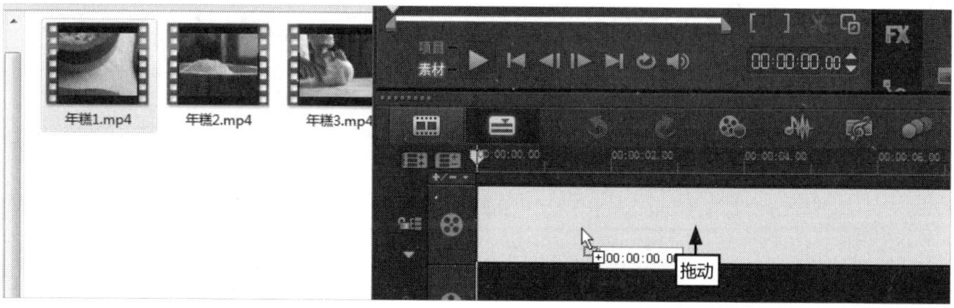

图4-13

TIPS *使用快捷菜单插入素材*

❶右击视频轨，在弹出的快捷菜单中选择“插入视频”命令，❷在打开的对话框中选择要插入的视频，❸单击“打开”按钮，也可插入素材，如图4-14所示。

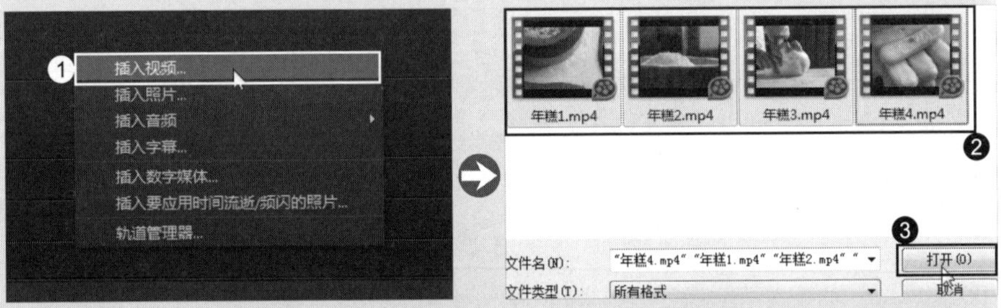

图4-14

4.2.2　剪掉不需要的视频片段

将拍摄的视频素材插入视频轨后，可以根据需要剪掉视频中不需要的部分。❶在视频轨中选择要剪辑的素材，❷在预览窗口拖动滑轨到需要剪辑的位置，❸单击“分割”按钮，如图4-15所示。

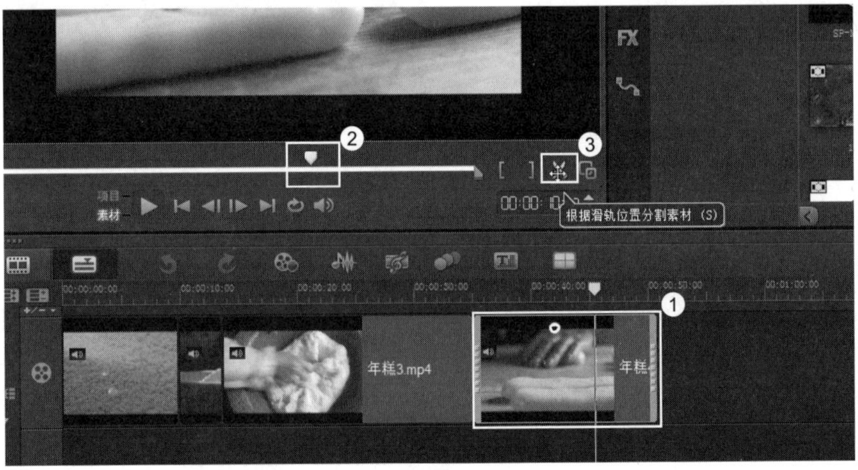

图4-15

此时可以看到一段视频被分割为了两段，选择要删除的视频片段，右击，在弹出的快捷菜单中选择“删除”命令，将其删除，如图4-16所示。

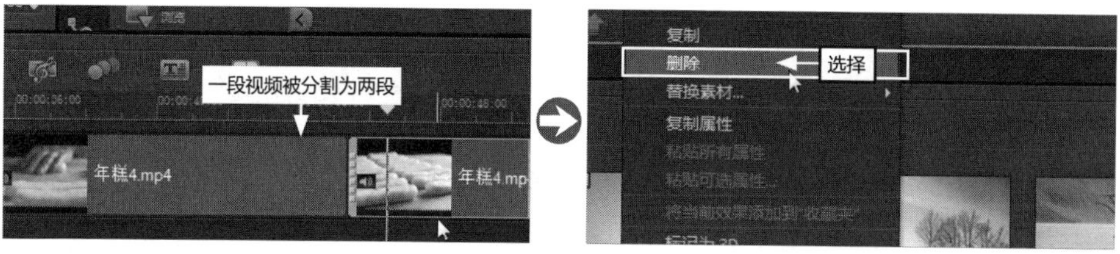

图4-16

4.2.3　添加字幕传递信息

字幕可以传达影片要表达的信息，在会声会影中添加视频字幕时，可以应用动画效果来让文字动起来，具体操作如下。

❶在工具栏中单击“标题”按钮，❷在预览窗口双击，输入要添加的文字信息，如图4-17所示。

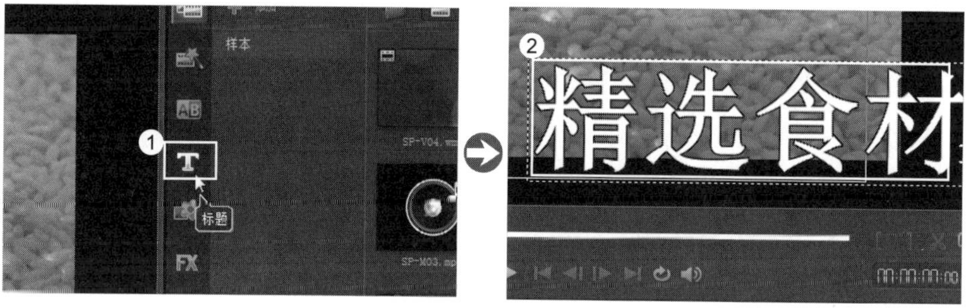

图4-17

全选文字，❶在右侧编辑栏中设置文字大小，字体样式等。❷在预览窗口选择字体文本框，拖动调整其位置，如图4-18所示。

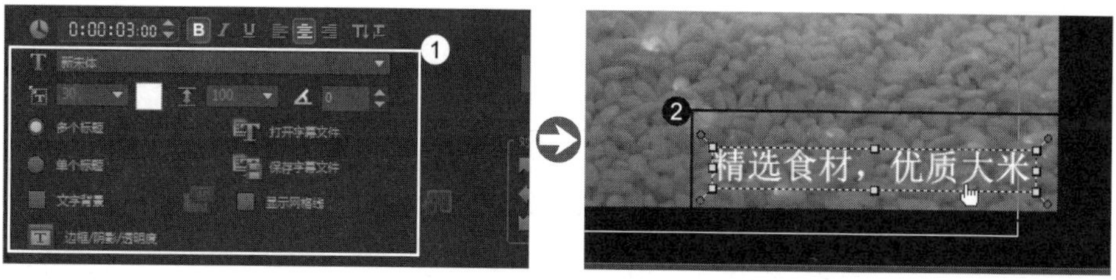

图4-18

若要为字幕添加动画效果，单击“属性”选项卡，❶选中“应用”复选框，❷选择合适的动画效果，这里选择“淡化”效果，如图4-19所示。

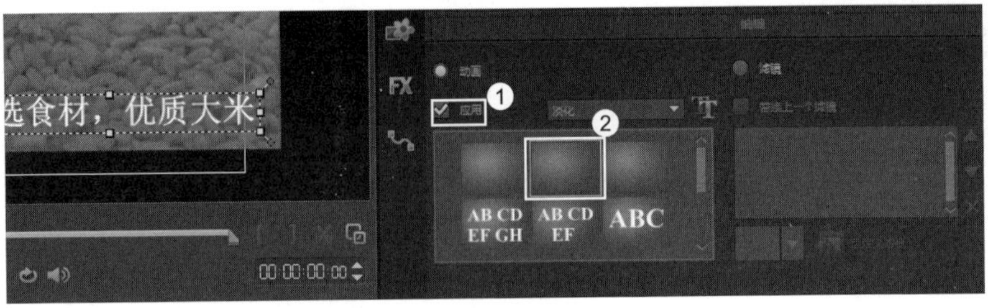

图4-19

在标题轨中可以看到已添加的字幕，拖动右侧边框可调节字幕显示的时长。按照同样的方法为标题轨添加多段字幕，如图4-20所示。

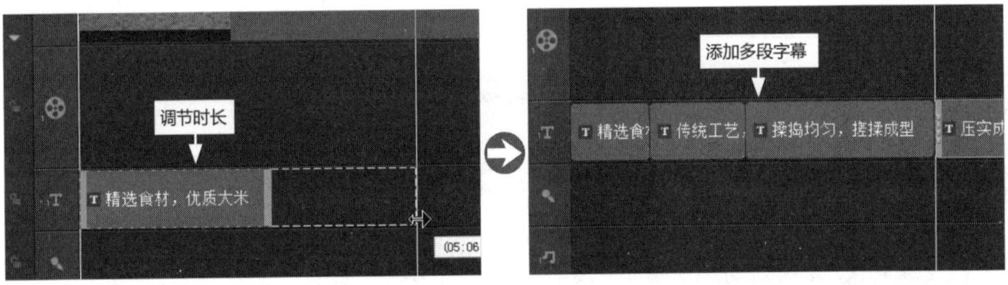

图4-20

4.2.4 为视频添加背景音乐并输出

对于没有解说的视频，我们可以为其添加背景音乐。在会声会影中添加背景音乐的方法与插入视频的方法一致，可以将音乐素材直接拖动到音乐轨中。也可以右击音乐轨，选择“插入音频”命令。插入音乐素材后，通过拖动右侧边框来调节其时长，如图4-21所示。

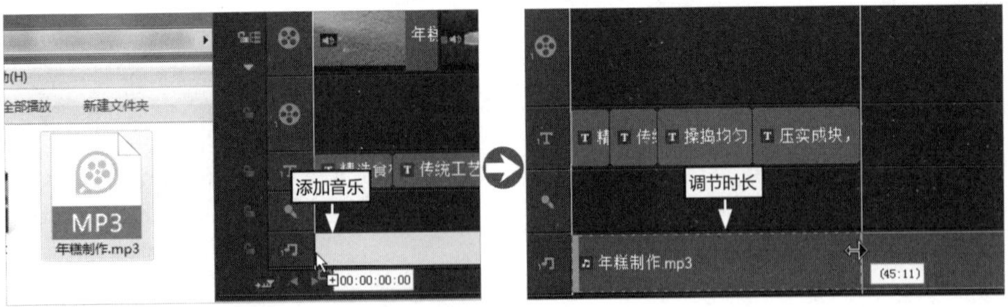

图4-21

在预览窗口❶选择“项目”选项，❷单击“播放”按钮即可浏览视频的播放效果。确定视频可以输出后，切换至“共享”面板，设置视频保存格式，❸单击“开始”按钮保存剪辑好的视频，如图4-22所示。

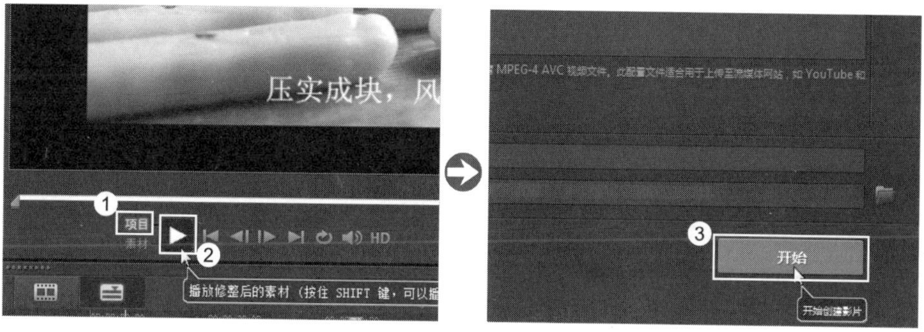

图4-22

完成以上步骤后可以得到如图4-23所示的视频效果，可以看到字幕呈现出淡入的动画效果。

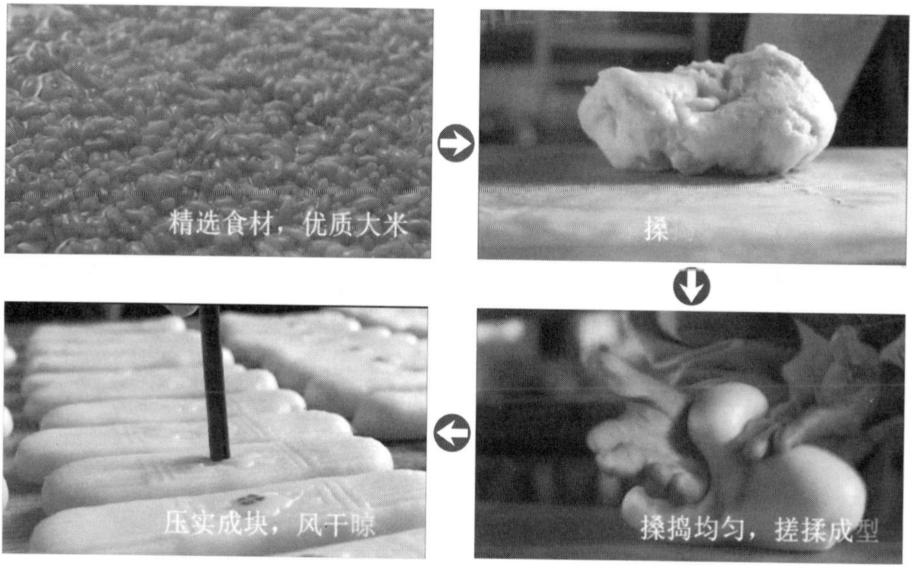

图4-23

4.3　利用快影在手机上制作视频

用手机拍摄的视频素材，在手机软件上进行剪辑会很方便。下面以快影APP为例，来看看如何在手机上快速制作一段视频。

素材文件	◎素材\Chapter 4\钢笔
效果文件	◎效果\Chapter 4\钢笔.mp4

4.3.1 进入剪辑页面调整播放顺序

在快影上剪辑视频首先需要安装该应用，进入手机的应用中心，❶搜索“快影”，❷点击“安装”按钮即可进行应用的下载安装。❸安装完成后点击图标启动应用，如图4-24所示。

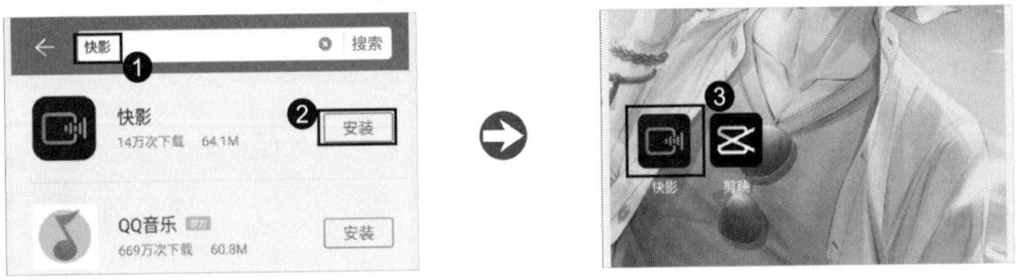

图4-24

进入应用首页后❶点击“剪辑”按钮，❷在打开的本地相册中选择要剪辑的视频素材，❸点击“完成”按钮，如图4-25所示。

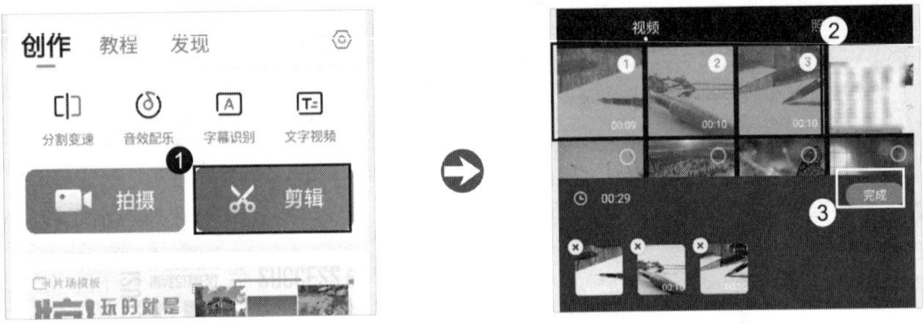

图4-25

导入视频素材后，❶长按时间轴素材可进入播放顺序调整页面，❷长按并拖动调整素材的顺序，❸点击“√”按钮确定，如图4-26所示。

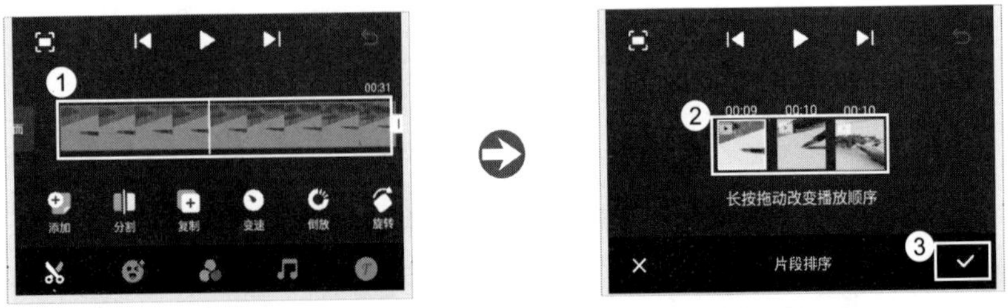

图4-26

4.3.2　字幕工具栏添加字幕

调整好视频的播放顺序后，还要通过字幕工具给视频添加字幕。❶点击“字幕”按钮，在打开的页面中❷点击“添加字幕”按钮，如图4-27所示。

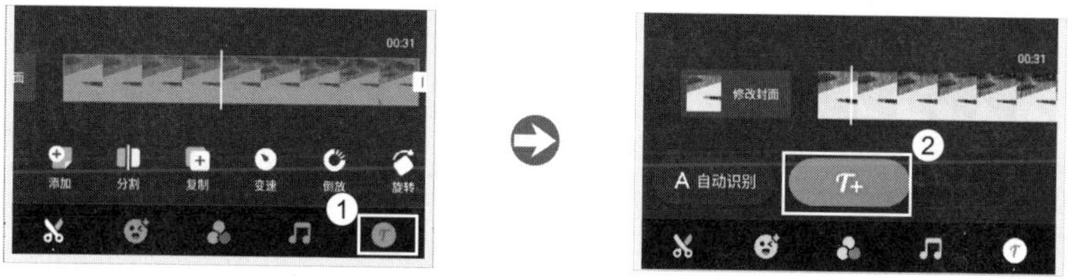

图4-27

在打开的文本输入框中❶输入需要添加的文字内容，❷切换至“字幕样式”选项卡，❸设置字体样式、大小和颜色等，❹设置完成后点击“√”按钮。如图4-28所示。

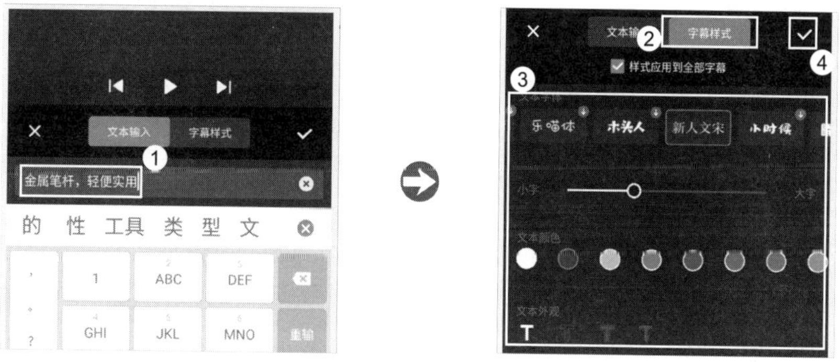

图4-28

手动添加字幕后，快影默认设置的字幕时长为2s。选择字幕，❶拖动边框可调节字幕时长和显示位置。在预览窗口选择字幕文本框，❷拖动可调整字幕显示位置，如图4-29所示。

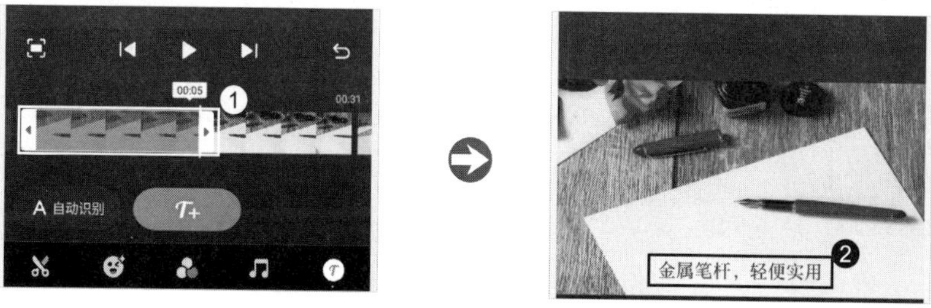

图4-29

手动添加的字幕默认是底部居中显示，我们只能拖动调整字幕的上下位置，不能改变左右位置。按照同样的方法，还可以在视频的不同时间点添加不同的字幕内容。

TIPS *自动识别工具提取字幕*

如果视频中有语音，我们可以利用快影提供的自动识别工具来识别字幕。在字幕工具栏❶点击“自动识别”按钮，在打开的对话框中❷点击“开始识别”按钮。识别完成后字幕会自动添加到视频中，对于识别出错的字幕可以手动进行修改，如图4-30所示。

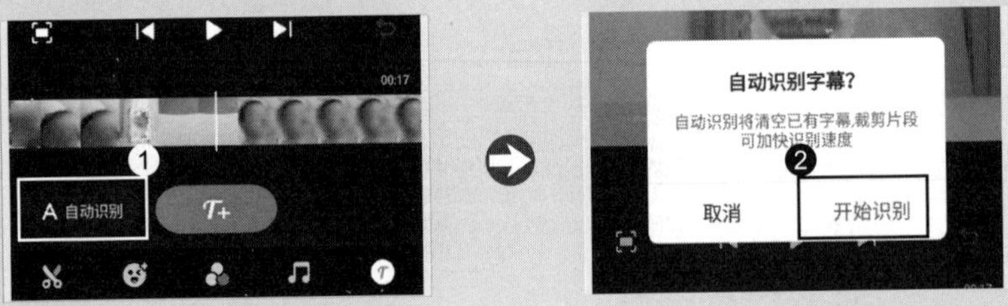

图4-30

4.3.3 音效工具栏添加配乐音效

为视频添加配乐时，我们可以选择快影音乐库提供的配乐。❶点击“音乐”图标按钮，在打开的页面中❷点击“音乐”按钮即可进入音乐库。❸在音乐库中可以按分类来选择配乐，如图4-31所示。

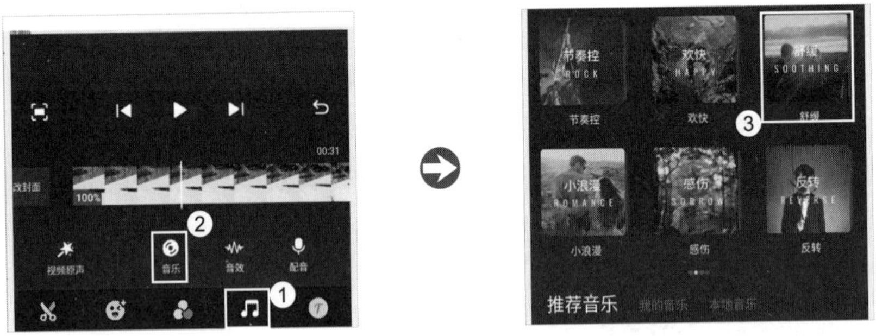

图4-31

在打开的配乐列表中点击配乐名可试听音乐效果，❶点击“使用”按钮应用配乐。❷在返回的页面中可编辑配乐时长和音量，❸点击“ √ ”按钮确认使用，如图4-32所示。

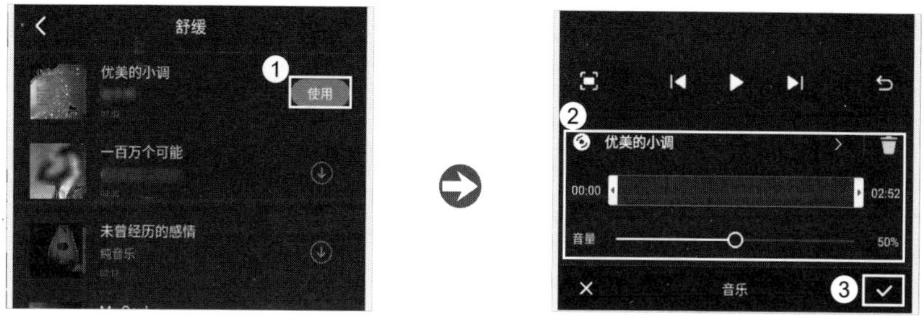

图4-32

如果音乐库中没有合适的配乐，那么可选择本地音乐，或者在其他视频中提取配乐。在音乐库的“本地音乐”栏中选择配乐，若要提取音频❶点击“提取音频”按钮，在本地相册中选择视频后，❷点击“提取音频”按钮获取配乐，如图4-33所示。

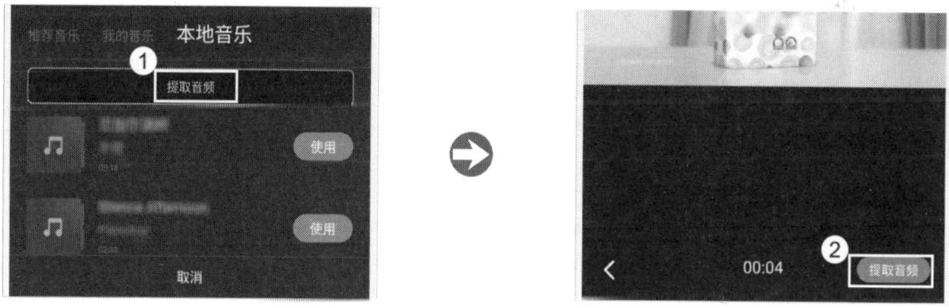

图4-33

4.3.4　选择封面并导出视频

视频剪辑完成后，❶点击“修改封面”按钮，❷在打开的页面中滑动选择封面图，如图4-34所示。

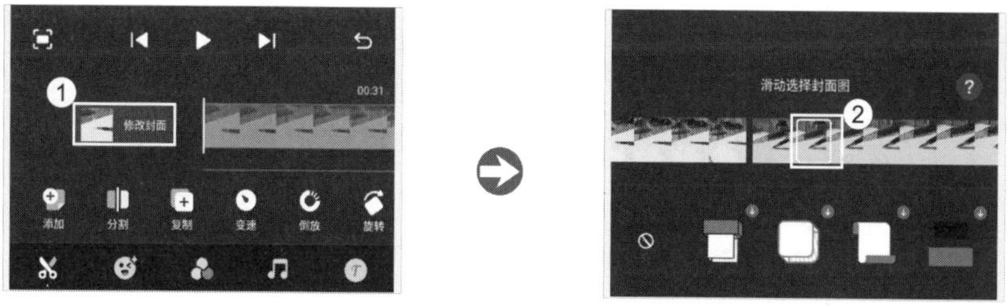

图4-34

❶点击“保存”按钮保存封面图。滑动视频到片尾部分，❷点击“点击可

编辑文字”按钮，如图4-35所示。

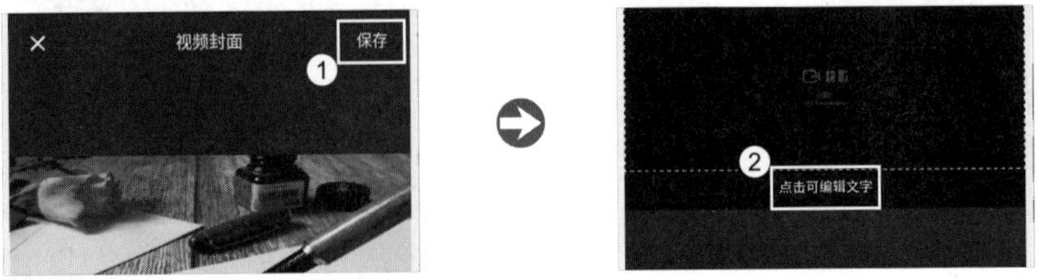

图4-35

❶输入主标题和副标题，❷点击“完成”按钮。在返回的页面中点击“导出”按钮导出视频，如图4-36所示。

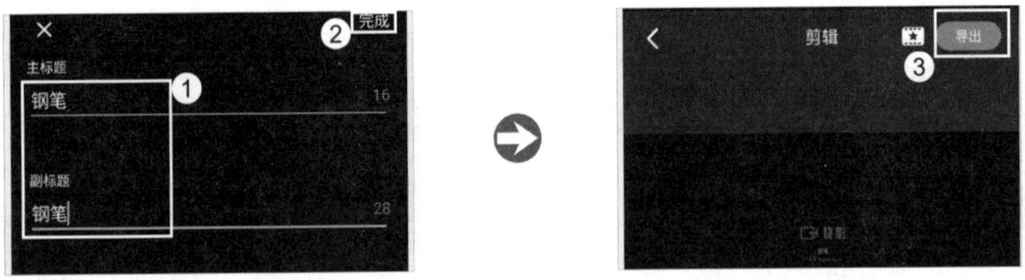

图4-36

导出的视频会自动保存在手机相册中，在手机上可以直接播放查看效果，如图4-37所示。

图4-37

4.4 利用传影在线轻松制作视频

传影提供的海量模板可以很方便地将图片制作成小视频，下面我们以“社交传播”模板为例，来看看如何快速制作视频。

素材文件	◎素材\Chapter 4\中秋月饼
效果文件	◎效果\Chapter 4\中秋月饼.mp4

4.4.1　进入模板库选择模板

传影将模板分为了生活相册、宣传展示和社交传播三大类。进入网站首页，❶单击“社交传播”选项卡。在打开的页面中可以看到社交传播类模板，单击关键词进行模板筛选，❷如单击“社交电商”按钮，如图4-38所示。

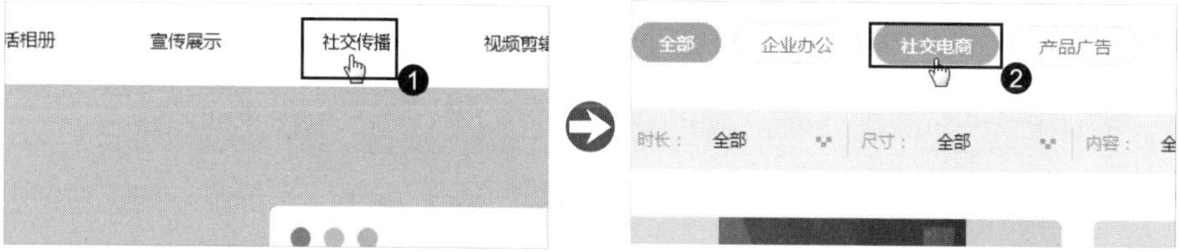

图4-38

在打开的模板库中选择合适的模板，这里选择“中秋月饼礼让特惠”模板，单击“一键生成”按钮，如图4-39所示。

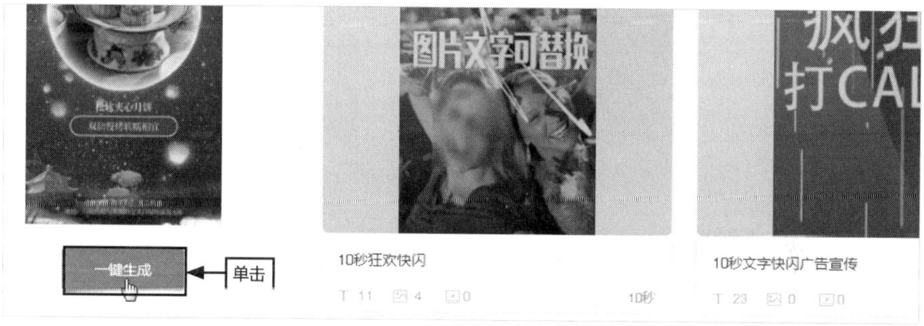

图4-39

4.4.2　一键替换图片并调整

在打开的对话框中可以看到该模板的详细信息，❶单击“一键生成”按钮，进入视频制作页面，❷单击“一键替换图片”按钮，如图4-40所示。

图4-40

在打开的对话框中❶单击“一键上传”按钮，❷在本地电脑中选择图片，❸单击“打开”按钮，如图4-41所示。

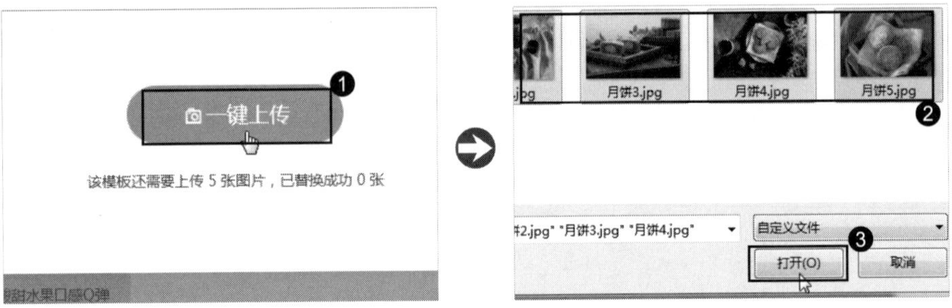

图4-41

图片替换成功后❶单击“×”按钮，关闭对话框，❷单击场景模板中的图片，如图4-42所示。

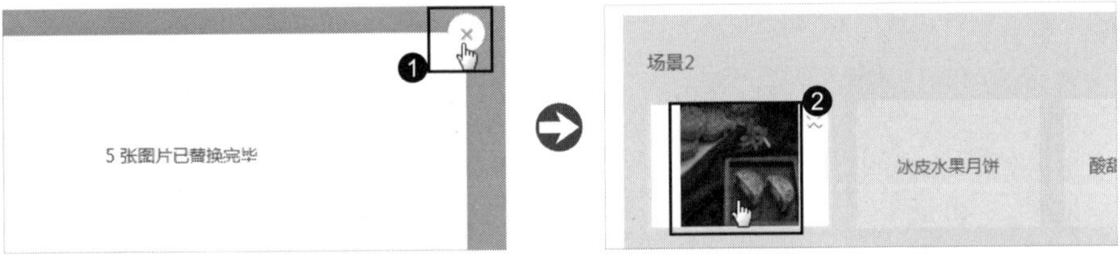

图4-42

在打开的对话框中调整图片的位置，❶单击“确定”按钮，依次调整其他场景的图片，❷单击“确定”按钮，如图4-43所示。

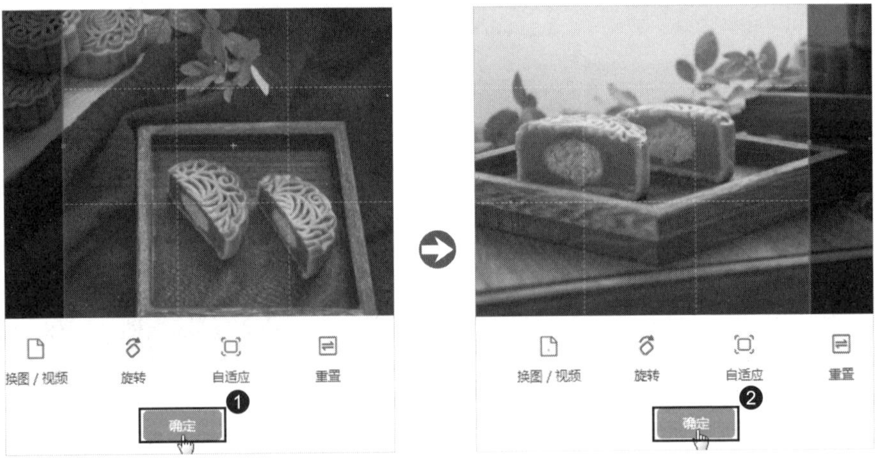

图4-43

4.4.3 修改文字保存输出

完成图片的编辑操作后，可进行模板文字的替换。❶单击文字超链接，❷在打开的对话框中输入文字内容，❸单击“确定”按钮，如图4-44所示。

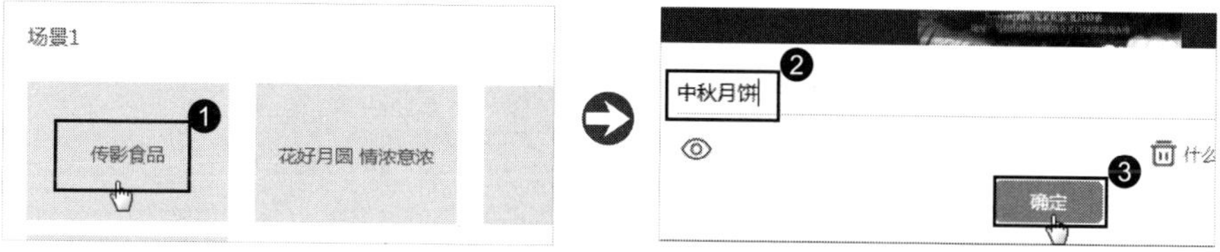

图4-44

按照同样的方法更改场景1、场景2和场景4中的所有文本内容，如图4-45所示。

图4-45

对文字内容进行修改后，单击“预览”按钮，此时会进行视频渲染，这个过程需要等待几分钟，如图4-46所示。

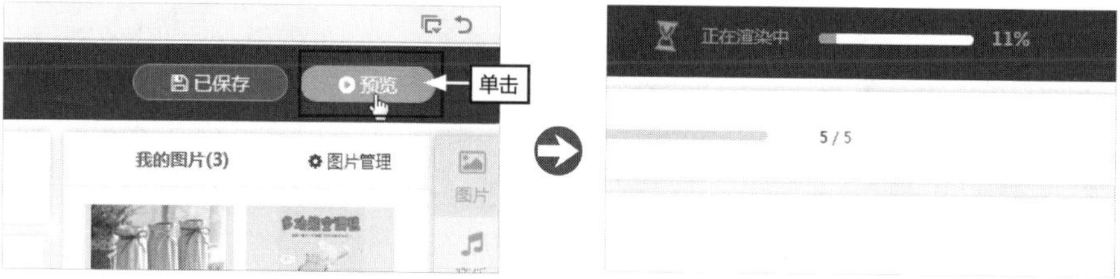

图4-46

TIPS 替换模板中的配乐

传影提供的模板中默认添加了配乐，如果不喜欢该配乐，可以在编辑页面单击“音乐”按钮。在打开的页面中选择音乐库中的其他配乐，或者上传本地音乐作为配乐。

视频渲染完成后再次单击“预览”按钮，在打开的对话框中可预览视频的播放效果。若需要下载则单击“输出高清”或“下载标清无水印”按钮，如图4-47所示。

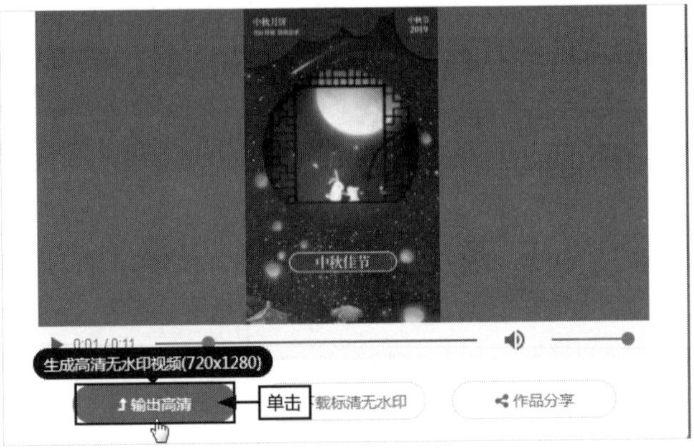

图4-47

需要注意，使用传影提供的模板制作视频，很多都需要付费才能下载无水印视频，如图4-48所示为使用模板制作的视频效果。

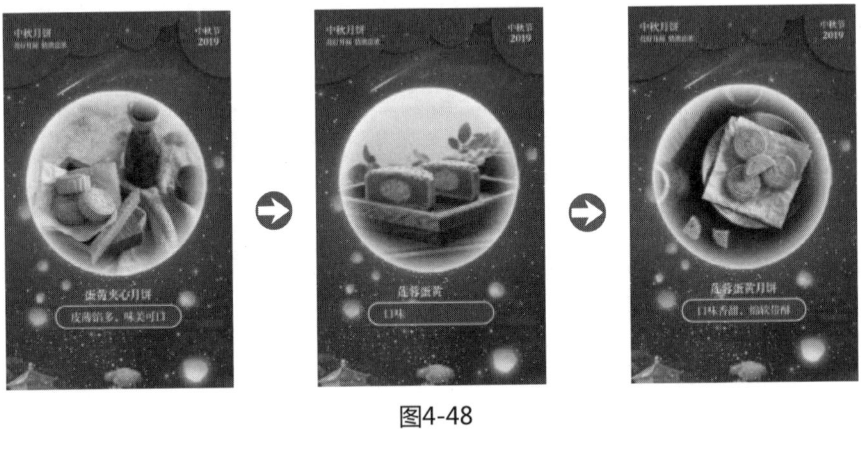

图4-48

第5章

后期技巧，重视视频的衔接与输出效果

短视频在后期剪辑过程中可能要根据视频素材的具体情况来灵活制作，比如哪些地方需要增加转场特效，哪些地方可以添加滤镜效果，都需要剪辑者来把控。为了使视频效果更好，在后期剪辑中也会使用一些技巧。

巧妙组接，画面节奏处理和谐

- 先粗剪再精剪确保体验度
- 如何为视频添加转场效果
- 视频过渡不自然的解决方

滤镜调色，基于需求把控视频色彩

- 调整视频的亮度和对比度
- 调节饱和度让色彩更鲜艳
- 为视频应用色彩滤镜效果

5.1 巧妙组接，画面节奏处理和谐

一段完整的短视频往往是由多个素材片段组合而成的，所以如何让素材之间的衔接过渡自然很重要。在这一过程中，需要剪辑者找到合适的剪切点和连接点。

5.1.1 先粗剪再精剪确保体验度

一般我们在剪辑一段视频时会先粗剪，再精剪，粗剪是指将所有需要用到的视频素材都放在视频轨上，一边预览效果，一边调整位置。以会声会影为例，将视频素材都插入视频轨后，首先对整个项目进行通览，然后拖动素材调整各自的位置，如图5-1所示。

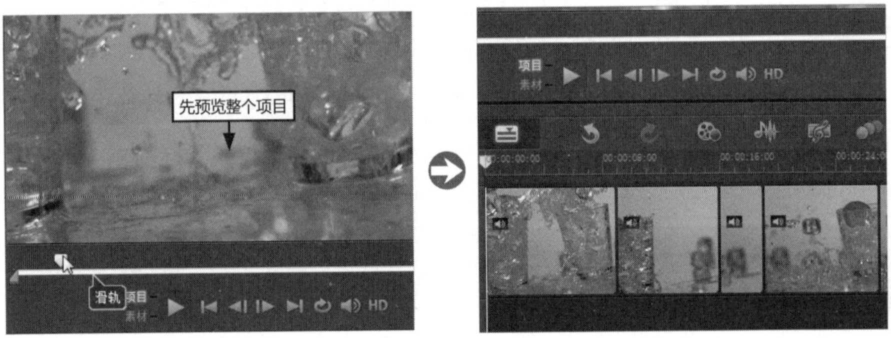

图5-1

在确保镜头顺序无误后，就可以对视频进行精剪了。精剪时我们应将需要的镜头剪切下来，将不需要的镜头删除。在精剪的过程中可以先确定剪切的大致位置，然后逐帧预览，找到合适的剪切点。在预览窗口单击“上一帧”或“下一帧”按钮逐帧预览视频，确定好剪切点后再单击“分割”按钮分割视频，如图5-2所示。

图5-2

5.1.2　如何为视频添加转场效果

转场是指场景之间的过渡或转换，分为无技巧转场和技巧转场。无技巧转场是指通过镜头间的自然衔接来实现场景转换，技巧转场是指利用后期软件的转场特效来实现场景转换，我们这里主要讲解技巧转场。

不管是电脑端的后期剪辑软件，还是手机端，基本上都提供了转场特效，转场特效要添加到两段素材的中间。会声会影中，❶在转场库中选择转场效果后，❷拖动到两段素材之间，即可添加转场效果，如图5-3所示。

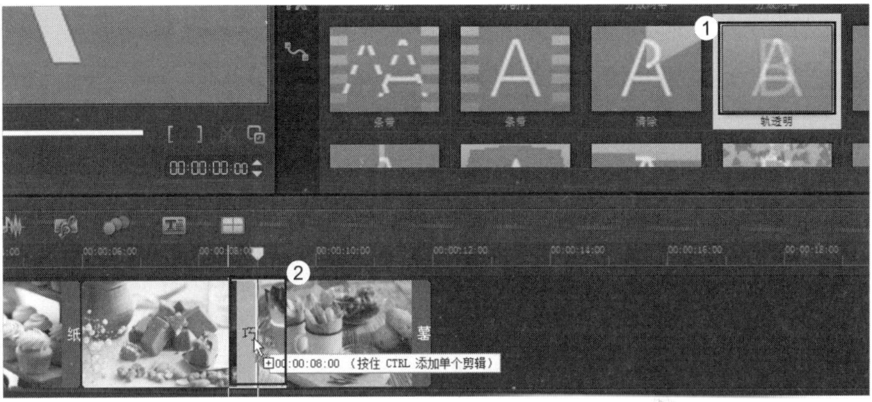

图5-3

在快影应用中，❶点击两段素材衔接处的“▣”图标，此时会打开转场库，❷点击即可应用转场效果。应用转场效果后，可以在预览窗口查看效果，如图5-4所示。

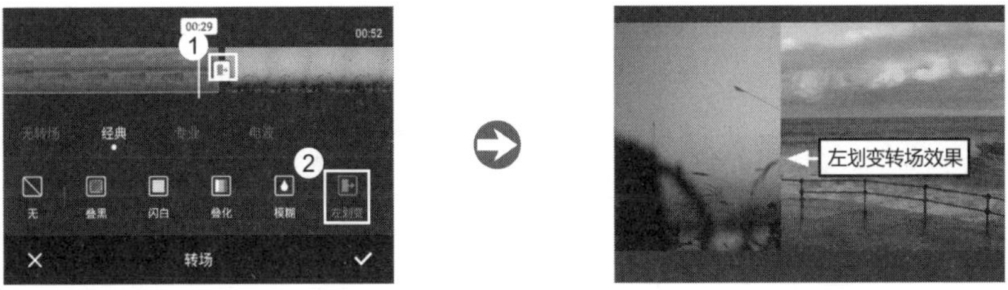

图5-4

5.1.3　视频过渡不自然的解决方法

当视频素材之间的过渡呈现不自然时，我们可以利用技巧转场来实现场景的平滑过渡。技巧转场的效果有多种类型，要注意不能滥用，否则效果可能会适得其反。在制作视频后期时，常用的转场效果有以下几种。

1.叠化

叠化可以营造画面逐渐消逝的感觉，是让上一个镜头逐渐淡化，下一个镜头逐渐显现来实现转场。这种转场效果不会让画面产生很强的突兀感，可以将观众很自然地带入下一个场景中，如图5-5所示为叠化转场效果。

图5-5

2.淡入淡出

淡入淡出转场一般应用在视频的片头和片尾。淡入是在黑场中逐渐显现画面，淡出是让画面逐渐隐去直至黑场。淡入淡出转场也可以应用在视频中间部分，来实现新场景的切入，如图5-6所示为变暗式淡入淡出转场效果。

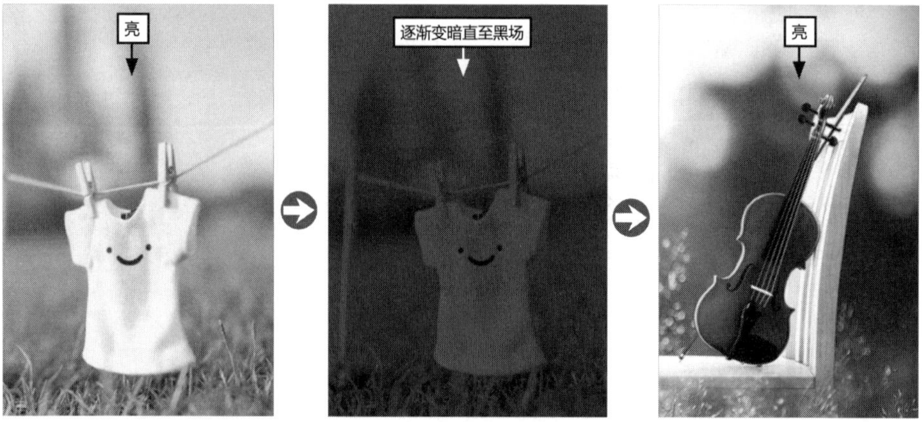

图5-6

3.闪白闪黑

闪白是指让画面逐渐切至白场，然后切换至下一个画面。闪黑与闪白相反，是指让画面逐渐切至黑场，然后切换画面。这种转场方式可以让视频具有跳动感，常出现在快闪视频中，如图5-7所示为闪白转场效果。

图5-7

4.模糊

模糊是指让一个画面逐渐变得模糊，然后切入新的清晰的画面。模糊转场的方式也有多种，如拉近模糊、拉远模糊、缩放模糊、旋转模糊等。这种转场方式会给人的视觉以活力感，如图5-8所示为旋转模糊转场效果。

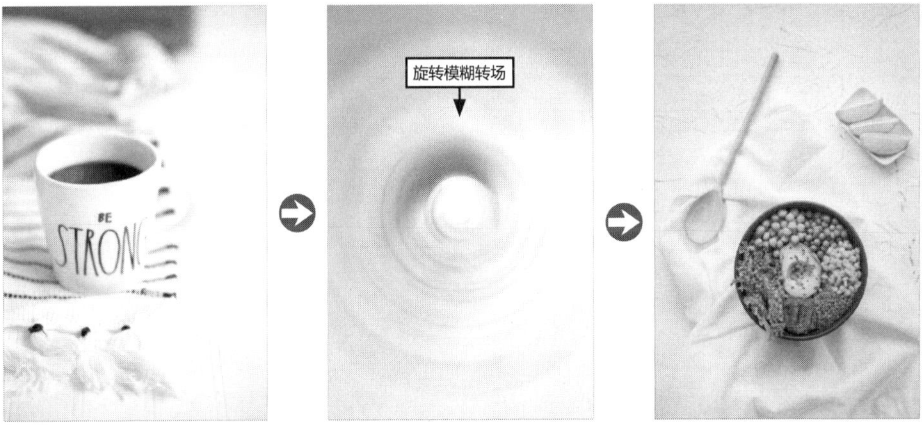

图5-8

5.2 滤镜调色，基于需求把控视频色彩

在网上观看视频，可以看到很多色彩唯美、清新以及复古效果的视频画面，这些视频风格很多都是通过后期调色来实现的，合适的色调会给人带来更好的视觉效果，给视频增添高级感。

5.2.1 调整视频的亮度和对比度

当光线不好时，我们拍出来的视频可能会显得很暗，如果在拍摄时无法调节，后期我们可以对亮度不足的视频进行调整。在会声会影软件中，提供了亮度和对比度滤镜，利用该滤镜我们可以对视频的亮度和对比度进行调整。

分析实例 调高亮度和对比度让画面变亮

素材文件	◎素材\Chapter 5\杯子.mp4
效果文件	◎效果\Chapter 5\杯子.mp4

打开会声会影滤镜库，❶选择“亮度和对比度”滤镜，❷将其拖动到需要调整亮度和对比度的视频上方，如图5-9所示。

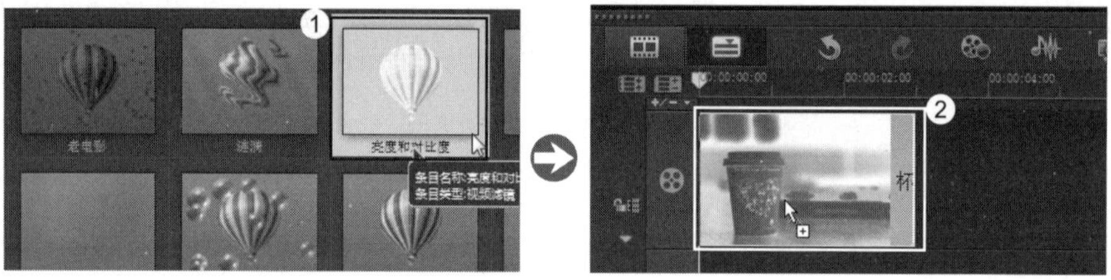

图5-9

❶单击“选项”选项卡，❷在打开的面板中单击“自定义滤镜”按钮，如图5-10所示。

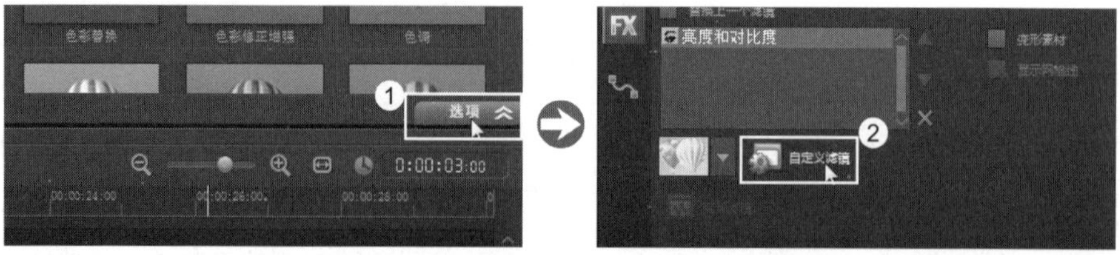

图5-10

在打开的对话框中❶拖动滑块来调整亮度和对比度，❷拖动滑轨到结束帧位置，对结束帧的亮度和对比度进行调节，完成后单击“确定”按钮，关闭对话框，如图5-11所示

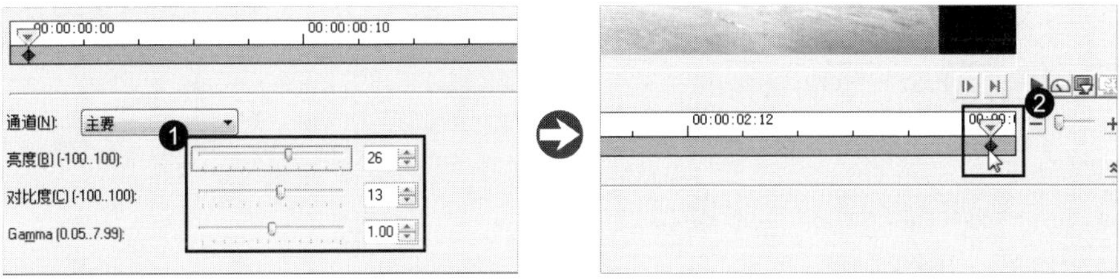

图5-11

调高视频的亮度和对比度后，可以看到原本比较偏暗的画面变得明亮了，如图5-12所示为调整前后的画面对比。

图5-12

不过并不是所有的手机视频剪辑应用都提供了亮度和对比度调节的功能，如果要在手机上调整视频的亮度和对比度，可以使用VUE Vlog或剪映。以VUE Vlog为例，将视频导入VUE Vlog后，❶在剪辑页面点击“画面调节”按钮，❷滑动第一个和第二个圆圈滑块来调整亮度和对比度，如图5-13所示。

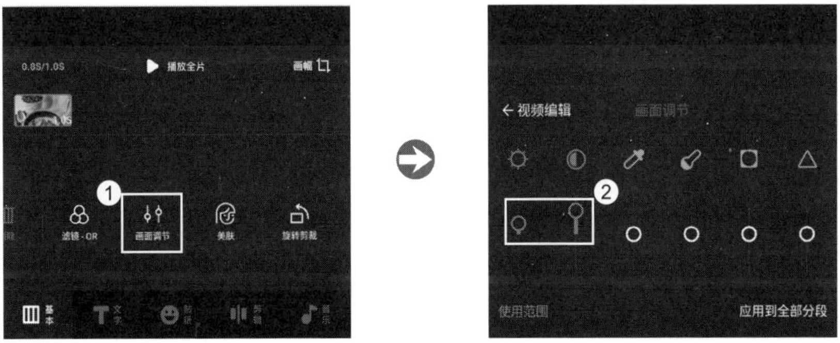

图5-13

5.2.2 调节饱和度让色彩更鲜艳

通过对视频的饱和度进行调节，可以改变画面色彩的鲜艳程度。比如视频色彩偏灰，这时就可以调高饱和度以让色彩更明亮。下面以剪映APP为例，来看看如何调整视频的饱和度。

分析实例 让偏灰的视频色彩更明亮

素材文件	◎素材\Chapter 5\橘子.mp4
效果文件	◎效果\Chapter 5\橘子.mp4

打开剪映APP，❶点击“新建项目”按钮，❷在打开的本地相册中选择要调整饱和度的视频，如图5-14所示。

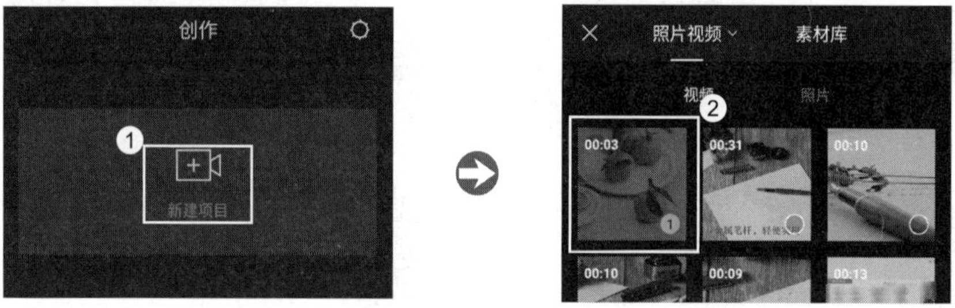

图5-14

❶点击“添加到项目”按钮，❷进入剪辑页面后点击“调节”按钮，如图5-15所示。

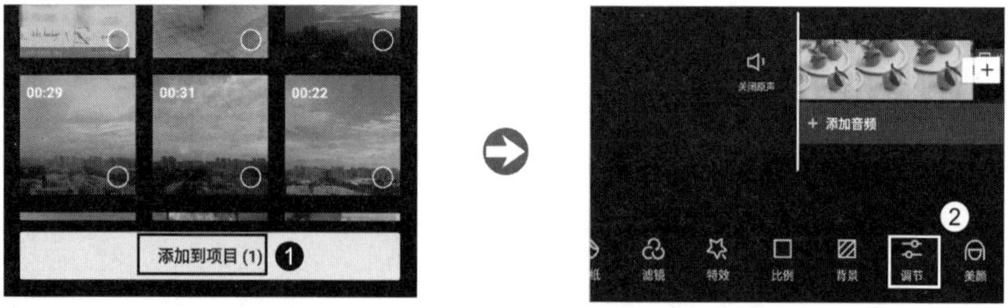

图5-15

❶在打开的页面中点击“饱和度”按钮，❷滑动圆圈滑块调整饱和度，这里向右滑动，增加画面饱和度，❸点击“返回”按钮返回剪辑页面。❹选择片尾素材，❺点击“删除”按钮，如图5-16所示

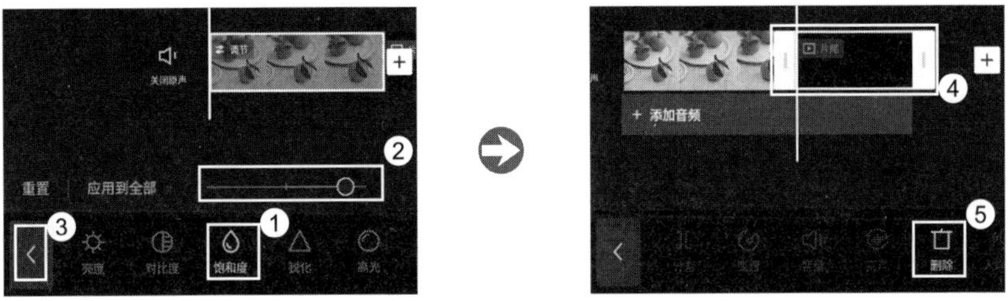

图5-16

完成以上步骤后再导出视频即可，对视频进行饱和度调整后可以看到，原视频中橘子的色彩看起来更鲜艳了，如图5-17所示。

图5-17

TIPS *利用会声会影调节饱和度注意不要过度*

会声会影软件提供的“色调和饱和度”滤镜也可以调整视频的饱和度，只不过通过该滤镜来调节饱和度可能会出现视频部分色彩失真的情况。因此在使用该滤镜时不要调整过度，一般微调参数即可。

5.2.3　为视频应用色彩滤镜效果

很多剪辑软件中都提供了色彩滤镜，这些色彩滤镜可以丰富视频的色彩，营造出不同的视频风格。应用这些滤镜时可以根据想要实现的画面效果来合理选择，下面以在剪映APP中应用滤镜为例，讲解具体操作。

分析实例 应用“赏味”滤镜让美食更可口

素材文件	◎素材\Chapter 5\冰棍.mp4
效果文件	◎效果\Chapter 5\冰棍.mp4

在剪影APP中打开需要应用滤镜效果的视频，❶点击“滤镜”按钮，❷在打开的滤镜库中选择“赏味”滤镜，如图5-18所示。

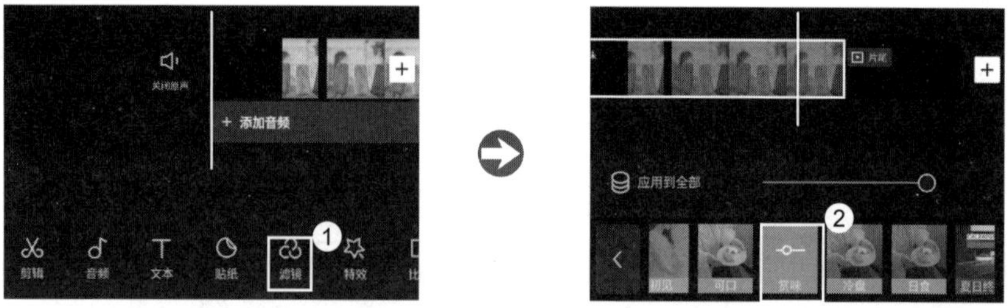

图5-18

如图5-19所示为应用滤镜前后的效果对比，可以看出应用“赏味”滤镜后，画面的色彩看起来更鲜明也更好看。

图5-19

TIPS *调整滤镜的强度*

应用滤镜效果后，滑动滤镜库上方的白色圆圈滑块可以调整滤镜的强度，强度值为0～100，100为最强，0为未应用滤镜时的效果。如果应用滤镜后，画面看起来不太真实了，可以适当降低强度，让画面看起来更自然。

5.3 字幕制作，充分传递视频信息

字幕是传递视频信息的重要媒介。在视频中，字幕也可以呈现出动态的效果，比如淡入淡出、沙砾飞舞、跳动、镂空效果等，给视频添加有趣的字幕效果可以让视频更具特色。

5.3.1 单色半透明文字背景字幕制作

在观看视频时，常常可以看到有背景色的字幕，那么这种文字效果是如何实现的呢？下面以会声会影制作字幕为例，讲解具体操作。

分析实例 给字幕添加白色背景

素材文件	◎素材\Chapter 5\高跟鞋.mp4
效果文件	◎效果\Chapter 5\高跟鞋.mp4

在会声会影中插入需要添加字幕的视频，❶打开标题素材库，❷选择一种字幕样式，这里选择自带背景色的字幕样式，如图5-20所示。

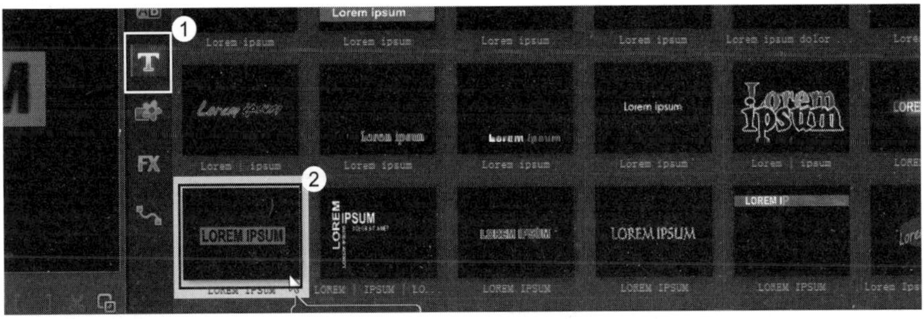

图5-20

❶拖动该标题字幕样式到标题轨中，❷在预览窗口更改文字内容，如图5-21所示。

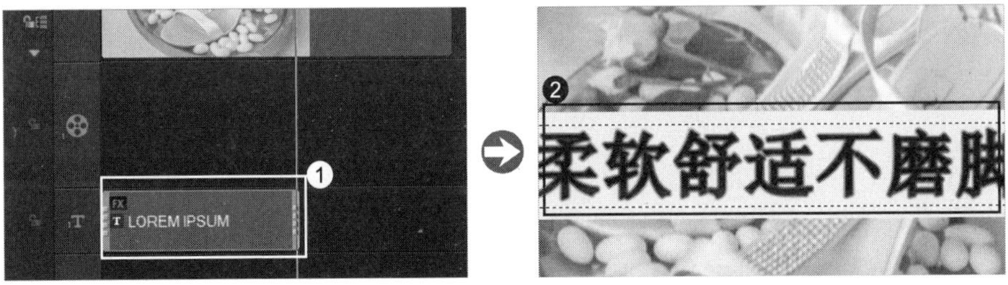

图5-21

❶单击“属性”选项卡，❷选中“滤镜”单选按钮，❸单击“×”按钮，如图5-22所示。

图5-22

❶切换至“编辑”选项卡，❷单击“边框/阴影/透明度”按钮。❸在打开的对话框中单击“阴影”选项卡，❹单击“无阴影”按钮，❺单击“确定”按钮，如图5-23所示。

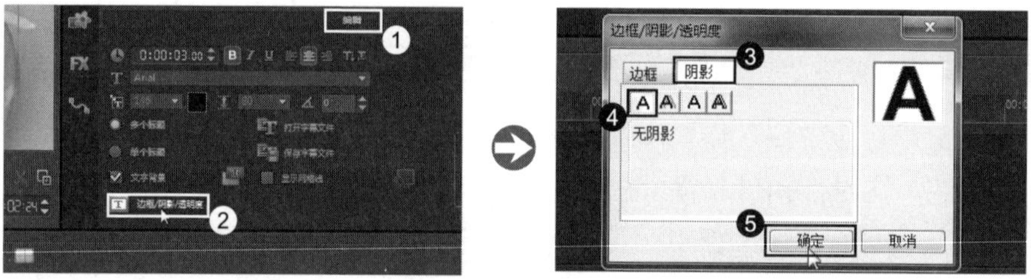

图5-23

❶单击“自定义文字背景的属性”按钮，❷单击“色彩选取器”按钮，❸在打开的面板中选择“白色”选项，单击“无阴影”按钮，❹单击“确定”按钮，如图5-24所示。

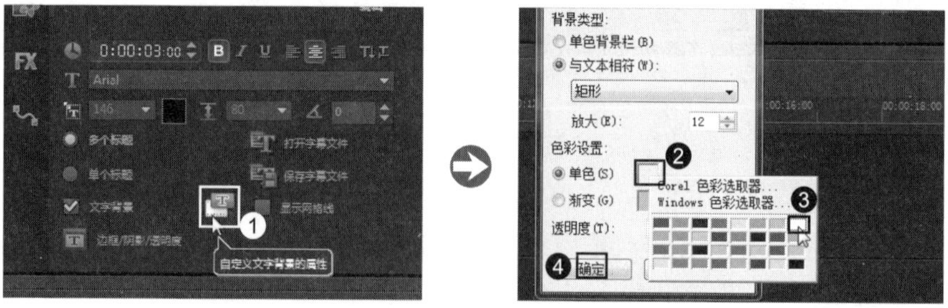

图5-24

❶在透明度数值框中输入“70”，❷单击“确定”按钮。❸调整字幕显示时长，让其与视频时长保持一致，完成后再输出保存，如图5-25所示。

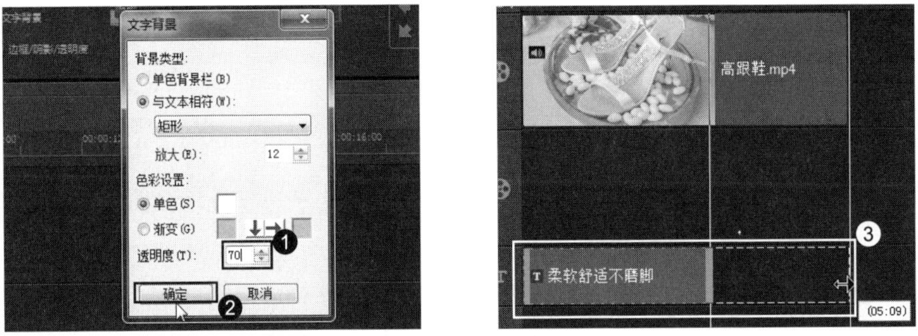

图5-25

按照上述方式对字幕进行调整后，可以看到文字是以弹出的方式逐渐显示的，字幕背景色呈半透明的白色，既不会影响观众对视频画面的观看，也不会影响文字的阅读，如图5-26所示。

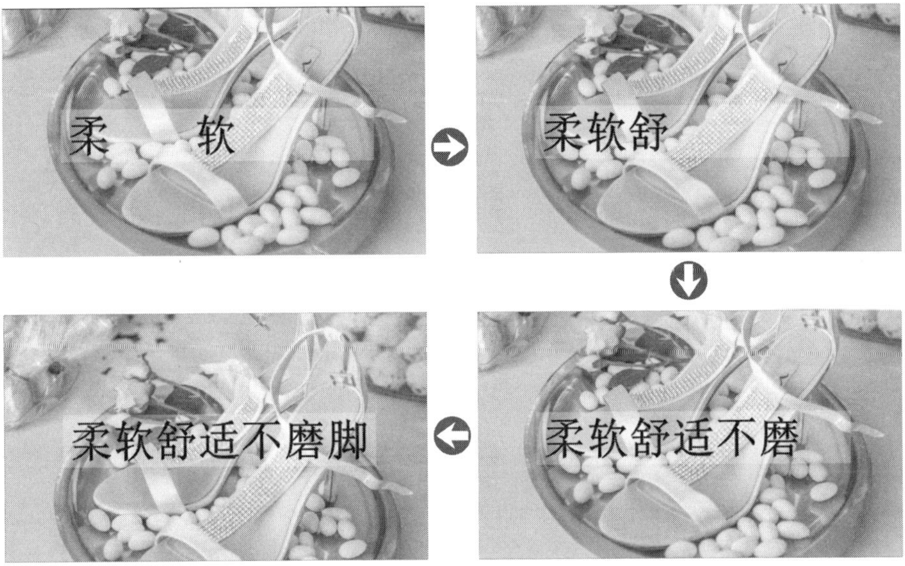

图5-26

5.3.2　文字镂空的字幕效果

镂空字幕能够实现在文字中间显示出画面背景的效果。这也是很多短视频制作者比较喜欢使用的一种字幕效果，下面来看看如何使用会声会影制作镂空效果字幕。

分析实例 让字幕镂空显示画面背景

素材文件	◎素材\Chapter 5\蓝莓.mp4
效果文件	◎效果\Chapter 5\蓝莓.mp4

在会声会影中插入视频，❶单击“标题”选项卡，双击预览窗口文本框，❷输入文字内容，如图5-27所示。

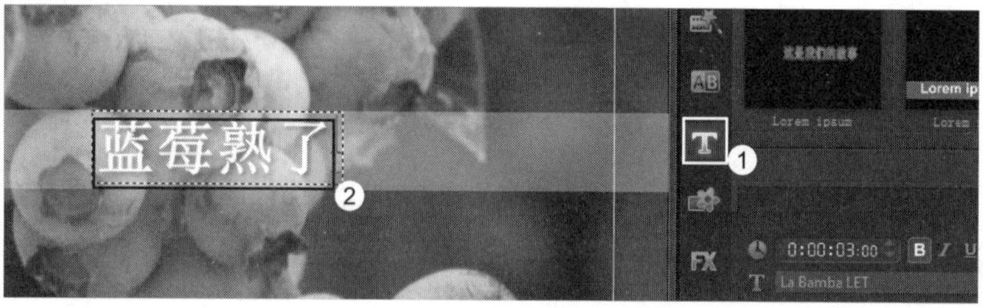

图5-27

全选文字内容，❶设置字体大小为“200”，❷取消选中“文字背景”复选框，❸单击“边框/阴影/透明度”按钮，如图5-28所示。

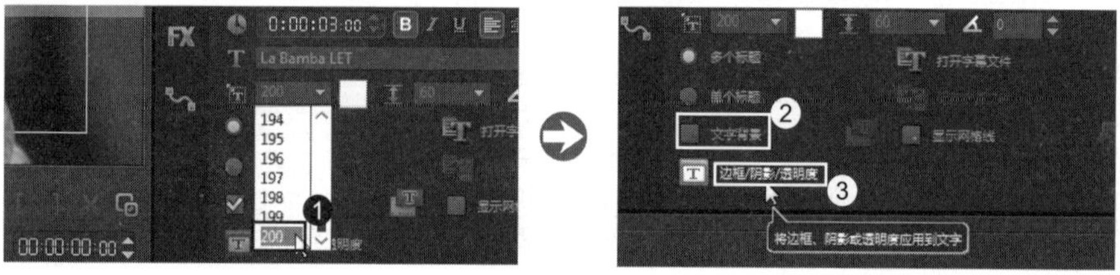

图5-28

❶选中“透明文字”复选框，❷设置边框宽度为“3”，❸设置线条色彩为“白色”，❹单击“确定”按钮，如图5-29所示。

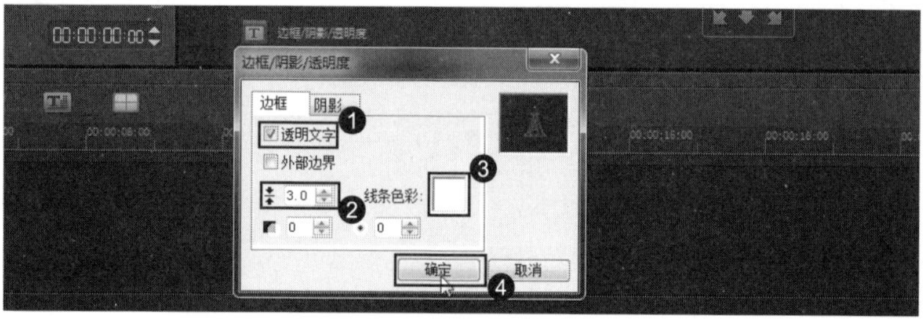

图5-29

❶切换至“属性”选项卡，❷选中“动画”单选按钮，❸选择一种“淡化”动画效果，如图5-30所示。

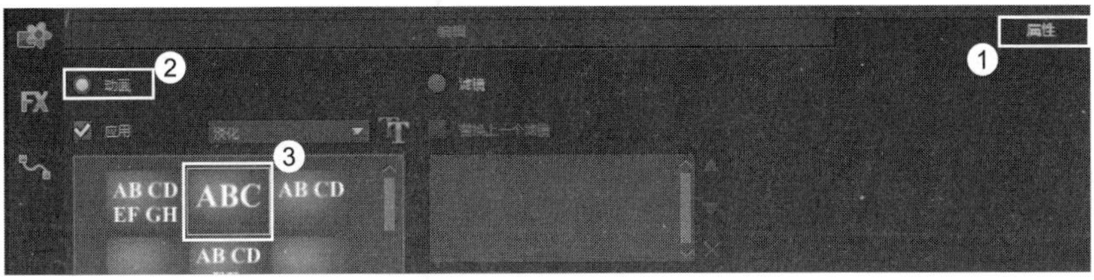

图5-30

最后调整字幕时长与视频时长一致，再输出保存。在预览窗口播放视频时可以看到淡化显现的镂空字幕效果，如图5-31所示。

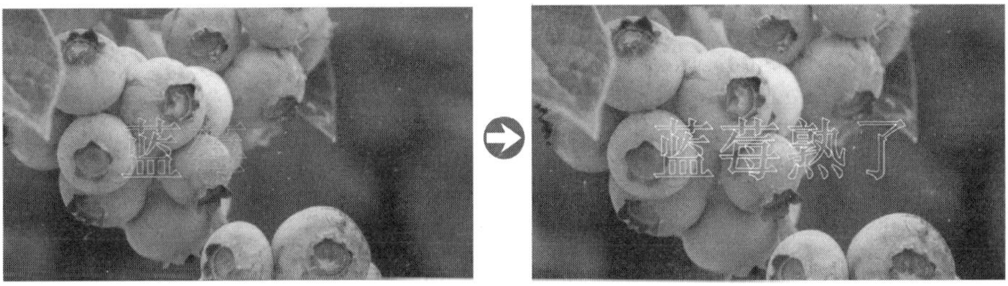

图5-31

5.3.3　沙砾飞舞的字幕效果

沙砾飞舞字幕显现的效果会给人以时光流逝的感觉，这种字幕效果常常运用在视频片头中。利用爱剪辑软件来制作该字幕特效会很方便，下面来看看具体的操作步骤。

分析实例　制作沙砾飞舞字幕效果

素材文件	◎素材\Chapter 5\翻页的书.mp4
效果文件	◎效果\Chapter 5\翻页的书.mp4

启动爱剪辑软件，❶在打开的对话框中输入片名和制作者，❷单击“确定”按钮，如图5-32所示。

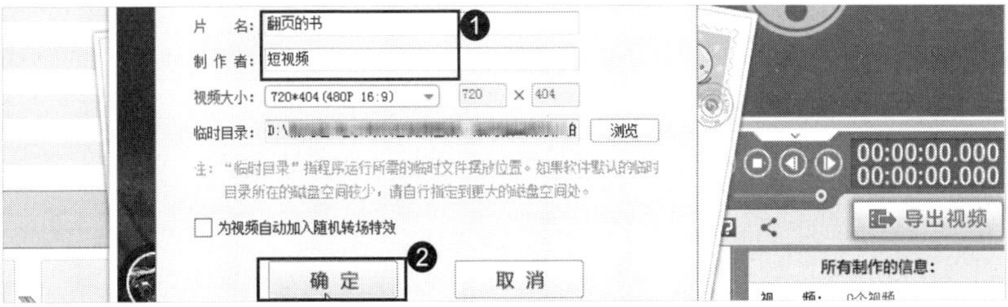

图5-32

❶将视频拖动到时间轴中，❷在打开的对话框中单击“确定”按钮，如图5-33所示。

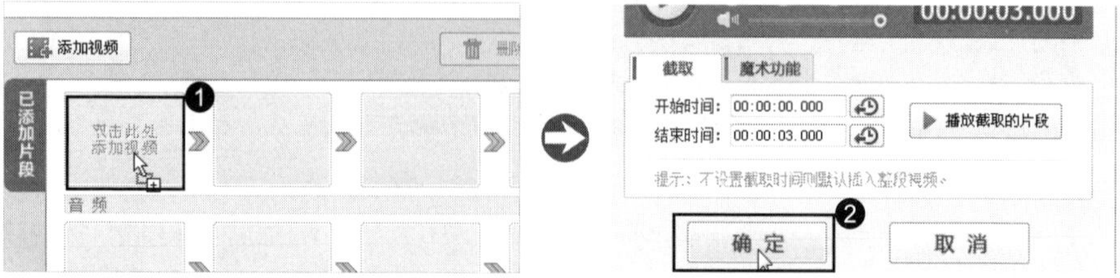

图5-33

❶在菜单栏中单击“字幕特效”选项卡，❷在右侧预览窗口双击，如图5-34所示。

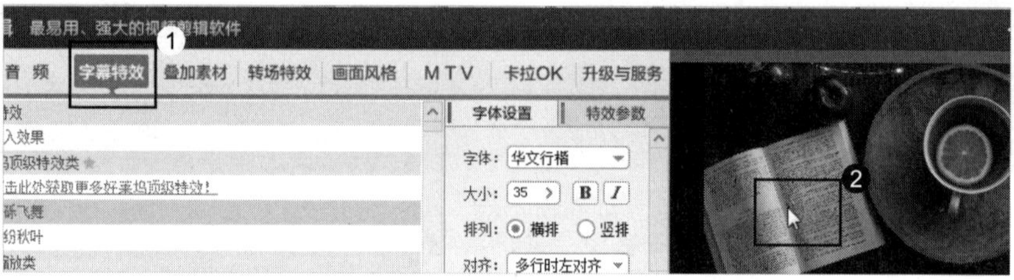

图5-34

在打开的输入文字对话框中，❶输入文字内容，❷单击“确定”按钮。❸在字幕特效中选中“沙砾飞舞”单选按钮，如图5-35所示。

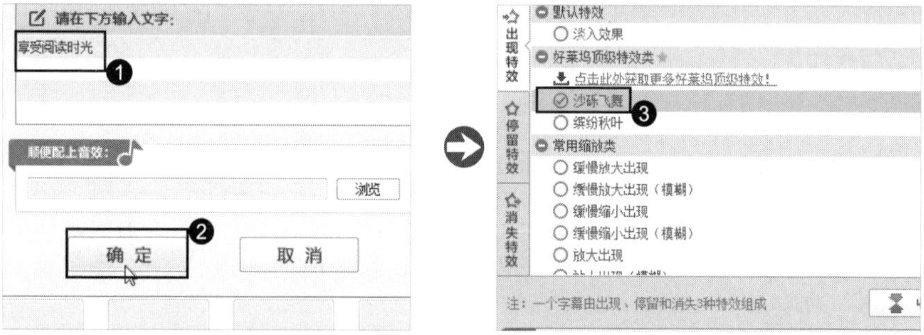

图5-35

❶在字体设置选项卡中设置字体样式、大小、颜色等。这里设置字体为“华文行楷”，大小为“77”。❷单击“导出视频”按钮导出视频，如图5-36所示。

图5-36

应用沙砾飞舞字幕特效后，可以看到文字伴随着沙砾逐渐显现，如图5-37所示。

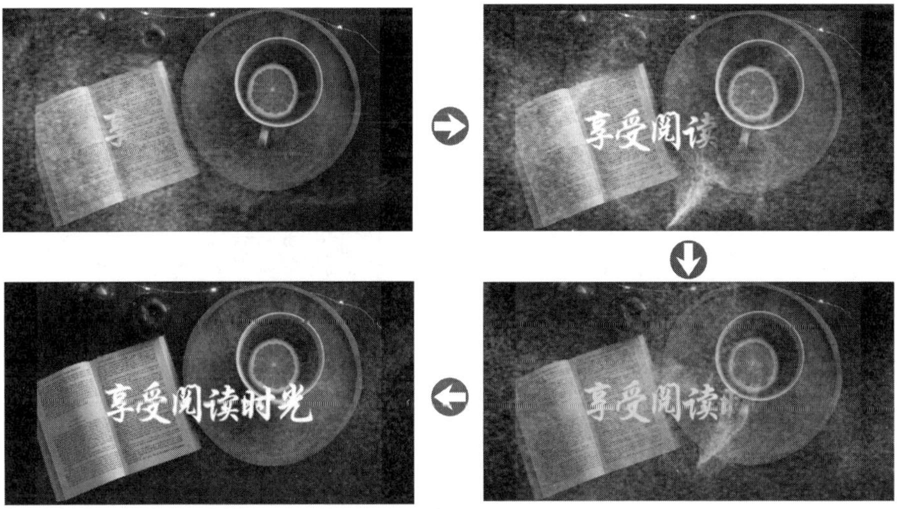

图5-37

除了直接使用内置的字幕特效外，还可以下载爱剪辑提供的其他字幕特效。❶在“字幕特效”选项卡中单击“点击此处获取更多好莱坞顶级特效”超链接，在打开的页面中可查看到其他字幕特效，❷单击“点击下载”按钮即可进行下载，如图5-38所示。

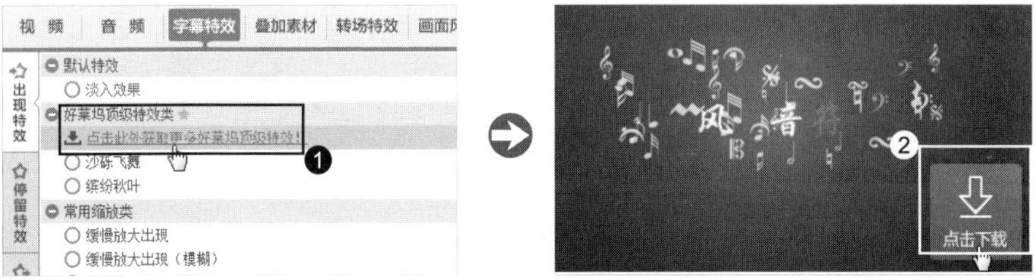

图5-38

5.3.4 纯文字动态字幕效果

纯字幕的文字视频是当下比较热门的一种短视频字幕表现方式，在很多短视频平台上都可以看到。这种字幕效果背景一般为纯色，视频中只有文字内容没有情景画面，下面以快影APP为例，来看看如何制作动态文字视频。

分析实例 纯色背景动态字幕制作

素材文件	◎素材\Chapter 5\无
效果文件	◎效果\Chapter 5\文字视频.mp4

打开快影APP，❶在首页点击“文字视频”按钮。❷在打开的页面中点击“实时录音”按钮，如图5-39所示。

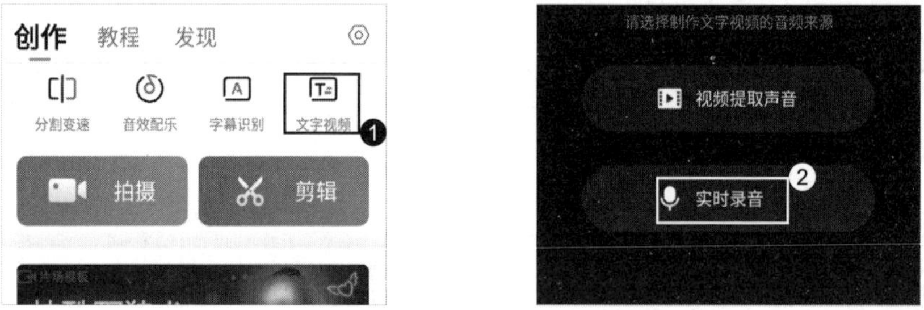

图5-39

进入录音页面，❶点击“开始录制”按钮录制说话的声音。❷录音过程中可以点击“暂停”按钮暂停录制，如图5-40所示。

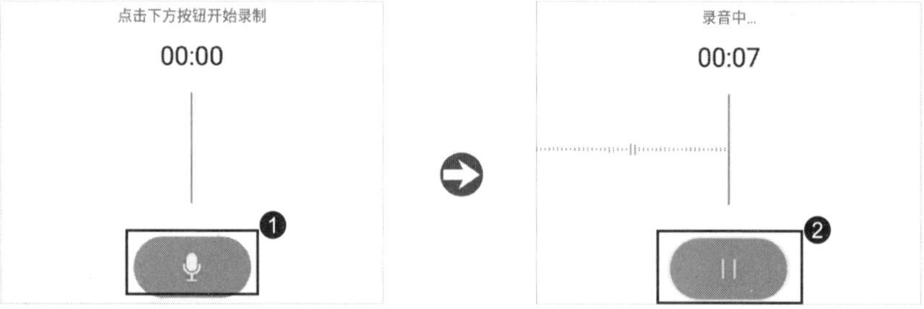

图5-40

❶录制完成后点击“完成”按钮，进入字幕编辑页面，❷选择识别错误的文字内容，如图5-41所示。

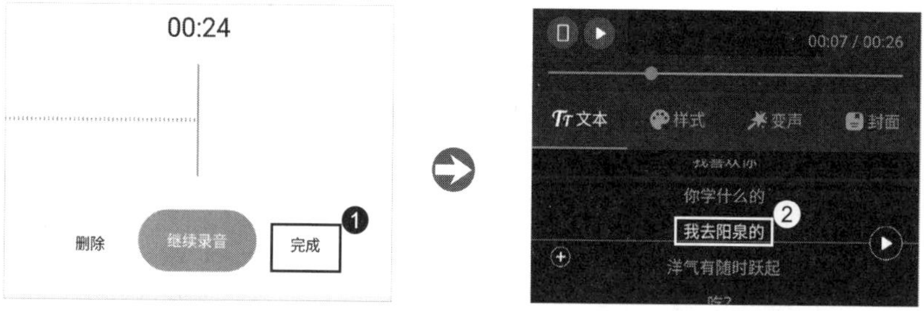

图5-41

❶对错误的文字内容进行修改，按照同样的方法修改其他错误的文字，❷修改完成后选择“样式”选项，❸设置文本颜色和背景颜色，如图5-42所示。

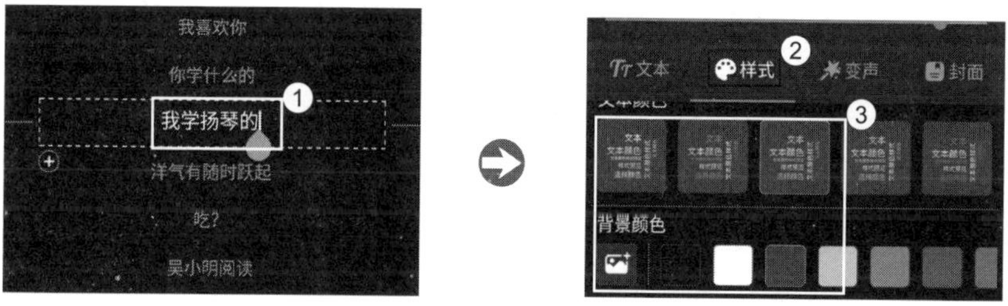

图5-42

导出视频后可以看到，视频中只有字幕内容，文字的颜色、大小和显示都会发生变化，如图5-43所示。

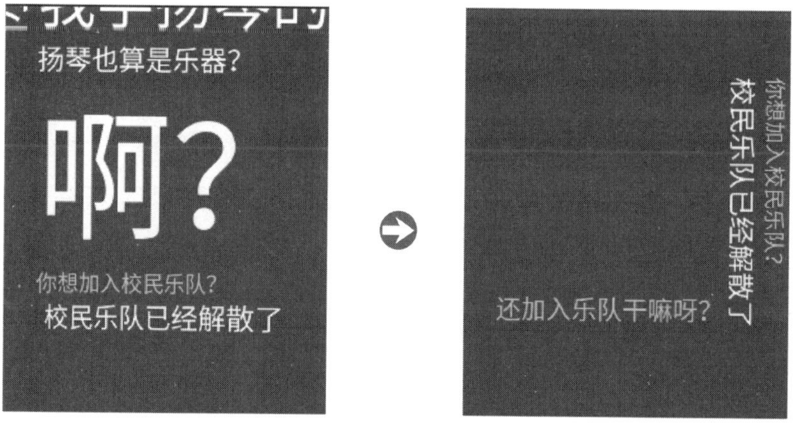

图5-43

在制作文字视频时如果不想将原声作为视频的声音，可以对声音进行变声操作，快影提供的声音有小黄人、小屁孩、机器人等，❶选择“变声”选项，❷再选择合适的声音效果即可，如图5-44所示。

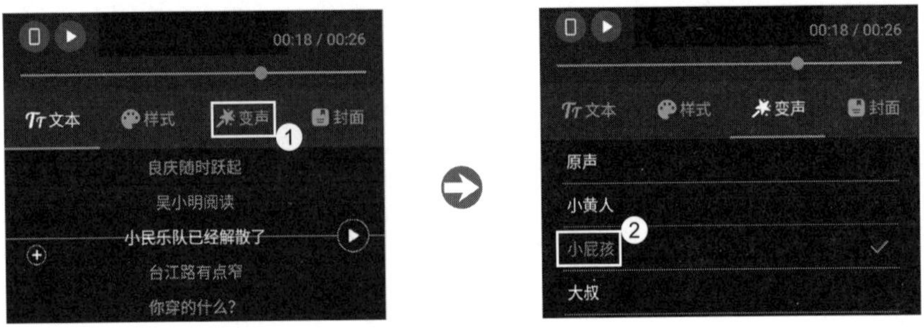

图5-44

5.4 背景音乐，选好配乐很重要

背景音乐在短视频中扮演着很重要的角色，合适的音乐可以让视频更具有带入感，同时也更能传达出想要的情感。很多短视频创作者在选择背景音乐时都会犯难，不知道该如何选择背景音乐，其实为短视频搭配背景音乐也是有一定技巧的。

5.4.1 为短视频找到合适的配乐

在选择短视频的配乐时，我们可以根据视频题材来选择，比如美食类的短视频，可以选择轻快舒缓的音乐；旅行游记类的短视频可选择宽广磅礴的音乐；娱乐时尚类的短视频可选择快节奏搞笑的音乐；感人的生活场景类视频可选择抒情温馨的音乐。

总之，在选择配乐时要根据视频传达的情绪来选择，很多音乐网站都按照类型对音乐进行了分类，我们可以根据分类对背景音乐进行初步筛选。以网易云音乐（https://music.163.com/）为例，“歌单”按语种、风格、场景、情感和主题进行了分类，每个分类下都有相应的关键词，如图5-45所示。

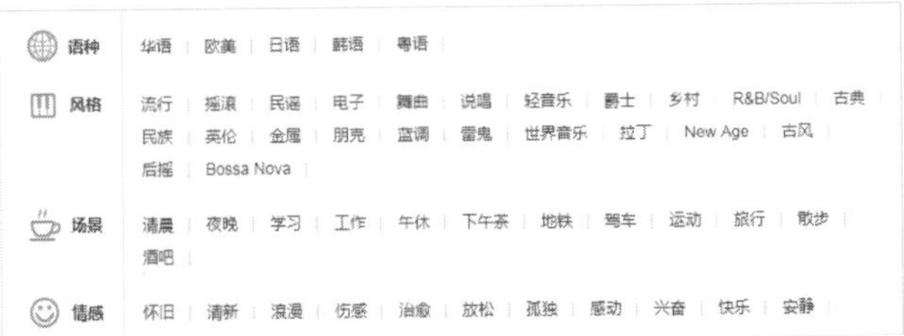

图5-45

比如我们的视频内容是面向年轻群体的服装秀，这时可以选择的关键词有“流行”“快乐”“90后”等。选择关键词后，会显示该分类下的歌单，每个歌单对应了一个的主题，如图5-46所示。

图5-46

根据歌单我们又可对音乐进行筛选，比如“各种搞笑视频背景音乐”歌单中的音乐就适合用在有趣搞笑类短视频中，“打游戏专用”歌单中的音乐就适合用在以游戏为主题的短视频中。通过这样的筛选，可以大大缩小背景音乐的选择范围。

另外，在一些商用音乐曲库中找背景音乐也很方便，以AGM网站（https://agm.hifiveai.com/）为例，推荐歌单将音乐按古典音乐、双11购物节、视频类BGM、大师精品等进行了分类，通过该分类我们可以快速找到合适的配乐，如图5-47所示。

图5-47

5.4.2 用热门音乐更能吸引用户

热门音乐是大多数用户都喜欢听的音乐，如果将这些热门音乐用在我们的短视频中，用户浏览视频时也会感到亲切和熟悉，可以增加观众对视频的好感度。

在选择热门音乐时，我们要选择短视频平台上比较火的音乐，以网易云音乐为例，在音乐排行榜中有“抖音排行榜”这个分类，该排行榜中的音乐就适合作为短视频的配乐，如图5-48所示。

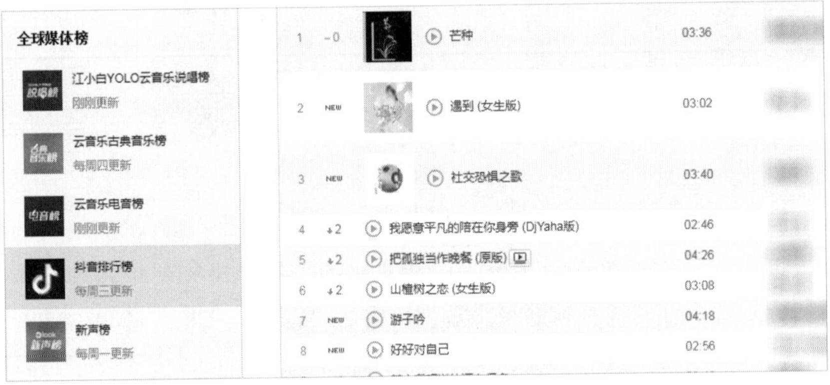

图5-48

另外，我们也可以在抖音APP中的“DOU听音乐榜”中查看热门音乐榜单，如图5-49所示。

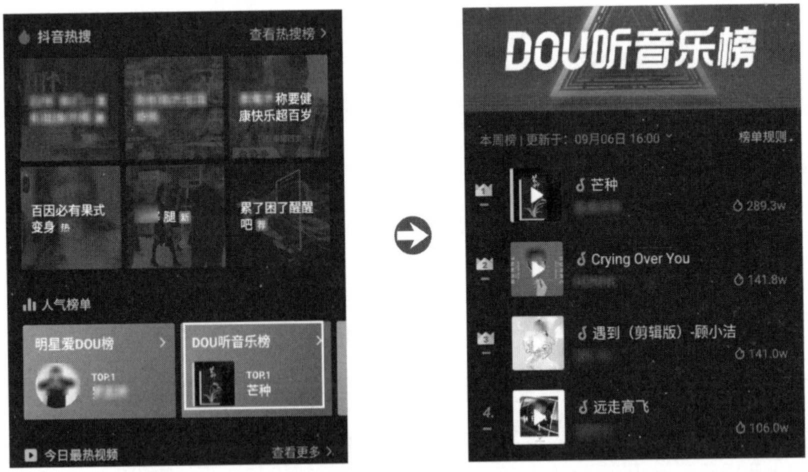

图5-49

TIPS *明确哪部分音乐才是需要的*

一首完整的音乐由多个部分构成，包括前奏、主歌、副歌以及尾奏。在为视频配乐时，并不是整段音乐的所有部分都适合作为视频配乐。以流行音乐来说，一般主歌部分才适合作为视频配乐。因此在找到合适的配乐后，我们还需要将适合配乐的部分剪辑下来，再将其应用到视频中。

5.4.3　不要让背景音乐太抢戏

在短视频中，背景音乐不能太过突出，特别是既有人声又有配乐的视频，如果背景音乐太抢戏，就可能让观看者忽略内容本身。在剪辑音乐时，可以通过调整人声和背景音乐的音量大小来控制音乐的柔和度。

以会声会影为例，在声音轨和音乐轨中分别插入人声和配乐后，右击轨道，❶在弹出的快捷菜单中选择“调整音量”命令，❷在打开的对话框中可进行音量大小的调节，如图5-50所示。

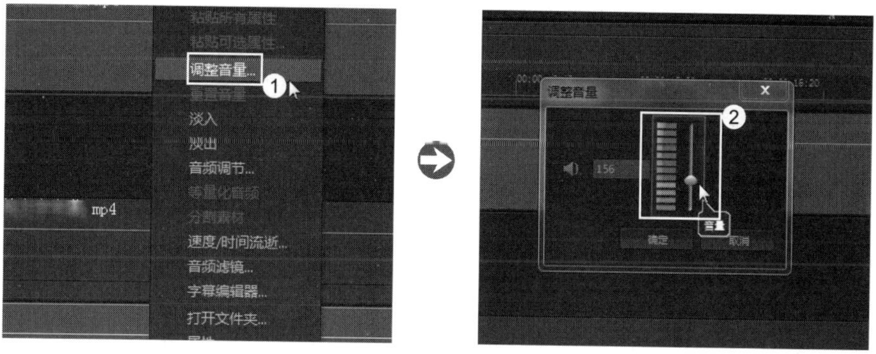

图5-50

5.4.4　背景音乐有噪声怎么办

如果背景音乐或者录制人声中有噪音，可以利用音频滤镜来处理。右击会声会影音乐轨，❶在弹出的快捷菜单中选择“音频滤镜”命令。❷在打开的对话框中选择“删除噪音”滤镜，❸单击“添加”按钮，如图5-51所示。

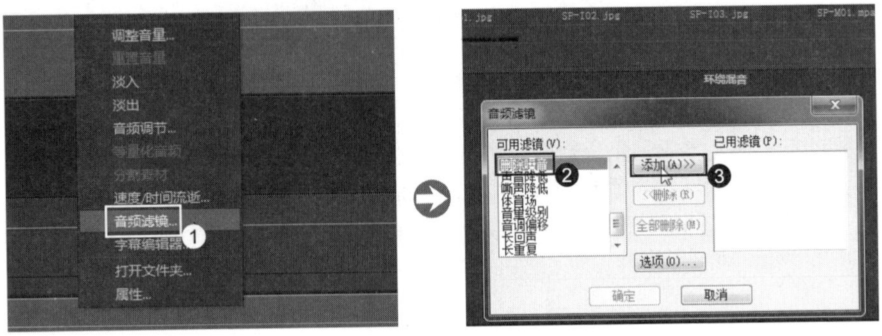

图5-51

单击“确定”按钮应用滤镜效果，应用音频滤镜后在音乐轨道上可以看到“FX”图标，如图5-52所示。

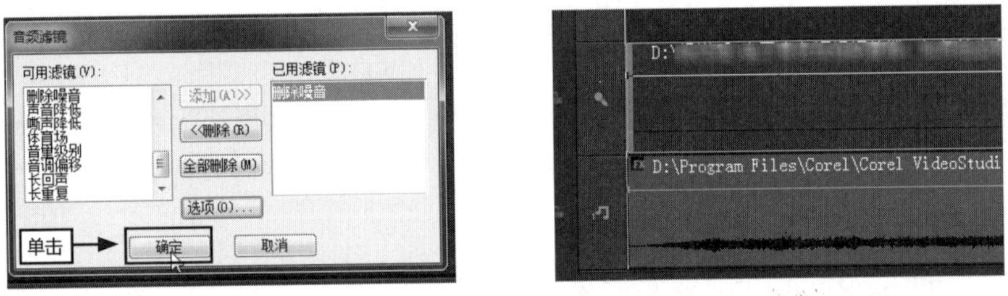

图5-52

除了删除噪声滤镜外，会声会影还提供了放大、长回声、长重复等音频滤镜，在滤镜库中单击按钮，可查看所有的音频滤镜，在剪辑背景音乐时可根据需要使用，如图5-53所示。

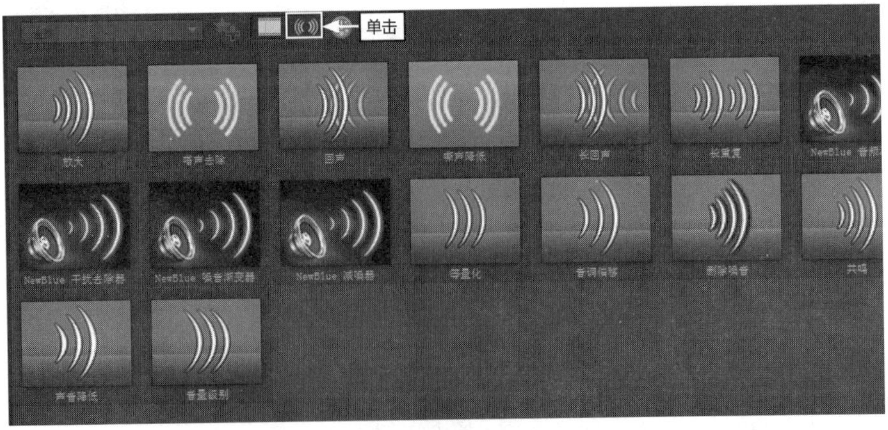

图5-53

第6章

发布投放，提高点击量有技巧

制作好的短视频要想让更多的人看到，扩大宣传的作用，就需要将其分享到各大平台，包括电商平台、短视频平台以及社交平台。短视频发布时，也有很多要点需要我们注意，比如封面的选择，标题的设计等，这些细节都会影响短视频发布后的点击量。

视频分享，将视频发布到主流平台

电脑端淘宝主图视频发布
将短视频发布到手机微淘
将视频发布到短视频平台

精选封面，让视频吸引更多点击

好的封面需要具备4个要点
短视频封面的多种类型
制作视频封面要注意这些细节
图片处理工具优化封面海报

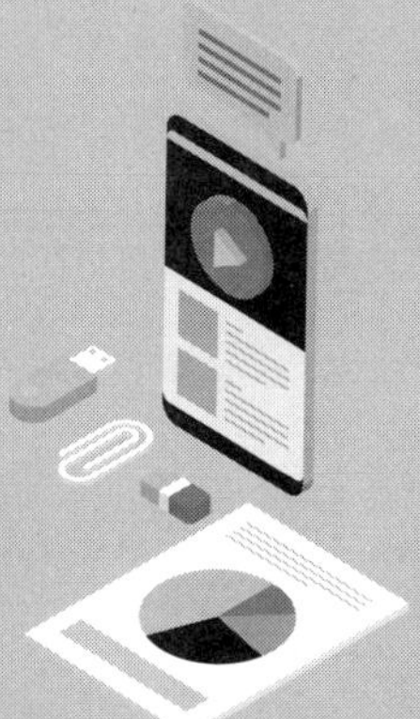

6.1 视频分享，将视频发布到主流平台

剪辑好短视频后，要如何分享到各大平台中呢？在不同的平台发布短视频，入口会有所不同，下面我们以主流平台为例，讲解如何发布短视频。

6.1.1 电脑端淘宝主图视频发布

在电商平台中，淘宝是很重要的一个平台。现在淘宝越来越重视内容营销，所以淘宝对商家和达人短视频的支持力度也在不断加大。在淘宝网中，短视频可以发布的渠道有很多。主图视频主要以单品型视频为主，会展示在电脑端和手机端商品介绍页的第一张头图中，发布主图视频可以在电脑端发布宝贝时进行上传，具体操作如下。

进入淘宝网首页并登录卖家账号，单击“千牛卖家中心”选项卡，在打开的页面中单击“发布宝贝”超链接，如图6-1所示。

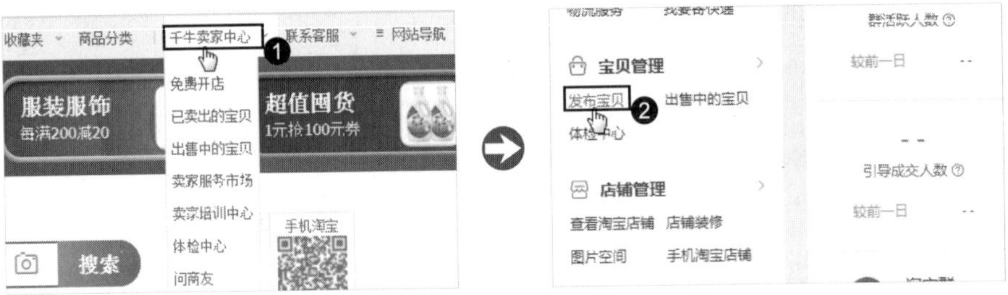

图6-1

在商品发布页面选择商品类目或保持默认类目不变，❶单击“下一步，发布商品”按钮。进入商品发布页面，❷在“图文描述”中选择主图视频比例，选中“1∶1或16∶9”单选按钮，❸单击“选择视频”超链接，如图6-2所示。

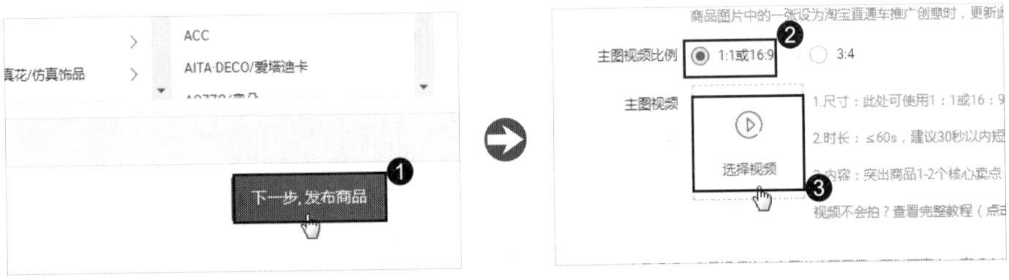

图6-2

❶在打开的多媒体库中选择视频，❷单击“确定”按钮。❸在打开的对话框中单击“增加标签”按钮，如图6-3所示。

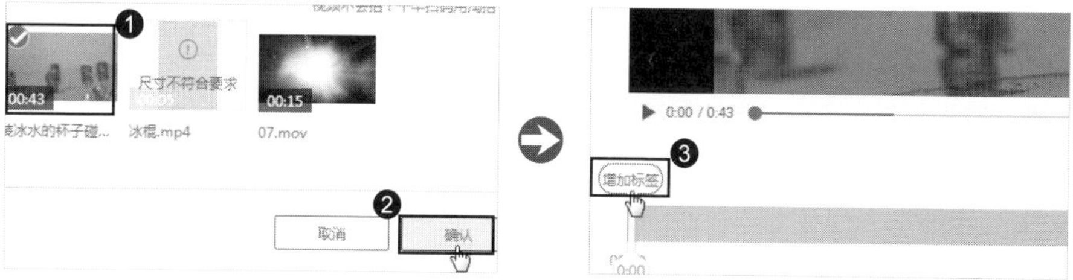

图6-3

❶在打开的对话框中选择标签，❷单击“确定”按钮。❸添加标签后单击“完成”按钮，如图6-4所示。

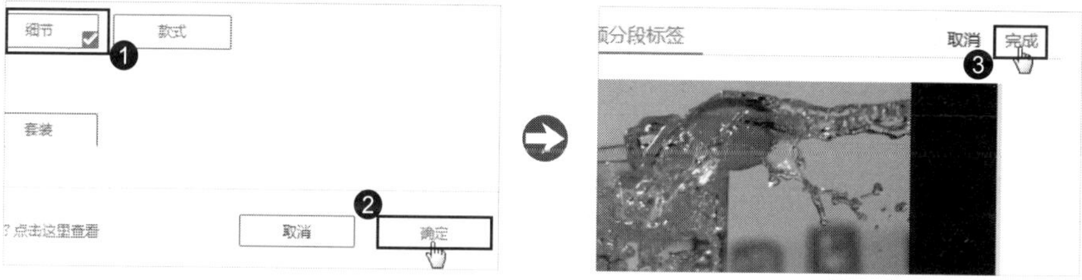

图6-4

返回宝贝发布页面完成商品其他信息的填写，完成后单击“提交宝贝信息”按钮，如图6-5所示。

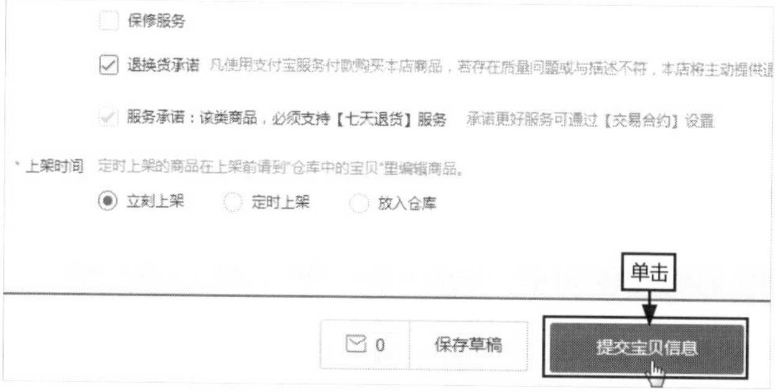

图6-5

如果要让产品视频在宝贝详情页展示，则需要在宝贝发布页面的“宝贝视频”栏中单击“选择视频”超链接，然后进行视频的添加。若商家没有订购视频服务，则需要在服务市场（https://fuwu.taobao.com/）订购了视频服务后，才能发布详情页视频。

TIPS *提前上传主图视频到淘宝旺铺素材*

将主图视频上传到媒体库，需要经过一段时间的审核，所以在发布宝贝前，最好提前上传视频到淘宝旺铺素材中心（https://sucai.wangpu.taobao.com/）。进入旺铺素材中心后，单击“上传”按钮即可上传视频。

6.1.2 将短视频发布到手机微淘

微淘是手机淘宝提供的内容电商平台，视频上传入口就在手机淘宝首页的底部菜单栏中。在微淘中，买家可以看到达人以及商家发布的图文和视频内容，如图6-6所示为微淘首页入口和内容精选页。

图6-6

进入微淘主页后，可以看到内容被分为了多个栏目，包括关注、上新、精选等，其中关注栏中会展示买家已关注的商家或达人发布的内容。在我们发布的微淘内容未获得微淘公域推荐前，内容只会在关注栏中推送给自家粉丝，下面就来看看如何发布短视频到微淘中。

登录阿里创作平台（https://we.taobao.com/），在首页单击“发微淘”超链接，如图6-7所示。

图6-7

在打开的页面中可以看到微淘的内容类型，这里单击“短视频”超链接，如图6-8所示。

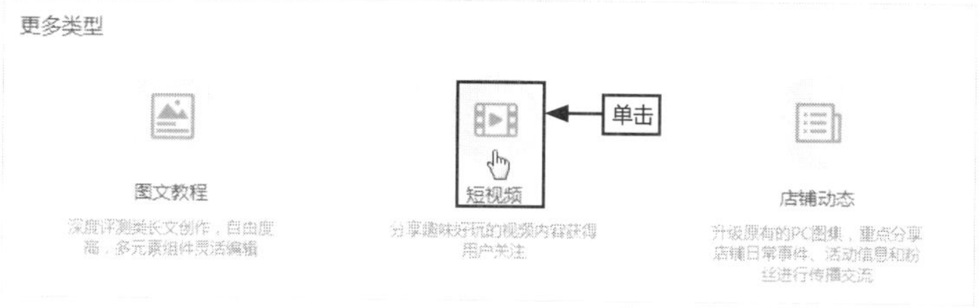

图6-8

进入短视频内容发布页面，在对应的文本框中输入想对粉丝说的话、标题和摘要，如图6-9所示。

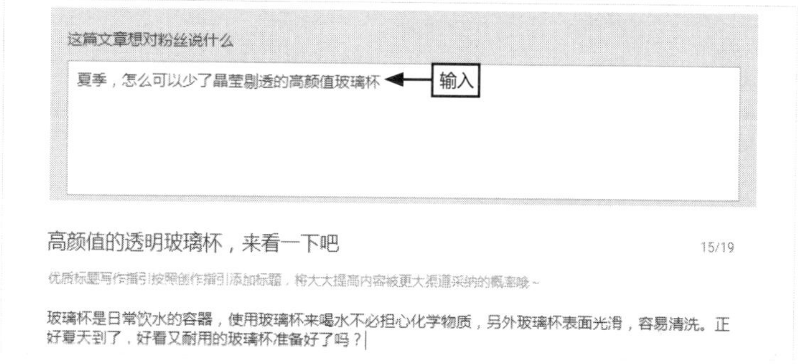

图6-9

❶单击“添加视频”超链接，❷在打开的“添加视频”对话框中单击“创建互动视频”超链接，如图6-10所示。

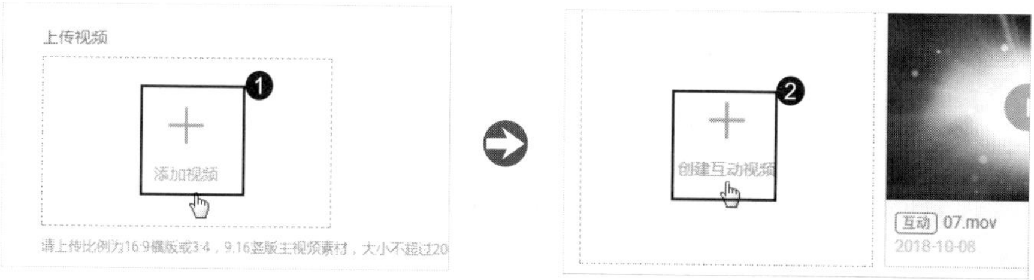

图6-10

❶在打开的页面中单击“制作新的互动视频”选项卡，❷选择视频，❸单击“确认”按钮，如图6-11所示。

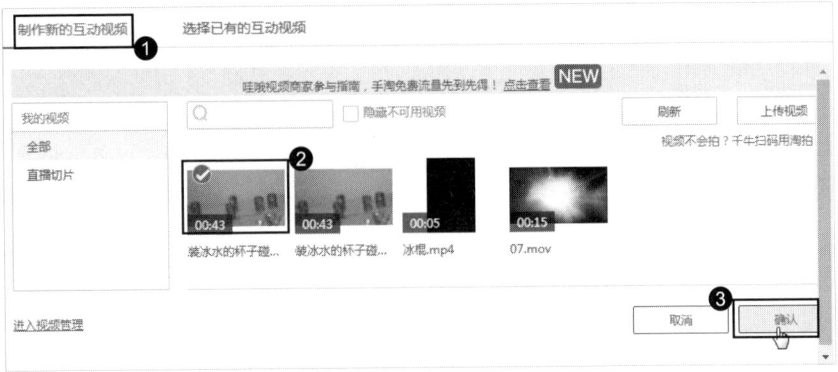

图6-11

❶在打开的对话框中输入互动视频名称，❷单击“确定”按钮，❸在打开的页面中单击“添加宝贝搭配”按钮，如图6-12所示。

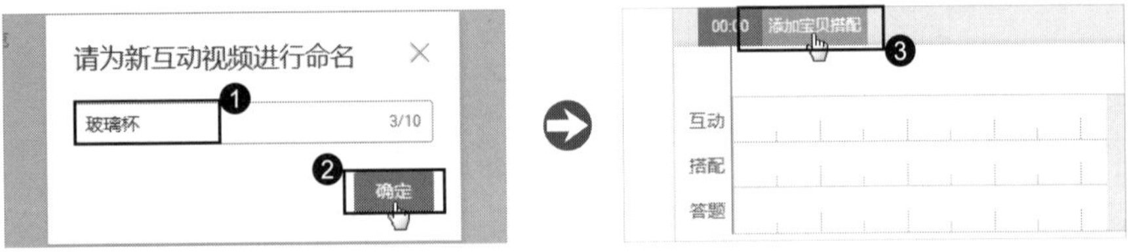

图6-12

❶单击“添加宝贝”超链接，❷在打开的页面中选中需要添加商品的单选按钮，❸单击“完成”按钮，如图6-13所示。

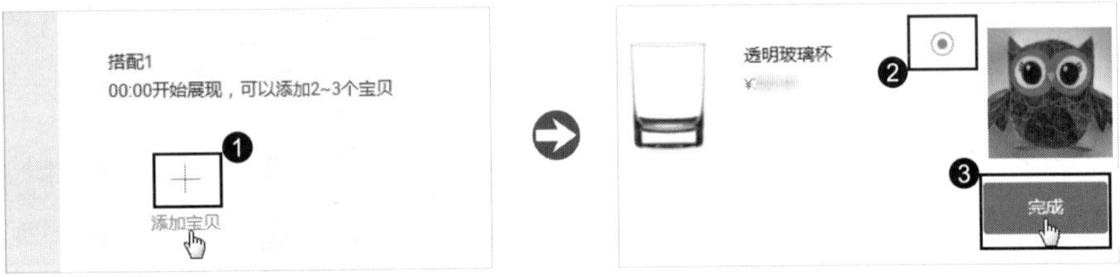

图6-13

按照同样的方法再添加一个宝贝，❶完成后单击“保存”按钮，❷单击“确定”按钮，如图6-14所示。

图6-14

保存互动搭配后返回短视频发布页面，单击“添加视频”按钮，❶在打开的对话框中选择新创建的互动视频，单击“确定添加”按钮。进入视频封面设置页面，❷添加封面，❸单击“确定”按钮，如图6-15所示。

图6-15

返回短视频发布页面，❶上传1:1的封面图，❷再上传与主视频比例一致的5s视频贴片，如图6-16所示。

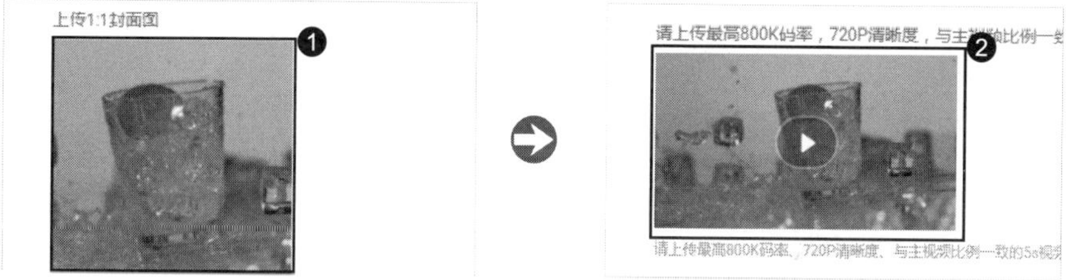

图6-16

完成以上步骤后❶选择目标人群和内容类型，❷单击“发布”按钮发布视频，如图6-17所示。

图6-17

6.1.3 将视频发布到短视频平台

短视频平台是商家和达人进行短视频推广不可忽略的平台，短视频平台有很多，这里以抖音短视频为例，来看看如何将视频发布到抖音平台。

启动抖音短视频APP，❶点击“+”按钮，❷在打开的页面中点击“上传”按钮，如图6-18所示。

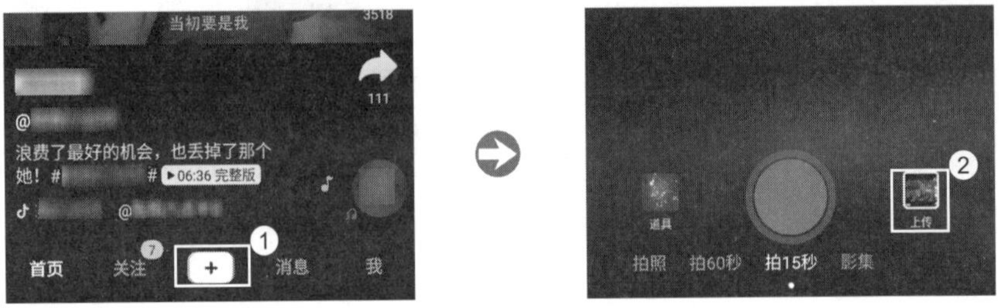

图6-18

❶在本地相册中选择要上传的短视频，❷在打开的页面中点击“下一步”按钮，如图6-19所示。

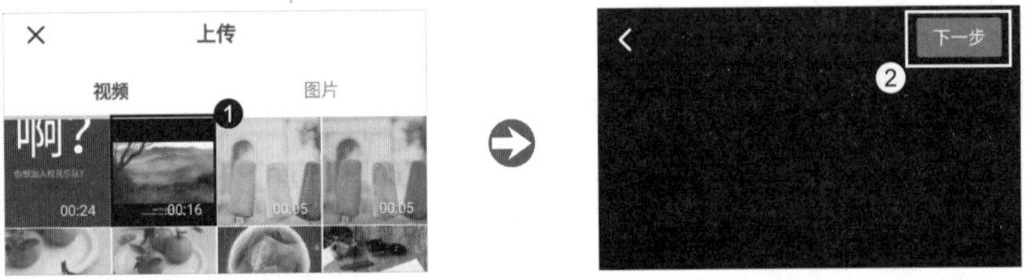

图6-19

进入视频编辑页面，❶点击“下一步”按钮，❷在打开的页面中输入标题，❸点击“选封面”按钮，如图6-20所示。

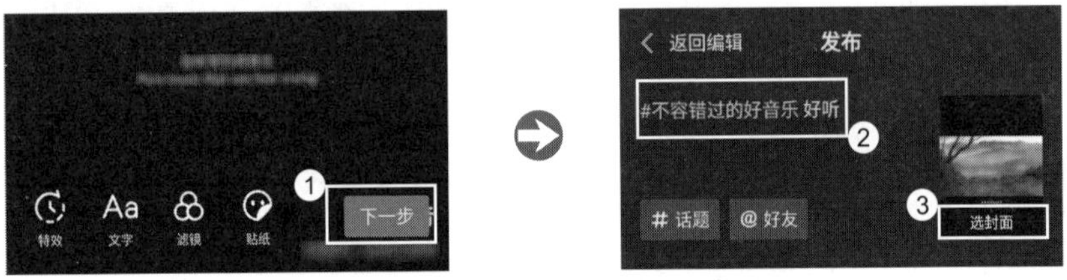

图6-20

❶在打开的页面中左右滑动选择合适的视频封面，❷点击“√”按钮，如图6-21所示。

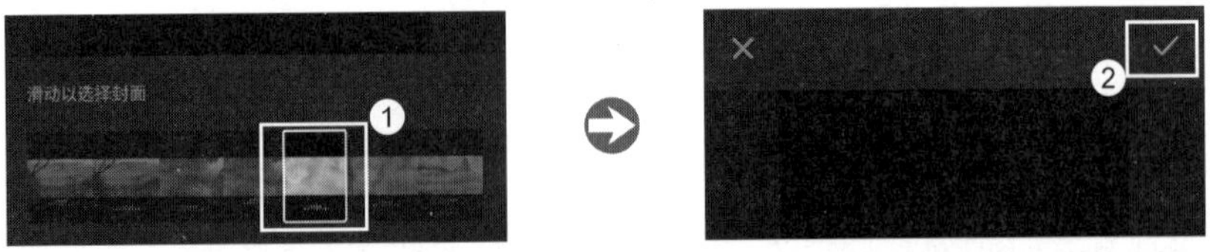

图6-21

在返回的页面中点击“发布”按钮发布视频，发布过程中需要等待视频上传，上传成功后可在“我”页面查看已发布的作品，如图6-22所示。

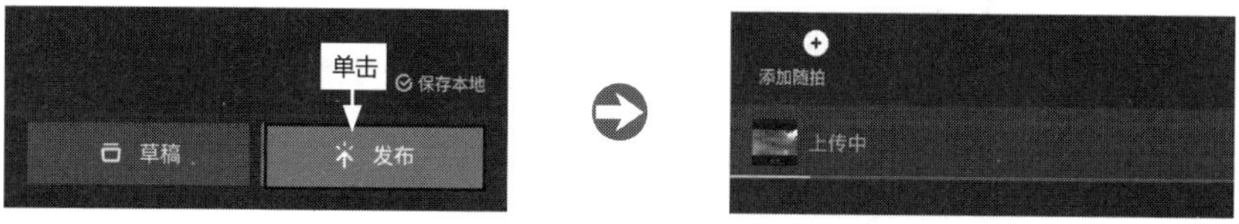

图6-22

6.2 精选封面，让视频吸引更多点击

用户还没有点开视频观看内容之前，首先看到的是视频封面。可以说封面直接影响了视频的打开率，有吸引力的封面更能勾起用户的好奇心，从而让用户点开视频进行观看，那么视频封面应该如何选择呢？

6.2.1 好的封面需要具备4个要点

在制作视频封面前，我们首先需要明白，什么样的视频封面才是优质的封面图，总结起来，好的封面要具备以下一些特点。

1.与内容相关

短视频的封面首先要满足与视频内容相关这个条件，让用户清楚视频内容的大致方向，这样才能不错失目标受众的点击，获得更多目标粉丝的关注。

比如我们的视频内容是服装穿搭，封面放服装搭配的场景图就很好，如果封面放的是美食制作的场景图，就会给用户错误的认知，以为我们的视频是美食类视频，导致对服装穿搭感兴趣的用户反而不会点击该视频。结果吸引来的用户都是对美食制作感兴趣的，他们看了视频后不仅不会关注，还会因为没有看到自己期待的内容，对我们的视频账号留下不好的印象。

所以，我们的视频封面一定要与视频内容本身有关联性，且最好能体现核心内容。比如关于“换季美妆清单”话题中的短视频，可以看到封面都是与美妆、护肤有关的，如图6-23所示。

图6-23

2.能引发好奇心

能引发用户好奇心的封面自然能吸引更多的人点击，比如一条关于萌宠的短视频，将宠物有趣的表情作为封面，并配上“有人阿谀奉承”的文案，这样的封面就能引发用户的好奇心，让人想要看看这两只宠物间发生了什么事。再比如手工制作的短视频，封面放上制作好的成品图，也能引发对手工感兴趣的用户的好奇心。如图6-24所示。

图6-24

3.要清晰美观

首先封面图应该是清晰美观的，模糊的封面图很难让用户有点击的欲望。其次，二维码、logo等水印或广告信息不要在封面图中出现，很多平台都明确表明不能在封面中插入二维码等推广信息，如果有，那么视频很可能无法通过审核。另外，封面中如果有广告信息也容易引起用户的反感。

在上传封面图时，要留意平台对视频封面的基本规范要求，确保封面符合要求后再上传，如图6-25所示为腾讯内容开放平台对短视频封面的基本规范要求。

短视频封面基本规范

短视频封面通过系统自动生成或手动上传两种方式生成，封面图需要符合如下各项基本规范，以便视频通过审核，获得推荐和点击效果。

1、封面禁止：违反国家法律法规，含有暴力、惊悚、色情、低俗等画面，含有二维码、微信号等推广信息

2、比例尺寸：图片比例16:9，横版尺寸1280*720（最小可上传640*360），竖版尺寸1080*1920（最小可上传720*1280），图片大小不超过5MB

3、基本要求：图片清晰、画面完整、具有明亮舒适的饱和度并与视频内容相关

4、需要避免：图片模糊、画面残缺或截断、过高或过低曝光、与视频内容无关

除以上基本规范之外，在规范细则中，我们还通过实际案例，重点讲述如何避免出现遮挡人脸、切割人脸、标题压字、模糊拉伸、乱拼凑图片、背景过白、纯文字等不合格封面的情况。

图6-25

4.有统一的风格

如果短视频的内容有一个统一的方向和风格，那么我们的封面也应该风格统一，有一定的特色。特别是专注某一垂直领域的视频，统一的封面图能吸引更多潜在用户，让粉丝对我们的账号有一个既定的印象，这对账号打造自己的风格会很有帮助。

短视频制作者可以为自己的视频封面定制一个模板，让每一条短视频的封面都按这个模板的风格来制作，这样就可以逐渐形成一种品牌形象。比如美妆自媒体的视频封面全部以“人物大头照+文字”来呈现，美食类自媒体的视频全部以“美食成品图+文字”来作为封面，如图6-26所示的视频封面图风格就很统一。

图6-26

6.2.2 短视频封面的多种类型

不同风格的短视频，选择的封面类型也会有一定差别，常见的短视频封面有以下几种类型。

◆视频截图

是指截取视频中的某一内容作为封面，截取时，一般选取的是视频中有亮点的片段。可以截取有台词的内容作为封面，也可以是无台词的，但能引起用户兴趣的一个画面，如图6-27所示为剧情类短视频的封面。

图6-27

截取视频内容作为封面时，可以在剪辑软件中截图，也可以在播放器中截图。以会声会影为例，插入视频并将滑轨定位在理想的画面后，❶单击“录制/捕获”按钮，❷在打开的对话框中单击“快照”按钮即可，如图6-28所示。

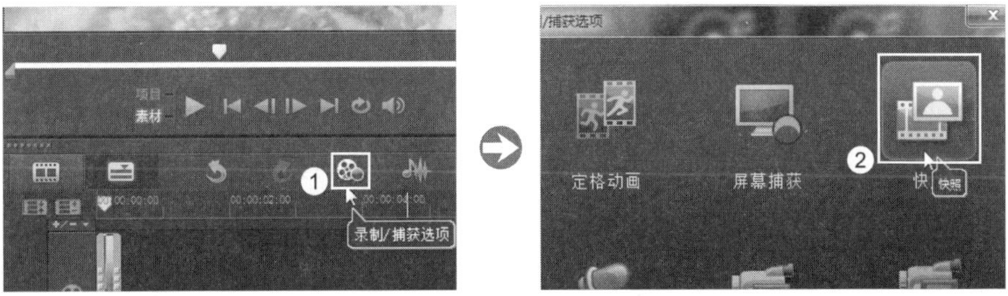

图6-28

◆ 人物+文字

对于栏目式短视频来说，如果有固定出境的人物，要打造人设让视频有一个统一标识，那么常常会以该人物大头贴+文字的方式来作视频封面，如图6-29所示。

图6-29

◆ 纯文字

纯文字封面一般是将视频的标题或者能概括视频主题的关键词作为封面，背景一般是纯色或简洁的图片，以突出文字。纯文字封面中的文字不会很小，一般要占据画面的中间位置。

纯文字类的视频封面也可以制作成统一的模板封面，确定好一个模板后，在后期制作时，只需要修改文字内容和背景即可，如图6-30所示。

图6-30

◆表情包封面

将表情包作为视频封面也能对用户产生很强的吸引力，表情包可以是视频内容中截取的，也可以是其他网络表情包，如图6-31所示。

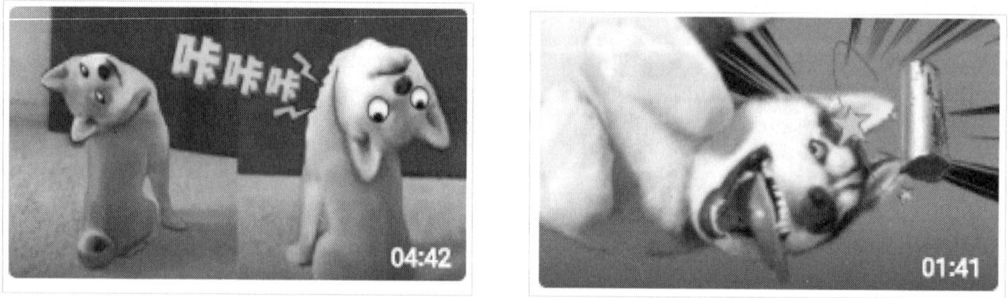

图6-31

6.2.3 制作视频封面要注意这些细节

在很多短视频平台上传视频时，都要求在视频内容中选取封面，不能单独上传，这时如果要上传修饰过的视频封面，就需要将制作好的视频封面放在视频的开头。

视频封面可以在剪辑软件中制作，也可以在图片处理工具中制作，在制作时要注意以下细节。

1.画面干净完整

我们制作的视频封面要清晰美观且便于用户浏览，可以通过调节封面图片的亮度、饱和度等来增加封面的美感。另外，好的构图也可以提升封面的视觉效果，截图时应避免截取到画面残缺、模糊的视频内容作为封面。

视频封面图可以是横版，也可以是竖版，两个版式都要注意封面图的尺寸，横版封面应避免上下边界切割画面，竖版封面则要避免左右边界切割画面，导致画面不完整。如图6-32（左）所示的封面中，左右边界切割了脸部，使封面看起来有些残缺，这种情况要避免。要保证封面中重要画面不被切割，如图6-32（右）所示。

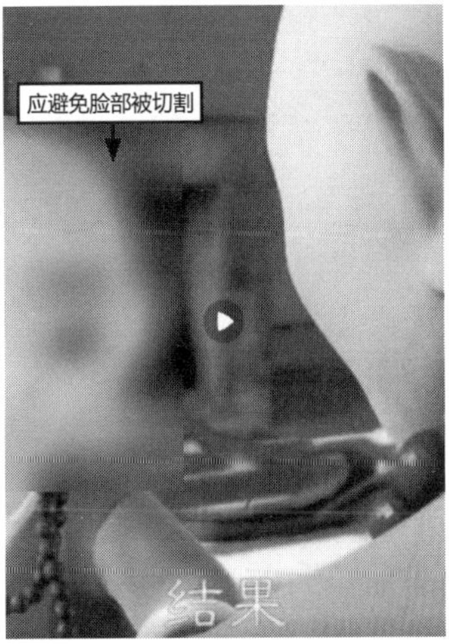

图6-32

2.封面文字不被标题遮盖

有的短视频平台会将视频标题显示在封面中，这时就不要将封面文字放在标题区中了，因为标题可能会下压封面文字，导致文字被遮挡而看不清楚。

一般情况下，标题都会放在画面的顶部或底部。在制作视频封面时，只要将封面文字放在靠近中间的位置就不会被标题所遮挡。从图6-33（左）所示的视频封面可以看出，封面文字在画面中所占的位置太满了，以至于被底部标题所遮挡了。而图6-33（右）所示的视频封面，封面文字位于画面中部，因此没有被标题遮挡。

图6-33

3.避免拼凑过多

在制作视频封面时，有时我们会加入一些贴纸、卡通动画等装饰元素，或者将多张图片拼凑在一起制作成封面。在制作这种视频封面时，要注意避免不美观的拼凑。一般来说，图片拼接式的封面可选择2~4张截图来拼图，采用如图6-34所示的拼图方式来呈现，以保证美观度。

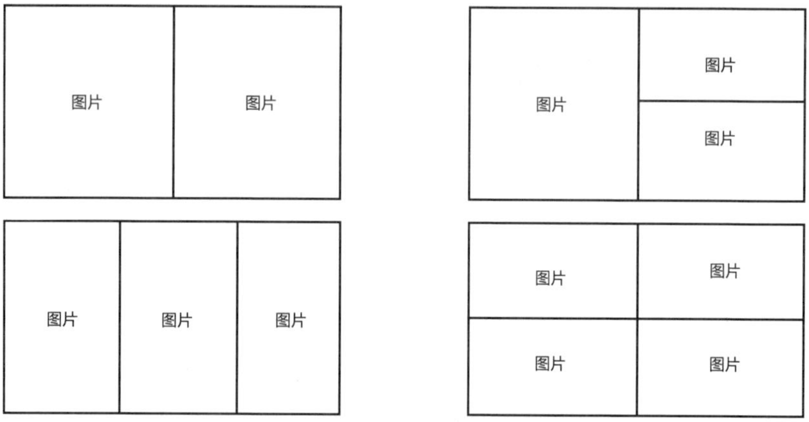

图6-34

在画面中加入贴纸等装饰时，要避免添加太多而导致画面看起来很乱。要记住，这些装饰只是作为封面的点缀，而不是主体，通常添加2~3个装饰元素即可。

6.2.4　图片处理工具优化封面海报

利用图片处理工具制作视频封面会很方便，下面我们以美图秀秀网页版为例，来看看如何调整封面的饱和度和清晰度，并为其添加合适的文字。

分析实例　调整封面的清晰度并添加文字内容

素材文件	◎素材\Chapter 6\宠物.jpg
效果文件	◎效果\Chapter 6\宠物.jpg

打开美图秀秀网页版（http://xiuxiu.web.meitu.com/），❶在首页单击“美化图片”按钮，❷在打开的对话框中单击“打开一张图片”按钮，如图6-35所示。

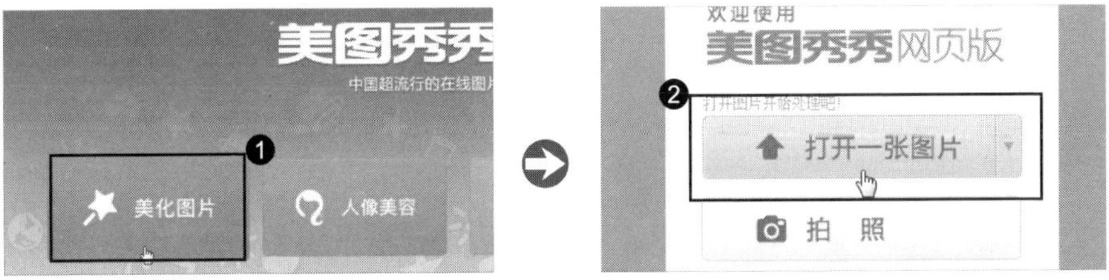

图6-35

❶在本地电脑中选择视频封面，❷单击“打开”按钮，返回美图秀秀网页版，❸单击“基础调整”按钮，如图6-36所示。

图6-36

❶滑动色彩饱和度和清晰度圆形滑块，调整图片的饱和度和清晰度，❷单击“确定”按钮。❸切换至“文字”选项卡，在漫画文字栏中选择一种文字样式，如图6-37所示。

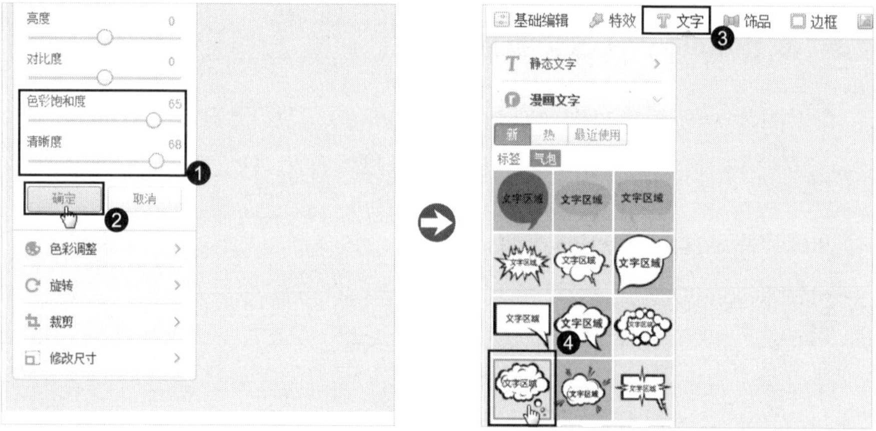

图6-37

❶在文字编辑文本框中输入文字内容，❷在图片预览窗口拖动调整文字气泡的位置和旋转方向，如图6-38所示。

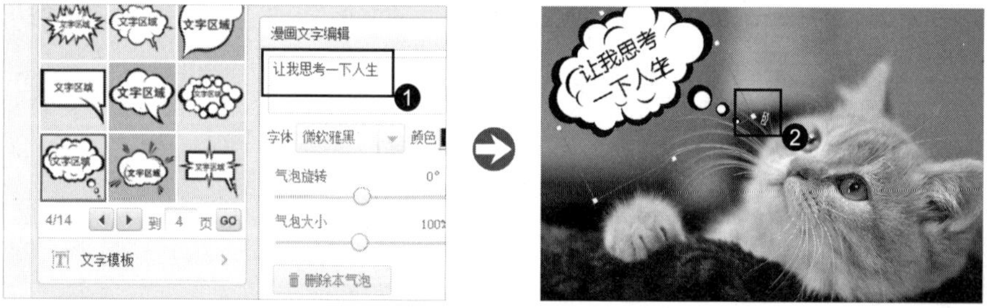

图6-38

❶单击“保存与分享”选项卡，❷在打开的页面中输入文件名，❸单击“保存图片”按钮保存封面，如图6-39所示。

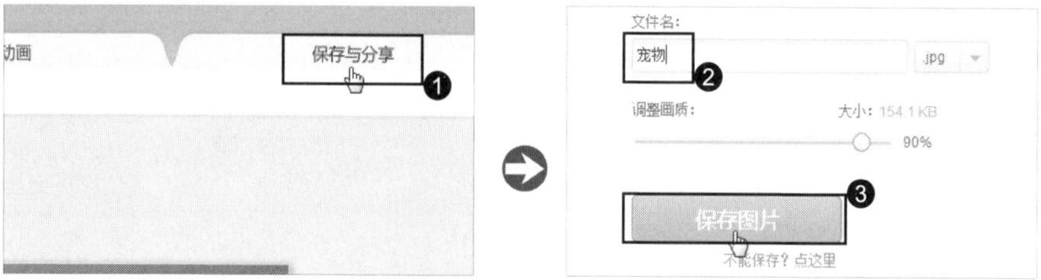

图6-39

使用美图秀秀对封面进行调整后可以看到，相比原图，调整后的封面看起来色彩更鲜明，也更清晰。添加封面文字后，封面想要表达的信息也被准确传递了出来，如图6-40所示。

图6-40

6.2.5　运用模板制作视频封面海报

除了可以使用图片处理工具制作视频封面外，还可以使用简易的在线图片编辑工具来制作。这类工具会提供很多丰富的新媒体模板，可以帮助我们制作海报式的视频封面。下面以创客贴网站为例，讲解如何挑选模板制作视频封面。

分析实例　选择竖版模板制作视频封面

素材文件	◎素材\Chapter 6\饮料.png
效果文件	◎效果\Chapter 6\饮料.jpg

进入创客贴（https://www.chuangkit.com/）网站首页，❶单击“模板中心”超链接，❷在打开的页面中单击“新媒体配图”超链接，如图6-41所示。

图6-41

❶在打开的页面中单击“竖版配图”超链接，此时会显示竖版配图模板，❷选择一个合适的模板，如图6-42所示。

图6-42

❶在打开的登录页面中输入账号和密码，❷单击“登录”按钮登录（没有账号可注册或选择第三方账号登录）。进入编辑页面，❸单击“上传”选项卡，❹单击“上传图片”按钮，如图6-43所示。

图6-43

❶在本地电脑中选择图片，❷单击“打开”按钮。❸上传成功后拖动图片到预览窗口中，调整图片位置和大小，如图6-44所示。

图6-44

右击图片，在弹出的快捷菜单中多次选择“下移一层”命令，直到文字模板显示出来，如图6-45所示。

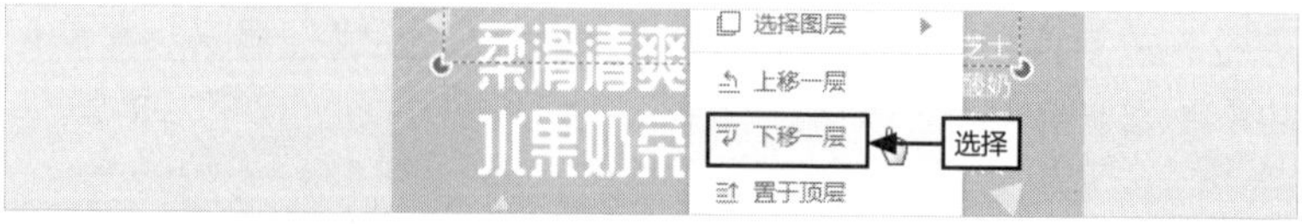

图6-45

选择文字模板，❶依次完成所有文字内容的修改，❷单击“下载”按钮下载图片，如图6-46所示。

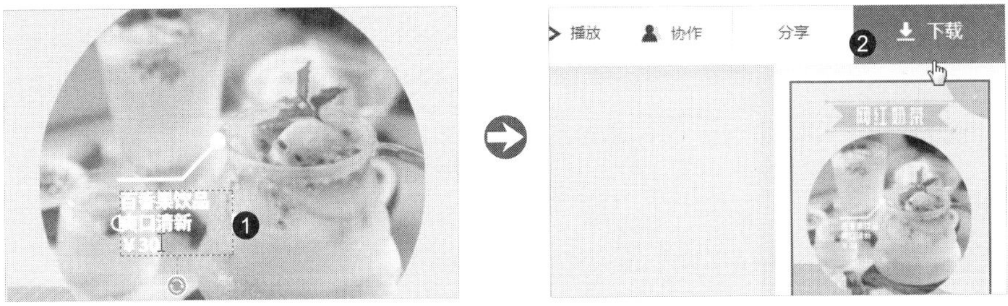

图6-46

完成以上步骤后可以看到，原图制作成了一张极具亮点的海报，如图6-47所示为原图和最终效果图对比。

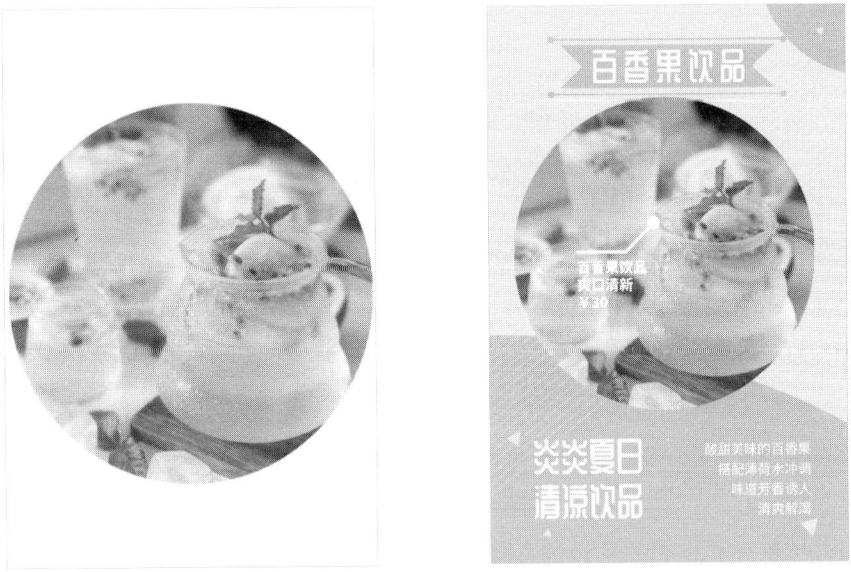

图6-47

TIPS *如何将图片保存为圆形*

使用创客贴制作封面海报时可以看到，有的模板需要提供的素材图片是圆形的，针对此类素材，我们可以在Photoshop中将其处理为圆形。具体方法为：在Photoshop中打开素材，选择“椭圆选框工具”命令，绘制出圆形选区后，按【Shift+Ctrl+I】组合键反选选区，按【Delete】删除选区，最后再保存为png格式的图片即可。

6.3 巧取标题，如何写出打动人的文案

短视频的标题与封面一样，是能激发用户点击欲的重要元素。标题就像门面的招牌，醒目的招牌自然能吸引更多人进店。那么短视频的标题应该如何设计呢？下面来看看设计短视频标题的方法。

6.3.1 筛选合适的关键词来作为标题

在为短视频创作标题前，我们首先要明确短视频的内容和主题是什么，以保证我们取的标题与视频是相关联的，然后通过筛选关键词来找准标题的大致方向。关键词的筛选可从两方面来做：一是视频内容中；二是热门关键词。

◆ 从视频内容中筛选

关键词是对视频所表达内容的提炼，比如服装穿搭短视频，其主题是旅行穿搭，视频内容展示的是适合出门拍照的服装穿搭效果，那么我们可选择的关键词有旅行、节假日、出门拍照、穿搭等。

同样的方法也可以运用到其他短视频中，比如美妆类短视频，主题是粉底液妆容指导，视频内容是达人展示化妆过程，体现粉底液的遮瑕效果。针对这个视频我们可选出的关键词有粉底液、遮瑕、底妆、学化妆等。

◆ 从热门关键词中筛选

在标题中加入热门关键词更能吸引用户的注意力，热门关键词可以是一些高频词，也可以是近期上过热搜的，能引起人们共鸣的词汇。比如服装穿搭类的短视频，常用的高频词有吸睛、气质、流行、经典、日系甜美等能表现服装特征的词汇。剧情类短视频根据剧情内容的不同，常用的高频词也会有所不同，如情感类短视频，前任、分手、恋爱、萌娃等词汇使用得就比较多。

筛选关键词的目的是避免我们写标题时太过主观，这样写出来的标题可能是我们自己满意的，但却不符合视频主题或用户关注点。

6.3.2 产品类短视频如何写标题

产品类短视频一般都是围绕产品来拍摄的短视频，在写这类短视频的标

题时，可通过回答以下3个问题的答案找出关键词，并围绕选出的关键词来组成一个完整的标题。

◆ 产品是什么？

◆ 场景是什么？

◆ 功能特征什么？

以家居类产品短视频为例，我们的产品是烤箱，场景是烘焙料理，功能特征是烘烤，那么可组成的标题就有以下一些。

家用小烤箱，小白烘焙无压力

多功能烤箱，让你秒变烘焙大师

个性化烤箱，独享烘焙轻食生活

手残党福利，个性小烤箱对焦糊说再见

根据短视频内容的不同方向，可结合的场景和特征描述都有所不同，如表6-1所示为常见领域短视频标题可结合的场景和功能特征关键词，在书写产品类短视频标题时可借鉴参考。

表6-1 不同领域标题可结合的关键词

领域	场景	功能特征
服装穿搭	职场穿搭、旅游穿搭、减龄穿搭、套装穿搭、约会穿搭、淑女风穿搭……	显高显瘦、时髦感、时尚街头、个性潮流、职场气质感、简约大方……
美妆护肤	职场妆容、换季护肤、熬夜救星、自然妆容、出街定妆、入秋补水……	显白遮瑕、保湿透亮、奶油肌底、防水防汗、持久不脱妆……
美食日常	线下探店、办公室零食、宝宝辅食、周末聚会、夏季消暑、夜宵……	好吃不胖、麻辣鲜香、香酥脆软、下饭、秋季滋补、Q弹、香甜可口……
家居用品	衣柜收纳、厨房清洁、单身小公寓、儿童房打造、北欧风餐厅布置……	收纳、清洁去污、美观省钱、节省空间、除甲醛、防晒遮光、除湿……
健身户外	登山、滑雪、海边、游泳、跑步、户外徒步、长途旅行、休闲垂钓……	防水、弹力紧身、安心入睡、透气、轻便舒适、便携、瘦身减脂……

6.3.3 内容型短视频如何写标题

对于内容型短视频而言，标题是对视频内容的巧妙提炼，在书写时要把握不同类型的特征，下面我们结合四大细分垂直领域来看看内容型短视频标题的一些写作方法。

1.短剧搞笑类

这类短视频主要是以故事情节来吸引人，在书写标题时，可以按照人物、时间、地点、发生了什么这几个方面来写标题，如以下标题。

大学生接到一个诈骗电话，结果把骗子给骗了

碰瓷摩托车，没想到遇见女汉子

小伙路边偷吃烧烤，被老板抓个正着

从上述标题可以看出，剧情类短视频的标题都具有故事感，写明了主人翁是谁以及发生了什么事件，在描述事件时运用了反转的方式，使得标题具有很强的吸引力。

2.美食教程类

美食教程类短视频的内容主要是教用户制作个性化的美食，标题可从食材、做法、味道、人群这几个方面来书写，如以下标题。

正宗牛肉酱做法，关键是黄豆酱的使用

茄子的简单做法，大刀一切，锅里一滚，这么做超好吃

花菜和五花肉一起煸炒，香脆入味，超下饭

上述每一个标题都展示了要做的美食是什么，这可以让用户清楚地知晓接下来自己要学习的是什么菜谱。在标题中加入做法、味道等内容，可以体现该菜谱的不同之处。

3.游戏娱乐类

游戏类短视频的内容大多是游戏场景中的精彩或搞笑视频集锦，以及一些教学类视频，标题可从什么游戏、精彩/搞笑之处在哪、教程是什么这几个方面来书写，如以下标题。

队友全员挂机，极限1v5，带领队友躺赢

峡谷奇葩时刻，大龙曾可以被抓出龙坑

猫和老鼠手游：恶魔泰菲居然还能这样玩

预判Q闪，学会了就能为所欲为

从上述标题可以看出，游戏类短视频的标题通常会使用游戏中的一些专用术语，在标题中加入游戏名则能定位目标游戏玩家。

4.科技数码类

科技数码类短视频的内容方向大多是数码产品资讯、评测以及科普，标题一般包含产品类型、特点、功能等信息，如以下标题。

体验6400万像素新机，放大细节就知道有多强

【开箱】SONY FE 35mm/1.8镜头评测，小巧身材大光圈

买iphone xs还是max，比一比您就知道

电脑装机详解教程，特别适合小白

5G除了测速还能怎么用

从上述标题可以看出，科技数码类短视频如果是介绍产品，那么标题可以结合产品类型和特点来写，如果是科普类的则在标题中体现科普内容就行了。

6.3.4　五个标题技巧，击中受众人群的心理

在写短视频标题时，我们可以运用一些技巧来提高标题的吸引力，具体包括以下5个技巧。

◆ 使用数字法

指利用数字来吸引用户的注意力，在盘点、总结、教程类的短视频中使用得比较多，如下所示。

10分钟快速入门Adobe Premiere

盘点6款高端宅必备数码潮品

5个简单又大方的短发扎发技巧

在标题中加入数字后，可以让用户一下就知道视频中有几个技巧，提供的是什么内容。另外，相比一、三、五这样的文字，使用阿拉伯数字的1、

3、5，可以让标题展示更直观，也更能引起用户的注意。

◆ 利用疑问句

要让标题引起用户的好奇心，使用疑问句是一个很好的方法。同时，疑问句也有设置悬念的作用，如以下标题。

只听前奏猜歌名，你能全部猜出来吗?

一个听话，一个闹腾，同样是鸟差距怎么这么大呢?

肌肤不好，先注意清洁？还是美白?

西装外套怎么穿才有个性?

可以看到，通过在标题中问“为什么”的方式可以让用户在心理上产生疑惑，从而触发点击欲望。

◆ 制造对比冲突

在标题中制造不同的观点或者矛盾，会引起用户想要点击视频一探究竟的兴趣，如以下标题。

我养了狗，却没有了快乐

超市参加抓阄活动，进去后就后悔了

小伙儿去应聘，老板被吓到了

看完以上标题后，通常会觉得有种莫名其妙的感觉，为了知道答案，用户自然会点击视频进行观看。

◆ 制造代入感

以口语化，第一人称来表述，会让标题更有代入感，可以让用户在浏览标题的同时联想到生活情节或者自己的生活经历，如以下标题。

开学第二天，给孩子辅导作业，我已经崩溃了……

不用手机支付，我可能是个假的95后

我30岁了，仍然没有任何存款

可以看出，上述标题都是以“我”的口吻来撰写的，用户看了以后会觉得没有距离感，且很生活化，自然就会点击视频。

◆ 指出目标对象

是指在标题中指出目标用户是谁，明确这个视频是给谁看的，这可以让用户不由自主地想“这不是在说我吗？”，如以下标题。

熬夜党必看，恢复肌肤年轻的好物

这5类家长最受孩子喜欢，你在其中吗

低卡零食，解救正在减肥的馋嘴女孩

从上述内容可以看出，3个标题的目标对象分别是熬夜党、家长和正在减肥的女孩，如果你是这3个群体中的其中一个，就会不自觉的对号入座，点击视频观看。

6.3.5　快速提高自媒体标题创作效率

在写短视频标题时，我们还可以利用一些工具来提高标题的写作效率，下面以易撰为例，来看看如何快速生成标题。

进入易撰（https://www.yizhuan5.com/）官网首页，❶单击“编辑器”选项，❷在打开的页面中单击“账号登录”超链接，如图6-48所示。

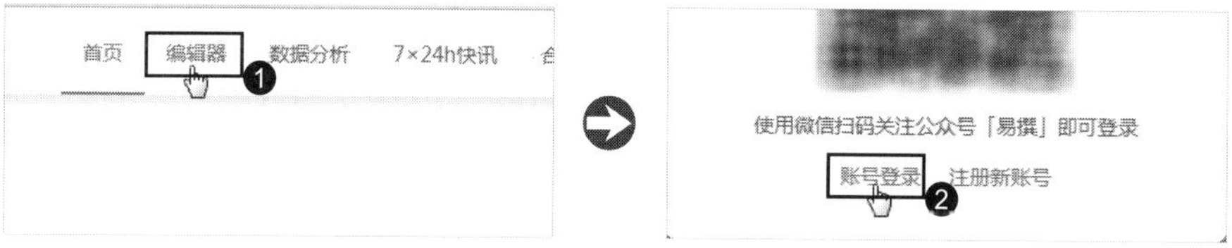

图6-48

进入账号登录页面，❶输入手机号和密码，❷单击“登录”按钮。在打开的页面中可以看到标题生成工具，❸输入关键词，❹单击“随机生成”按钮，如图6-49所示。

图6-49

此时可以看到随机生成的标题列表，选择合适的标题，❶单击“一键使用”按钮，❷在打开的对话框中单击“是”按钮，如图6-50所示。

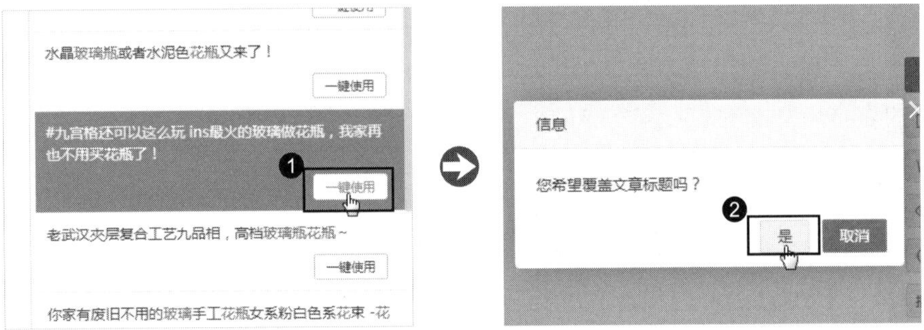

图6-50

该标题会在右侧的编辑器中显示，可根据需要修改里面的文字内容，如图6-51所示。

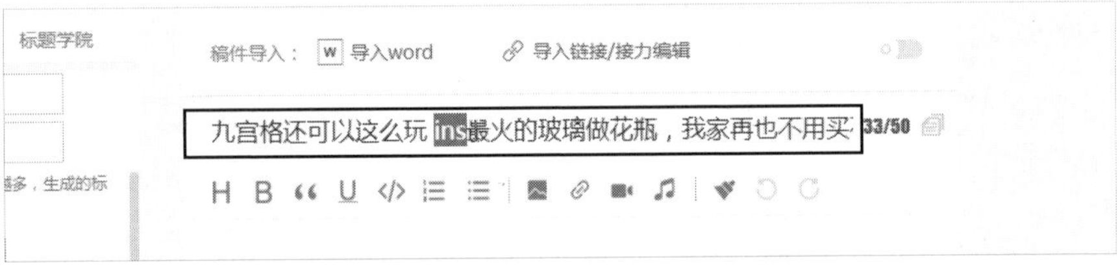

图6-51

在“热门标题”选项卡中，还可以通过❶输入关键词，❷筛选类型来查找热门标题，如图6-52所示。

图6-52

在“标题学院”选项卡中，可通过筛选标题类型来查找热门标题，如图6-53所示。

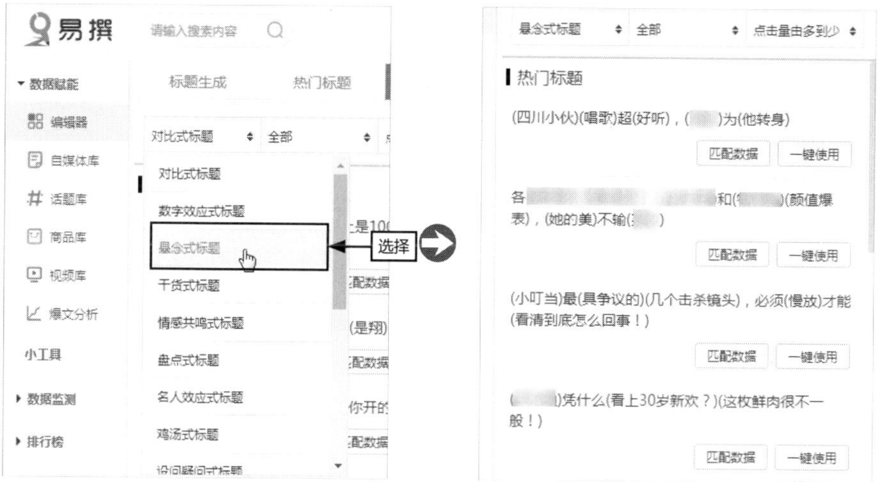

图6-53

在“自媒体库”中，可以按时间、关键词等查看热门视频，这些热门视频的标题也可以为我们撰写标题提供灵感，如图6-54所示。

图6-54

在“自媒体库”页面中单击“标题词频统计”按钮，在打开的对话框中可以查看到高频词，如图6-55所示。

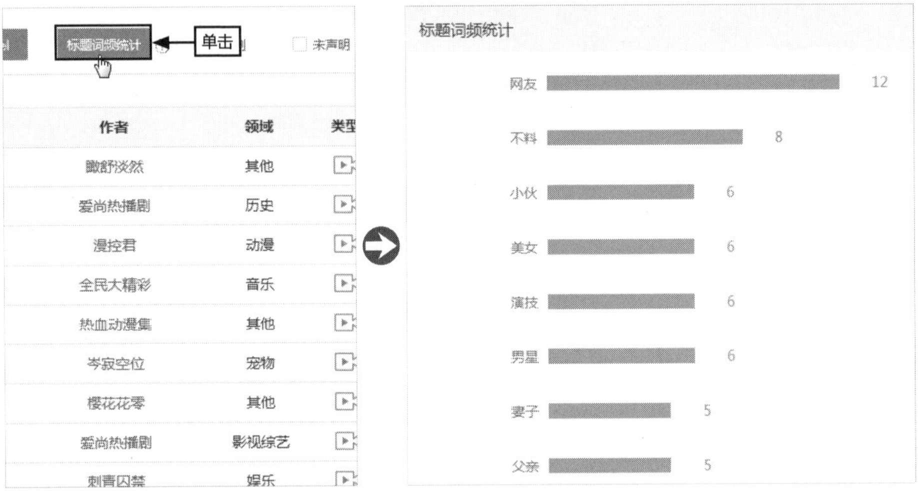

图6-55

6.4 发布优化，时间和标签选择

通过前面的内容，我们已经知道了该如何为短视频取标题。不过标题取好了就可以直接发布视频了吗？实际上，发布时间、标签选择的不同也会影响短视频的播放量，在发布视频时还要利用这两点对视频进行优化。

6.4.1 视频发布选择流量高峰期

选择流量高峰期发布短视频可以让我们的视频更容易登上热门，这是因为相较于流量低峰期而言，高峰期刷短视频的人更多，视频获得的曝光机会也更多，并由此获得很多的点赞、评论。那么什么时间点才是流量高峰期呢？

以抖音为例，从抖音发布的《2018抖音大数据报告》显示，抖音用户的活跃高峰分为3个时间段，午高峰12:00~13:00，晚高峰18:00~19:00，夜高峰21:00~22:00。可以看出，这3个时间段是人们普遍空闲的时间段，因此，在短视频平台上发布视频，可参考这3个时间段来发布。

另外，周五晚上和周末两天也会迎来短视频的流量高峰期。那么在周五可以选择18:00以后推送短视频，周末则可以选择9:00~11:00、22:00~24:00

发布短视频。另外，针对不同类型的短视频，发布时间上也可能有一定的差异，如以下几类。

◆ **职场类**：选择7:00~9:00、18:00~20:00的时间段发布会较好，因为很多职场人士会利用乘坐交通工具时的碎片时间观看短视频。

◆ **母婴类**：关注母婴类短视频的用户大多是新手妈妈或爸爸，一般在晚上的时候他们的时间会比较充裕，因此可选择在20:00左右发布视频。

◆ **美食类**：可选择饭点前后发布短视频，这个时间点很多用户会通过观看短视频了解吃什么以及怎么做美食等相关信息。

另外，推送时间最好维持在一个相对固定的时间点，让视频发布有一定的规律性，这样可以让观看视频的用户形成习惯增加黏性。如图6-56所示为某美食短视频达人部分视频的发布时间，可以看出基本上都集中在晚饭前后。

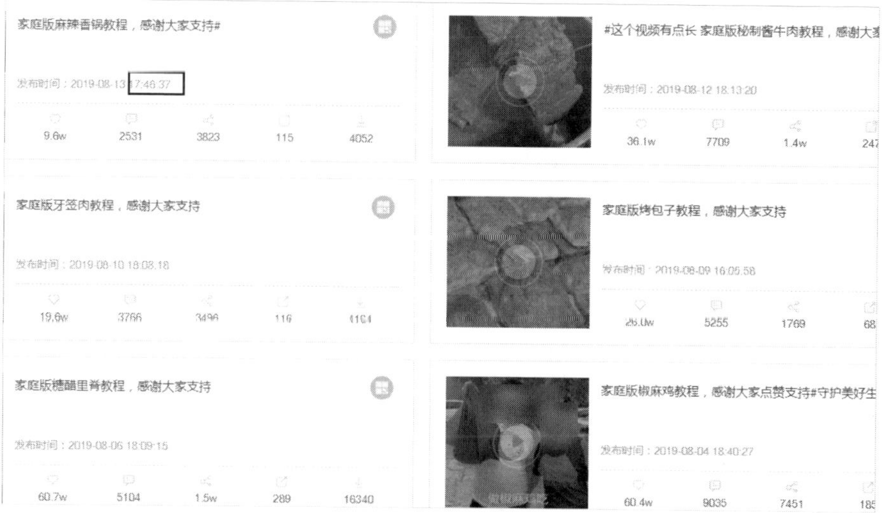

图6-56

在部分平台发布短视频时，可以设置推送时间，比如淘宝网、哔哩哔哩等，可以提前在编辑器中编辑好短视频，让系统在设置的时间点自动推送视频。

以淘宝网为例，❶在短视频发布页面单击“定时发送”按钮，❷在打开的对话框中设置发送时间，❸单击“确定”按钮，设置完成后返回发布页面单击“发布”按钮，即可完成定时推送和投稿的操作，如图6-57所示。

图6-57

6.4.2 短视频打标签要精准化

在淘宝网中上传短视频时，会要求设置目标人群、内容类型和视频内容领域这3个标签，设置时，标签越精准获得的流量也会越准确。

目标人群标签有时尚生活、科技兴趣、美食兴趣以及女性风格等领域，每个领域下又有细分的人群标签，如时尚生活领域下又细分了学生党、发型师、爱美男子等，选择这些标签时可根据网店的人群画像来选择。

另外，可通过阿里创作平台的“目标人群解读”了解用户画像，查看选择的目标人群是否与网店的潜在用户相匹配，具体操作如下。

❶在阿里创作平台首页单击“创意中心”选项卡，❷在打开的页面中单击“人群热点”选项，❸选择当前专注的领域，如图6-58所示。

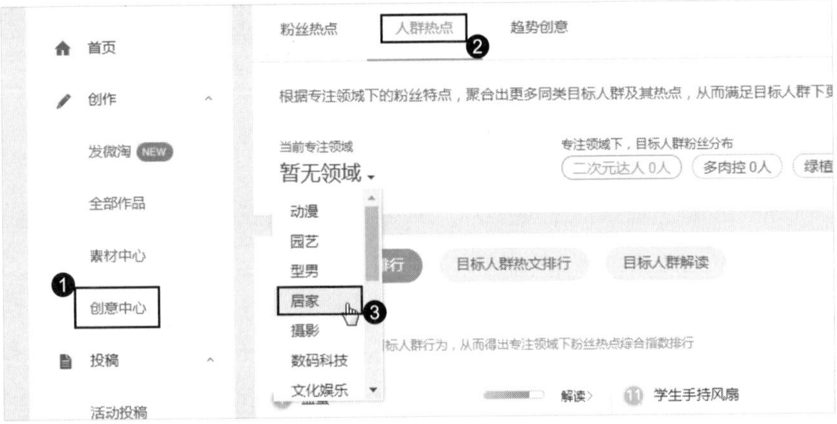

图6-58

单击“目标人群解读”按钮，在打开的页面中可以查看到用户画像说明、用户在线分析等内容，如图6-59所示。

图6-59

内容类型标签则需要根据视频内容方向来选择，如果视频内容是产品评测体验，那么就选“深度评测”或“开箱体验”，该标签可多选。视频内容领域可根据视频中展示的商品来选择，如果是口红、粉底液，就选彩妆；如果是鲜花植物，就选园艺，视频内容领域同样可多选。

在部分短视频平台发布视频时，也会要求添加标签。以bilibili为例，在发布视频时会要求选择分区，分区根据视频所属的内容来选择，包括生活、游戏、舞蹈等分类。❶选择“分区”选项，在打开的页面中即可选择合适的分类，❷如选择“美食圈”选项，如图6-60所示。

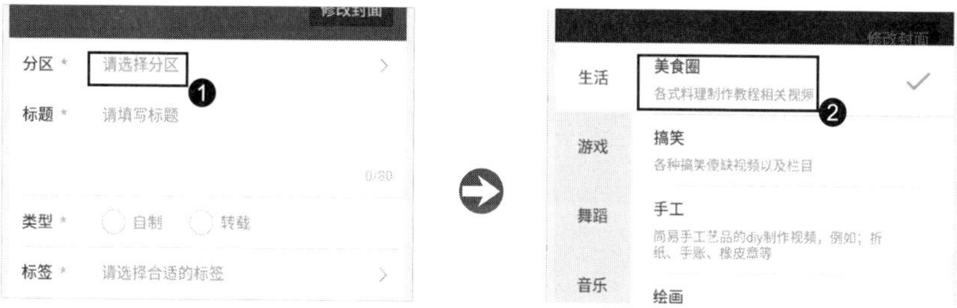

图6-60

标签则会根据所选的分区来推荐，如果推荐的标签中没有合适的，可以自定义标签，自定义标签最多20个字符。❶选择“标签”选项，❷在打开的页面中输入标签关键词，❸点击“添加”按钮添加标签，如图6-61所示。

图6-61

在选标签时还可以选择一些热门话题来作为标签，因为很多热门话题都是自带流量的，这在一定程度上可以增加视频曝光度。切记不能胡乱设置标签，比如你的视频是关于美食的，但却选了“萌宠”“喵星人”这样的标签，这样可能会导致视频不被审核通过，或者不被平台推荐。另外，标签不建议打太多，一般4～6个就可以了。

第7章

营销引流，增加短视频曝光度

电商平台是商家和达人实现视频带货的重要渠道，在电商平台做短视频，要熟悉平台规则，学会通过各种营销引流方法来提高视频曝光度，这样才能提高商品的成交转化量。本章，我们将以淘宝网为例，来看看如何做电商平台的短视频推广。

从私域到公域，抢占流量才能卖货

- 提高视频层级满足硬性要求
- 提高微淘账号等级获得公域推荐
- 申请哇哦视频获取首页渠道
- 达人“种草”带货引流推广
- 如何让短视频进入手淘主搜

活动推广，获得更多展现机会

- 活动投稿争取官方推荐
- 互动玩法提高内容的浏览和互动
- 买家秀小视频评价引流

7.1 从私域到公域，抢占流量才能有效

在淘宝这样的电商平台，要想让发布的短视频获得更多流量，就要让自己的短视频能从私域流转到公域。公域流量是卖家无法干预的，是基于淘宝规则，由系统将短视频推荐给买家而得到的，那么自家的短视频要如何才能获得淘宝推荐呢？

7.1.1 提高视频层级满足硬性要求

在淘宝私域中，短视频的投放位置主要有宝贝主图视频、店铺实拍tab、详情页视频、商家微淘、购后服务型视频。在公域中，短视频的投放渠道有哇哦视频、主搜、有好货、猜你喜欢等，那么我们的短视频是怎样从私域流转到公域的呢？流程如图7-1所示。

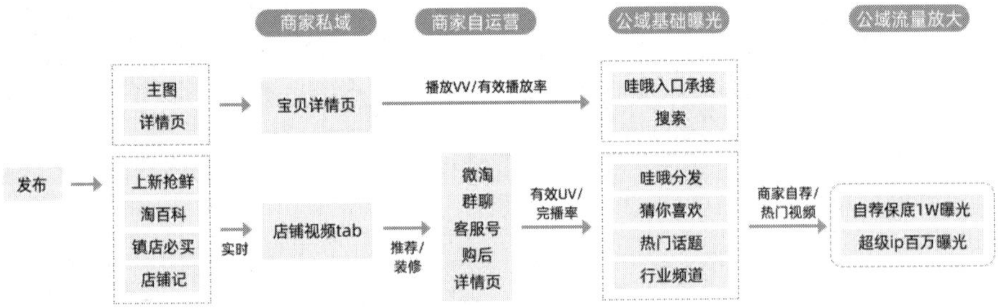

图7-1

针对商家对短视频的运营能力，淘宝对商家进行了分层。商家分层共分为5层，以具体的分值来划分，标准为：总分200以下为V0、201~400分为V1、401~600分为V2、601~800分为V3、800~1000分为V4，商家分层权益如下所示。

- **达到V2层级**：具备私域短视频向公域输出的资格，根据资格验证推送针对某些视频的投稿入口。
- **达到V3层级**：获得V2层级权益，另外在素材中心开放直接投稿入口，商家素材库中的短视频进行素材编辑后无须资格验证，可直接进行公域投稿且优先审核，审核通过后投放公域。
- **达到V4层级**：获得前两者权益，另外开通绿色快速通道，可直接上传新视

频，开通直接投稿的入口，且优先审核投放。

需要注意一点，上述分层仅适用于天猫及淘宝商家，所有以达人身份发布的短视频内容不计入统计范围内。从商家视频分层标准规定可以看出，只有当商家达到V2层级以后，才有可能获得公域流量。所以对商家来说，提高视频层级是很重要的，那么如何才能提升呢？可根据淘宝提供的分值对照表来有计划地提高分值，如表7-1所示。

表7-1 单项指标分值对照表

单项指标分值	在线商品数≥100		在线商品数<100		月新增发布视频数	本月新增公域展示视频数
	主图视频数	优质视频数	主图覆盖率	优质视频率		
200	5	>0	0.05	>0	1	1
400	10	2	0.1	≥5%	2	2
600	20	4	0.2	≥10%	3	3
800	30	6	0.3	≥20%	5	5
1000	40	12	0.4	≥30%	7	7

从上表可以看出，当店铺在线商品数≥100时，可通过提高在线商品的主图视频数和优质视频数来提高层级；当店铺在线商品数＜100时，可通过提高在线商品主图覆盖率和优质视频率来提高层级。另外，每月固定新发布视频，提高公域视频的展示数也能帮助提高层级。

由此可见，商家要提高视频层级并获得公域流量，在前期策划短视频内容时就要有计划地进行，根据淘宝视频的质量要求来拍摄多条适用于不同栏目场景的内容，以此来提高视频数量和质量。除此之外，还可以在自家私域场景中多引入短视频，来提高店铺的转化成交率，从而获得公域流量。

TIPS *什么是栏目视频*

上新抢鲜、淘百科、镇店必买和店铺记是淘宝官方提供的栏目视频。上新抢鲜是针对上新主打的商品拍摄的视频；淘百科是围绕商品的知识生产的百科类视频；镇店必买是针对店铺爆款商品拍摄的视频；店铺记是围绕店长、店铺或品牌故事生产的拍摄内容。

7.1.2 提高微淘账号等级获得公域推荐

在手淘中，微淘是重要的流量入口，同时也是商家和达人视频从私域进入公域的一个重要桥梁。微淘对商家的微淘号也进行了等级划分，不同等级可获得的工具权益和流量权益会有所不同，如表7-2和7-3所示。

表7-2 微淘商家号等级与工具权益

等级	工具								
	内容发布	角色认证	群聊	征集活动	盖楼	福利	切红包	投票	say hi
L6	5条	√	√	√	√	√	√	√	√
L5	5条	√	√	√	√	√	√	√	√
L4	3条	√	√	√	√	√	√	√	√
L3	3条	√	√	√	√	√	√	√	√
L2	2条	×	√	√	√	√	√	√	×
L1	1条	×	√	√	√	√	√	√	×
L0	1条	×	×	√	√	√	√	√	×

表7-3 微淘商家号等级与流量权益

等级	微淘推荐扶持	微淘账号发现	定向合作	微淘活动报名
L6	优先	优先	优先	√
L5	优先	优先	优先	√
L4	优先	优先	优质账号	√
L3	优质内容	优质账号	优质账号	√
L2	优质内容	×	×	√
L1	×	×	×	√
L0	×	×	×	×

从上表可以看出，要让微淘发布的内容获得公域推荐，那么账号等级至少要到L2才行，且内容优质才能获得推荐。如果账号能够达到L4以上，那么内容获得公域流量的概率会大很多。那么商家要如何提高微淘等级呢？

◆ **L0等级**：对L0等级的商家来说，可通过完成成长任务快速晋级至L1，成长任务为7天内主动发微淘，连续天数≥3天（不包含定时发布）。成长为L1以后，可参与官方活动。

◆ **L1等级**：当微淘账号成长为L1等级后，可通过持续发布好货种草、店铺上新、单品种草等内容，发布内容的天数要≥4天（不包含定时发布），即可晋升为L2等级。

当账号等级晋升为L2以后，就需要通过提高商家号指数、内容价值分和粉丝价值分来提高等级，从L2～L6各等级分值要求如表7-4所示。

表7-4 微淘账号等级与分值要求

层级	商家号指数	内容价值分	粉丝价值分
L6	≥800	≥600	≥600
L5	700	500	500
L4	600	400	400
L3	450	300	300
L2	350	200	-

其中，商家号指数是根据商家的内容价值分、粉丝价值分和账号健康分进行综合评估得到的。由此可见，要提高微淘商家号等级，就需要提高商家号指数、内容价值分、粉丝价值分和账号健康分，那么具体要如何提高这些指数的分值呢？

◆ **内容价值分**：主要根据内容的质量和规模来评估，可持续发布原创微淘内容；保证图片的清晰和美观度；在内容中添加互动工具提高内容的点赞、评论、转发；推荐正品、优质卖家商品来提高分值。

◆ **粉丝价值分**：主要根据商家的粉丝规模和粉丝运营能力来评估，可通过引导进店用户关注微淘来提高粉丝规模。再通过围绕粉丝发布他们感兴趣的优质内容，积极回复粉丝评论，引导粉丝点赞、分享内容来提高粉丝运营能力。

◆ **账号健康分**：主要根据账号信用分和账号活跃度来评估，可通过持续发布优质内容（最好保证每周都有微淘内容更新），不发布淘宝平台限制的内容来提高该分值。

◆ **商家号指数**：通过提高以上3个指数的分值来提高商家号指数，具体做法有保持优质内容的发布频率；创建微淘互动活动引导粉丝点赞、评论等。

TIPS *如何查看微淘商家号等级*

进入阿里创作平台首页，单击"商家号成长"超链接，在打开的页面即可查看自家微淘账号的等级以及各指数的分值。

7.1.3 申请哇哦视频获取首页渠道

哇哦视频可以说是淘宝短视频的聚集地，也可以说该渠道是商家短视频的必争之地。该渠道的入口在手机淘宝的首页，如图7-2所示。

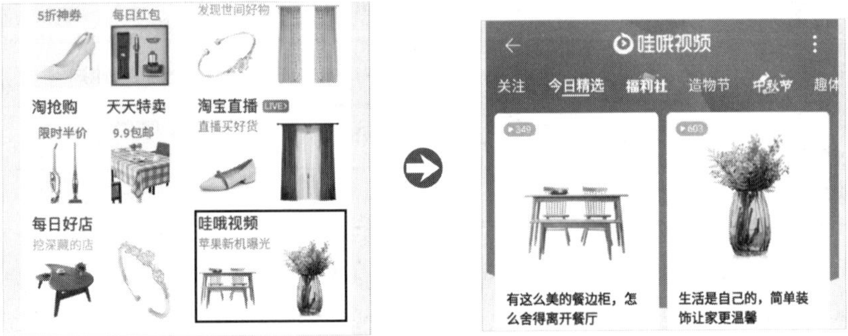

图7-2

我们的短视频要进入哇哦视频，除了可以通过运营私域内容获得推荐外，还可以通过微淘达人号投稿来实现。但是并不是所有的淘宝达人都可以在哇哦视频中投稿，首先需要满足以下条件。

达人等级≥L4，账号视频30天发布数≥4，专注领域为数码科技、游戏、汽车、美搭、型男、美妆个护、摄影、动漫、园艺、萌宠、母婴、旅游、居家、美食、运动、文化娱乐、星座及其他。

对于项目内容，哇哦视频则有不同的入驻要求，具体如表7-5所示。

表7-5　哇哦视频内容的入驻要求

<table>
<tr><th>达人类型</th><th>入驻要求</th><th>管理/考核/要求</th></tr>
<tr><td>一级账号（已更名为超级IP）</td><td rowspan="2">1.全网视频播放量＞500万
2.指定渠道粉丝＞50万
3.账号累积视频通过量＞30条</td><td rowspan="2">1.横版视频周更新≥1
2.竖版视频月更新≥10</td></tr>
<tr><td>认证IP达人</td></tr>
<tr><td>散户达人</td><td>1.账号≥L2
2.30天内发布视频数≥4</td><td rowspan="3">预警：内容违规/重复投稿
清退：视频审核通过数＜4，通过率低于60%的账号</td></tr>
<tr><td>机构达人</td><td>1.账号等于L0起（无限制）
2.30天内发布视频数≥3</td></tr>
<tr><td>商家身份达人</td><td>淘宝/天猫商家通过申请入口申请，由各行业小二审核</td></tr>
</table>

达人账号若满足申请条件，可以登录阿里创作平台，❶单击“频道投稿”选项，❷在打开的页面中选择“哇哦视频”选项进行投稿，如图7-3所示。

图7-3

TIPS *淘宝商家可进行商家号/达人号双账号切换*

淘宝商家主账号登录阿里创作平台后可进行双账号切换，单击“账户设置”超链接，在打开的页面中单击微淘商家号中的“修改”超链接，可将商家号切换为达人号，达人号页面和商家号页面有些许区别。

需要注意，只有当账号获得频道投稿权限后，才会在阿里创作平台找到“频道投稿”的入口，否则只会显示“活动投稿”入口。

在哇哦视频中投稿，要想提高审核通过率一定要保证视频内容符合哇哦视频的要求，具体如下所示。

◆ **内容方向：**达人亲自试用体验或评测的实拍视频，如试吃、试穿、开箱、点评和教程等。

◆ **视频基础要求：**视频比例为16:9、9:16或3:4，竖版视频时长为60秒以内，横版为5分钟以内。

◆ **标题和封面：**视频标题为10~16个字，封面为突出主体、无水印的非白底场景实拍图。

7.1.4 达人“种草”带货引流推广

对于账号等级较低的新手卖家来说，可选择与达人合作来实现视频带货。在选择达人时，不能只看达人粉丝量，而要根据达人所属的领域、服务评分等综合指标来挑选，具体方法如下。

登录阿里创作平台，❶单击“阿里V任务”选项卡，❷在打开的页面中单击“内容型短视频”超链接，如图7-4所示。

图7-4

在打开的页面中可以按视频类型、长度、服务领域、认证角色和优选推荐来筛选视频，比如单击“服饰”超链接，如图7-5所示。

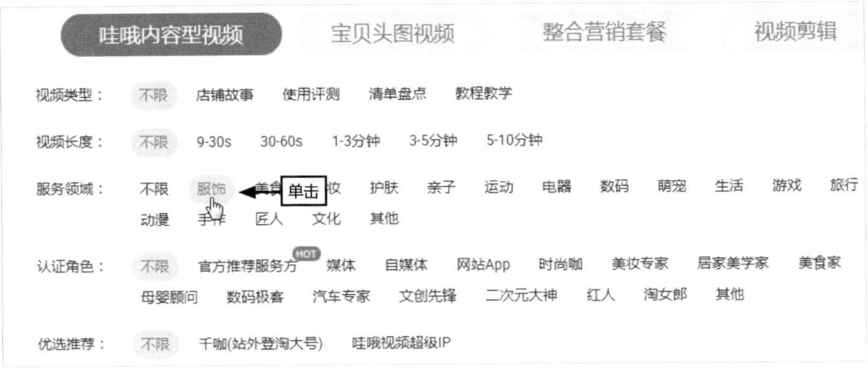

图7-5

在筛选结果中可以看到按“综合能力”进行排序的达人，并且可以查看到达人的合作任务数、服务评分、任务完成率等数据，单击想要了解的达人超链接，如图7-6所示。

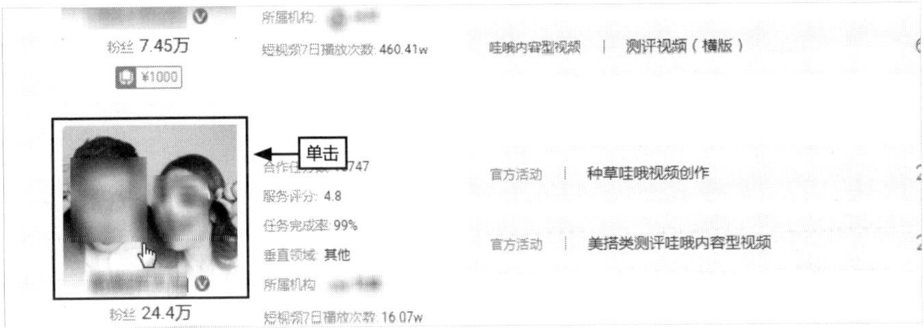

图7-6

在打开的页面中可以查看到达人的详细资料、服务详情、历史作品及数据等内容，选择要合作的内容，如图7-7所示。

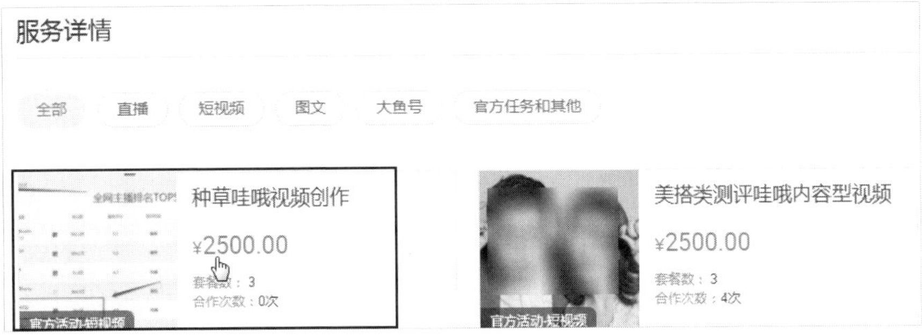

图7-7

在打开的页面中可查看到达人的综合能力指数、V任务接单数据，可单击

“立即合作”或“合作咨询”按钮发起合作资讯，如图7-8所示。

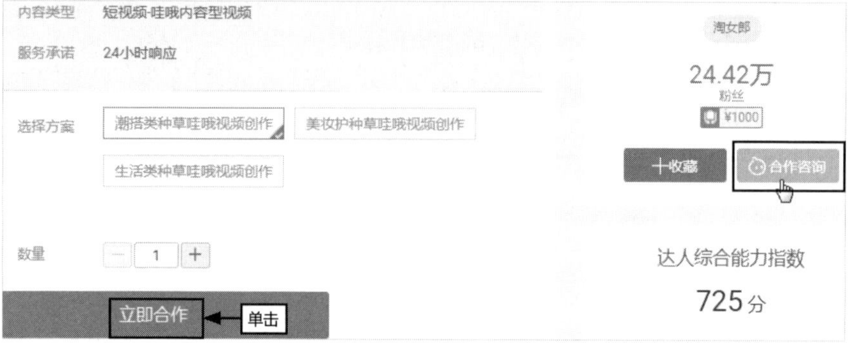

图7-8

7.1.5 如何让短视频进入手淘主搜

在手机淘宝首页的搜索页面有视频搜索功能，买家在搜索商品时，可以通过观看视频来挑选产品。买家可以观看的视频有两种，一种是产品视频，一种是淘宝经验视频，如图7-9所示。

图7-9

其中，“视频”栏中的短视频主要来源于商家主图视频，主图视频覆盖率越高，短视频被主搜抓取的概率也会越大，因此还没有覆盖主图视频的商家需要尽快行动起来。主图视频从私域流转到主搜，一般需要经历如图7-10所示的路径。

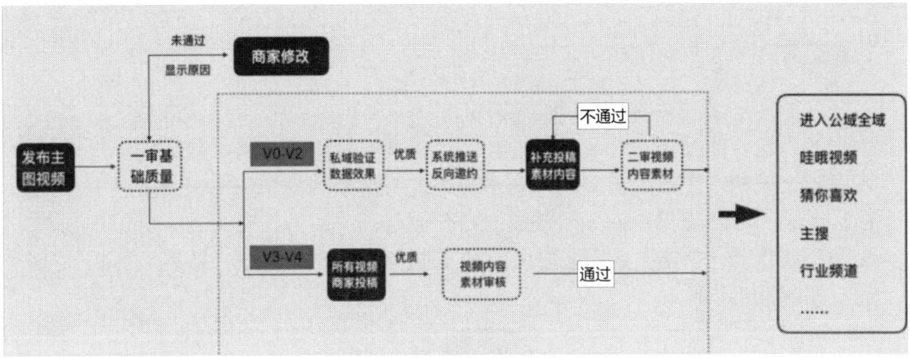

图7-10

从上图可以看出，只有通过审核的优质视频才可能进入主搜，因此保证视频符合淘宝的要求，提高主图视频的质量很重要。因此一定不要投稿有黑边、水印，或是幻灯片似的视频，这样的视频是无法通过审核的。

淘宝经验中发出的短视频是针对“淘百科”生产的经验型视频，这一类型的视频需要在栏目视频中发布，审核通过后的视频内容可流入该频道，具体发布方法如下所示。

进入淘宝旺铺“视频中心”，❶单击“栏目视频”选项卡，❷在打开的页面中单击“发布”按钮，如图7 11所示。

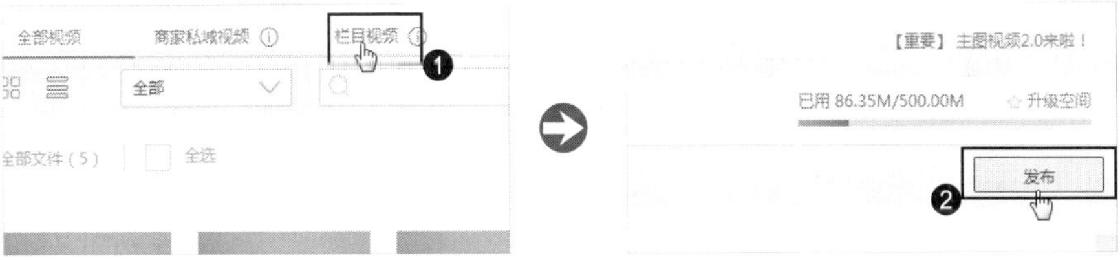

图7-11

在打开的页面中选择要发布的栏目，这里选择“淘百科”，然后按照操作提示进行视频发布，如图7-12所示。

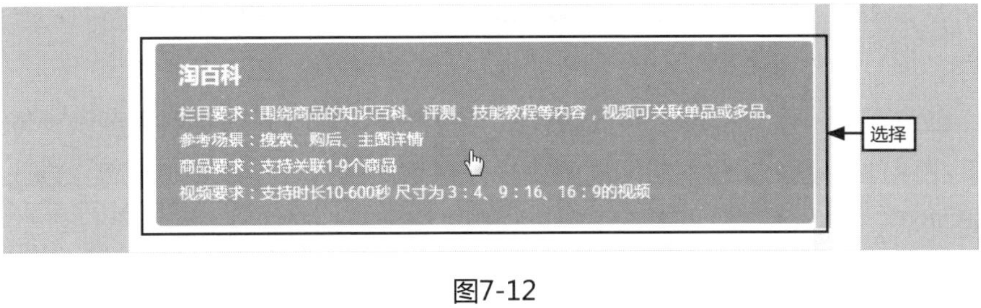

图7-12

TIPS 主搜视频如何排序

主搜视频的排序受点击率、视频播放时长以及视频引导进店人数的影响，数据表现越好的视频，排在越前面。因此提高私域流量的视频数据对于提高公域视频展现的权重是很重要的，商家可通过将视频同步到微淘，开通店铺“实拍”视频的方法来提高视频播放数据。开通店铺“实拍”视频的方法为：进入淘宝旺铺首页，单击“店铺装修/视频”超链接后，单击“客户端展示开关”按钮，如图7-13所示。

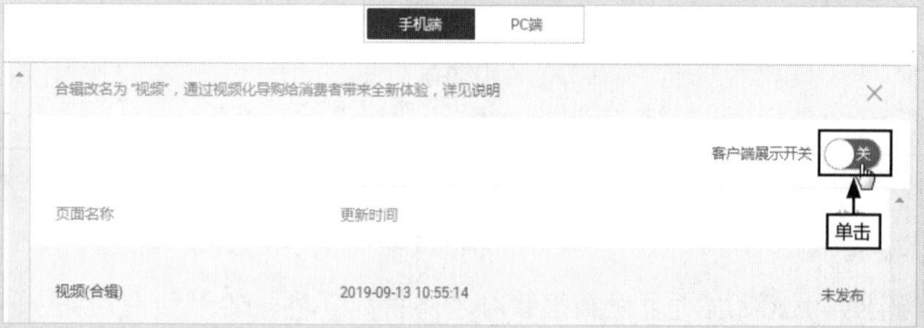

图7-13

7.2 活动推广，获得更多展现机会

淘宝会不定期为商家提供不同内容的投稿活动，通过参与这些活动投稿，可以提高内容在公域展现的机会。另外，商家也可以通过私域的活动营销来提高视频的带货能力。

7.2.1 活动投稿争取官方推荐

淘宝提供的官方活动类型有很多，有针对不同品类商家的，也有针对某一场景或者某一公域渠道的。不同的活动要求的内容类型也有所不同，有图文帖，也有视频，下面来看看如何进行官方活动投稿。

❶在阿里创作平台单击“活动投稿”超链接，在打开的页面中可以查看到近期招稿的活动，以及不同活动的简介，包括展示位置、商家渠道等，❷选择合适的活动单击“立即投稿”按钮，如图7-14所示。

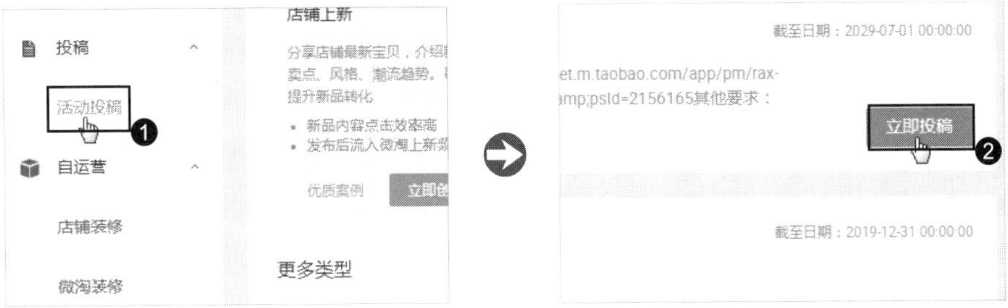

图7-14

在打开的页面中可以查看到活动发起方、活动时间、规则说明等内容，了解清楚活动内容后，❶单击“视频”超链接。此时会跳转至内容创作页面，按要求上传视频、输入内容，❷完成后单击“发布”按钮发布视频，如图7-15所示。

图7-15

投稿后，内容会进入官方审核通道，只有审核通过后才可能获得展示的机会。为了提高活动投稿通过率，在进行投稿前要仔细阅读活动说明，以保证投稿内容符合要求。另外，官方活动是不定期开展的，所以要经常关注活动投稿页面，了解最新的活动内容。

7.2.2 互动玩法提高内容的浏览和互动

在发布短视频时，可以通过为视频添加官方提供的互动组件来提高视频的浏览量并增加互动。添加互动工具后，该互动活动会显示在短视频内容的下方，粉丝可通过点击互动按钮参与互动。官方的互动工具有多种，可在阿里创作平台的“互动中心”查看，如图7-16所示。

图7-16

部分互动玩法即将下线，这里我们重点介绍不会受到影响的两种互动工具——投票和征集。

- **投票**：支持文字、图片、商品和其他4种投票类型。其中，其他类型支持为投票图片配置链接，点击图片可跳转到指定链接页面。投票玩法的前台展示方式如图书7-17所示。

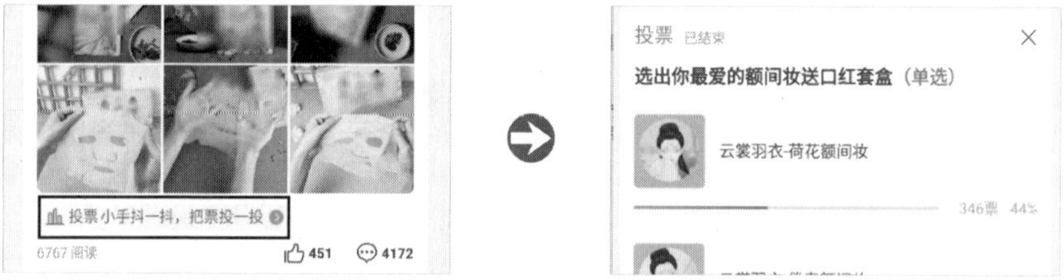

图7-17

- **征集**：通过征集可以引导买家创建内容，征集的类型有买家秀和活动两种。买家秀征集到的内容会进入素材库，加精后可在宝贝页的买家相册和店铺圈等地方展示。活动征集用于举办“晒购物车”“晒美文”等活动。征集内容的类型有图片、视频和纯文本3种，如图7-18所示为征集前台展示方式。

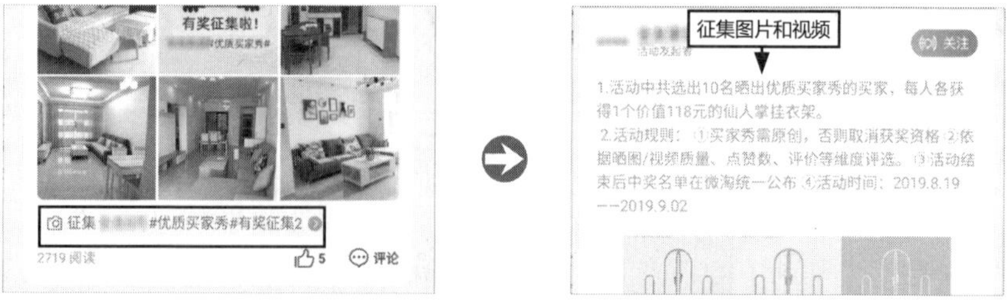

图7-18

创建互动玩法可在“互动中心”创建，然后在发布视频时选择已创建好的互动，也可以在发布视频时创建新的互动，如图7-19所示为在视频发布页面添加互动。

图7-19

7.2.3　买家秀小视频评价引流

在电商平台购物时，很多买家都会浏览已购买用户对商品的评论，以此作为购物参考。如果在宝贝评价页能得到买家以视频形式发布的好评，那么将大大提高客户的转化率，如图7-20所示为宝贝评价的前台展示方式。

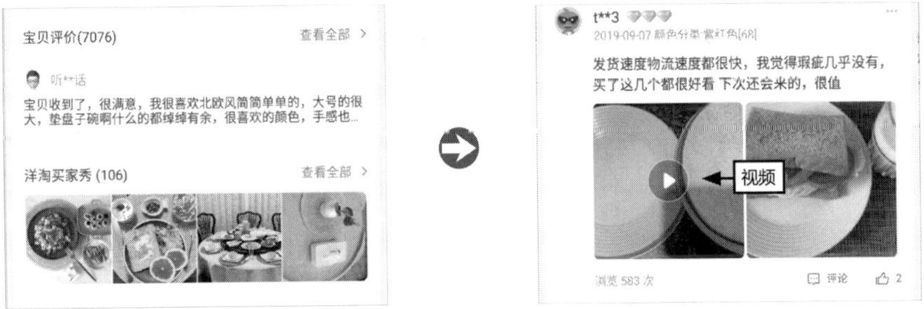

图7-20

在商品的宝贝评价页，我们可以看到“宝贝评价”和“洋淘买家秀”两个评价页。其中，洋淘买家秀的内容是全店所有有图评价和利用征集互动工具收集到的买家秀汇聚地，只有商家在买家秀素材库加精了的内容才会显示到该位置中。

由此可见，洋淘买家秀中的内容是商家自主管理的，这就使得商家可以通过运营洋淘买家秀来实现在前台展示优质买家秀内容的目标，如创建买家秀征集活动，征集优质的买家秀视频；对已购商品的买家进行旺旺或电话回访，引导其上传好评视频。

当得到优质的好评内容后，就可以进入“洋淘买家秀”页面对好评进行加精操作。进入千牛卖家中心，在“用户运营”栏中单击“洋淘买家秀”超链接，如图7-21所示。

图7-21

在打开的页面中单击“买家秀内容”超链接，在该页面可根据宝贝待选库、有图评价待选库和晒物贴待选库进行好评加精，如图7-22所示。

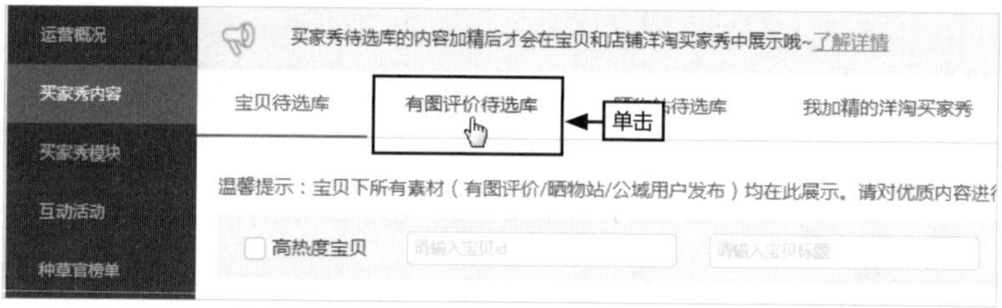

图7-22

需要注意，只有当单个宝贝加精的买家秀≥4条以上，宝贝详情页才会出现洋淘买家秀模块。另外，商家可以通过自主装修让优质买家秀在店铺首页展示，如图7-23所示为店铺买家秀的前台展现方式。

图7-23

进入淘宝旺铺店铺装修页面后，单击“买家秀”超链接，在打开的页面中单击“客户端展示开关”按钮即可让买家秀在店铺前台出现，如图7-24所示。

图7-24

当店铺加精的买家秀≥10条后，加精的买家秀会自动同步到店铺买家秀里面；当店铺买家秀设置的优质内容≥5条后，店铺买家秀还可以在评价成功页和群聊的群动态页面中秀出。

7.3 外投视频，一键收割全域流量

目前，淘宝站内流量之间的竞争是很激烈的，因此商家如果想要获得更多的流量，除了进行淘宝站内视频营销外，还可以通过站外短视频推广来实现拉新引流。相比站内，站外投放具有受众广泛、渠道丰富的优势。

7.3.1 智钻站外投放实现“种草”拉新

智钻（钻石展位）是面向全网的展示推广平台，它提供了展示广告、移动广告、视频广告和明星店铺多种广告形式。智钻的展示位置有很多，包括淘宝无线APP端、新浪微博、优酷、快手、抖音等平台。

智钻可以为店铺引流，也可以为单个商品引流，它的扣费方式有两种，一种是按展现付费；一种是按点击付费。

◆ 按展现付费（CPM）

展现付费是指按每千次展现收费，点击不收费，展现排序按照竞价高低进行排名，出价高的优先展示。比如出价10元，即广告被人看1000次则付费10元，按展现付费可以精准定位潜在的目标用户。

在按展现付费模式下，具体扣费时会按照下一名CPM的结算价格+0.1元来扣费。假设下一名CPM的结算价格为25元，则结算价格为25+0.1=25.1元。

◆ 按点击付费（CPC）

按点击付费是指展现不付费，按用户的点击收费。该模式下会将“点击出价”换算成“千次展现的价格”来排名，公式为：CPM=CPC×CTR×1000，CPM出价高的优先展示。

CPC是商家自己设置的价格，CTR（点击率）则是系统预估得出的。比如商家设置的CPC为0.5元，系统预估的CTR是3%。那么参与竞价时的CPM=0.5×3%×1000=15元。那么商家就是以15元的CPM参与竞价，排名即按照该价格的高低进行排序。

需要注意，短视频推广目前支持的付费方式为展现付费，另外只有满足准入规则的卖家才能投放智钻，具体要求有以下两点。

1.商家店铺信用等级一钻及以上

2.店铺每项DSR在4.4及以上（特殊类目无DSR要求或者可相应放宽，由阿里妈妈根据特殊类目的具体情况另行确定）。

如果店铺因违反《淘宝规则》中相关规定而被处罚扣分的，还需符合表7-6所示的条件。

表7-6 智钻主体资格准入条件

<table>
<tr><th>违规类型</th><th>当前累计扣分分值</th><th>距离最近一次处罚扣分的时间</th></tr>
<tr><td>出售假冒商品</td><td>6分及以上</td><td>满365天</td></tr>
<tr><td rowspan="3">严重违规行为（出售假冒商品除外）</td><td>≥6分，＜12分</td><td>满30天</td></tr>
<tr><td>12分</td><td>满90天</td></tr>
<tr><td>＞12分，＜48分</td><td>满365天</td></tr>
<tr><td>虚假交易（严重违规虚假交易除外）</td><td>≥48分</td><td>满365天</td></tr>
</table>

另外，智钻也有准入类目的限制，部分类目的商家无法申请钻石展位，如国货精品数码、闲鱼优品、自用闲置转让、游戏物品交易平台、消费卡、网络店铺代金/优惠券、处方药、服务商品等类目不开放申请钻石展位。

满足智钻投放主体资质的卖家可进入阿里妈妈（https://www.alimama.com/）首页，❶单击“产品”下拉菜单中的“智钻”超链接，❷在打开的页面中登录账号后单击“加入我们”按钮进入智钻后台进行投放，如图7-25所示。账号登录成功后，卖家可以查看自己是否有申请钻展的权限，若没有权限页面会有提示。

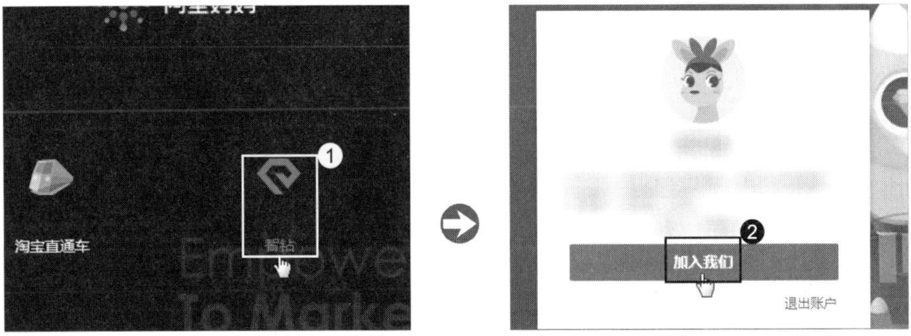

图7-25

7.3.2　通过人群画像找到适合的站外流

商家在投放智钻时需要选择资源位，那么资源位要如何选择呢？从类目上来看，如果店铺的商品属于非标品类目，如女装，可选择无线端资源位，且目标人群多为年轻女性的APP，如火山小视频、抖音等。如果店铺的商品属于标品类目，如家电电器，那么可选择门户网站，比如优酷、爱奇艺等主流媒体平台。

在具体选择站外资源位时要重点分析目标资源位的用户画像，从年龄、地区、性别、喜好等来选择与店铺人群相似度比较接近的资源位。比如抖音APP具有以下用户画像。

年龄：多为80、90后，男女比例相差不大，高活跃人群偏女性。

喜好：偏爱美食、美妆、旅游、建筑装修、穿搭、宠物等。

根据以上特征可以看出，母婴、美妆以及服装类目的商家比较适合投放抖音APP这个资源位，包括女装、女士精品、彩妆、餐饮具、宠物食品及用品等类目。

在阿里妈妈智钻动态信息展示页面，会不定期对资源位的人群特征进行解读，商家可通过该解读了解资源位的用户画像，具体查看方法如下所示。

在智钻首页单击“我要学习”超链接，在打开的页面中可以看到“媒体解读”栏，单击想要了解的资源位超链接，进入人群特征解读页面即可查看到资源位用户画像特征，如图7-26所示。

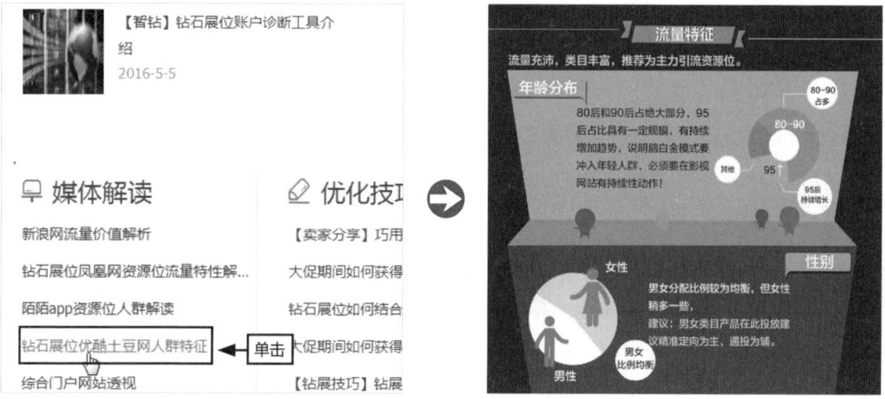

图7-26

在智钻后台，商家可以查看不同资源位的可投放类目，这可以作为资源位投放的参考，比如今日头条和火山小视频APP可投放的类目有女装、女鞋等，如图7-27所示。另外，部分资源位只支持CPM付费，商家在后台操作时需要注意。

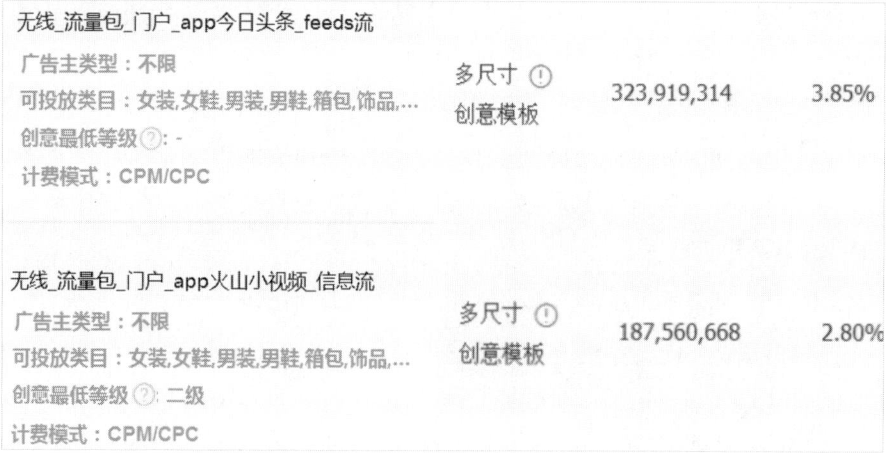

图7-27

在前期进行资源位投放时，商家可在投放后台先查看资源位的数据表现，重点看日均可竞争流量、点击率的数据。这两个数据表现得越好资源位会越好，比如某些资源位的点击率为0.0002%，这样的资源位即使出价高也不一定会获得好的推广效果。

7.3.3 智钻如何确定合适的出价

在智钻外投资源位时，需要商家在后台设置付费方式以及出价。在付费方式的选择上，如果选择的是全店推广或内容推广等场景，那么两种付费方式都可以选。这里因为我们投放的是短视频，所以只能选择按展现来付费。

出价方式可以选择手动出价，每日预算根据自身情况来确定，如图7-28所示为自定义计划设置页面。

图7-28

从上图可以看出，在自定义计划时还可以进行地域和时限的设置。地域可根据店铺销售数据来设置，选择商品销量更好的地区；时限可选择短视频平台用户活跃的高峰时间段，比如18:00~19:00、21:00~22:00。当然商家也可以选择全天投放，全天投放建议将计划分为白天和晚上两个不同时段来设置出价，白天8:00~23:00时段的出价可稍高些，00:00~8:00出价可稍低些。

在设置出价时，建议开启智能调价，在智能调价模式下，系统会根据商家的出价情况进行上下调整。在出价助手页面可以查看到市场平均价格，建议刚开始设置为市场平均价格的50%，然后由系统进行智能调价，如图7-29所示为出价设置页面。

图7-29

若设置出价为市场平均价格的50%后引流效果不明显，那么可适当调高出价，比如设置为70%或100%。在刚开始投放站外的短视频平台时，建议出价不要太高，等到该资源位有一定的投入产出后，再提高出价争取拿到更多流量。

另外，商家也可以设置不同的单元，保持资源位、人群定向以及创意等条件不变，只调整出价，根据数据的表现来考虑合适的出价，如表7-7所示为出价测试示例数据。

表7-7 出价测试示例数据

计划	定向	资源位	点击	推广成本	CPM	CTR	CPC
单元1	兴趣点定向	短视频	5041	6150.2	35.38	2.90%	1.22
单元2	兴趣点定向	短视频	3970	3811.2	24.384	2.54%	0.96
单元3	兴趣点定向	短视频	983	1129.04	18.656	2.12%	0.88

从上表的数据可以看出，单元1出价最高因此获得的点击量也更高，相对投入的成本也更高。而单元3虽然投入成本不高，但拿到的点击很少，引流效果不佳。相比之下，单元2的表现较好，获得的点击也不少，且成本可控。由

此可见，单元2的出价是比较合适的，后期就可以将单元1和单元3的推广计划关闭，只保留单元2。

7.3.4　智钻如何投放抖音引流

智钻视频广告目前还未对所有商家开放，部分商家如果在智钻后台能够找到“视频推广”入口，那么表明已拥有视频广告投放功能。对于没有该入口的商家，可以报名申请开通，申请开通需满足以下要求。

◆ 店铺支付宝月成交金额>1000元（含）。

◆ 智钻“全店推广”报表月消耗>500元（含）。

◆ 主营类目满足短视频权限开通要求。

满足要求的商家可进入智钻（https://zuanshi.taobao.com/）首页，登录账号后进入“计划”页面，❶单击“新建推广计划”按钮，❷在打开的页面中选择“淘宝视频推广”选项进行推广设置，如图7-30所示。

图7-30

智钻视频广告的资源位有3个，包括抖音、火山和优酷，下面以抖音为例来看看如何投放视频广告。进入新建计划页面：❶单击“视频推广”按钮，在新打开的页面中会要求设置计划基本信息（与图7-28相似）。设置完成后需要设置单元名称和定向人群，可设置的定向有达摩盘定向、行业店铺定向、类目型定向-高级兴趣点等）。❷单击“设置定向”超链接进行设置，如图7-31所示。

图7-31

完成定向人群设置后需要进行资源位的设置，这里添加抖音APP资源位，如图7-32所示。

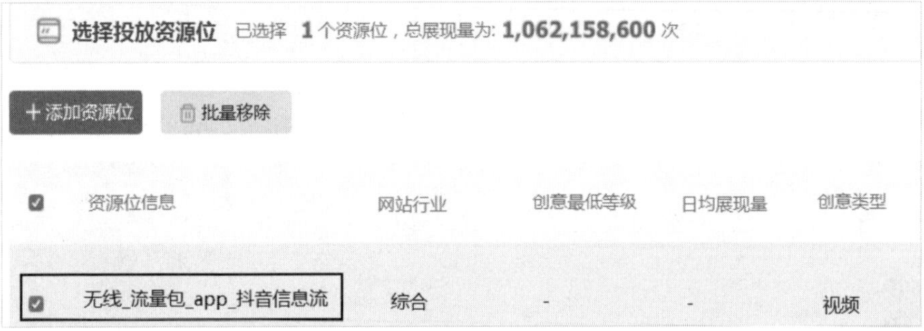

图7-32

然后设置出价（与图7-29相似）。在打开的页面中，❶按照抖音模板上传视频，❷填写账号名、链接等，完成后进行创意提交，如图7-33所示。

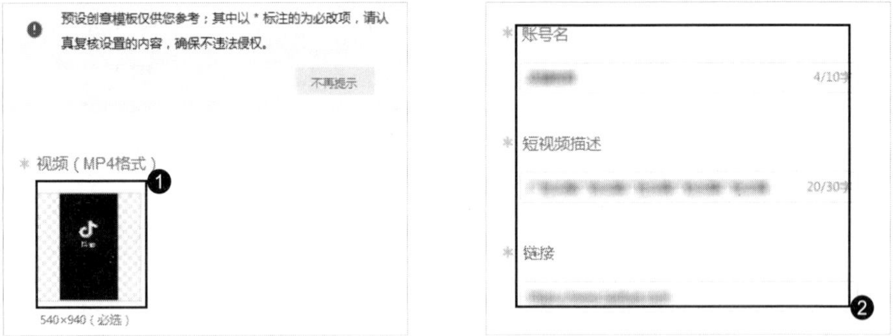

图7-33

在创意上传页面上传短视频时需要注意，投放抖音的视频有创意格式的要求，在提交前最好先查看视频是否符合要求，以避免创意审核不通过，具体要求如下所示。

◆ 视频宽高比为9:16，尺寸为540 × 960。

◆ 视频格式为mp4格式，时长7~59s。

◆ 码率为2000 Kbps以上，帧率不小于30fps，视频大小≤100M。

◆ 背景音乐可以是系统音乐，也可以只有人声，但不能完全静音。

在抖音投放短视频，在视频的下半部分会显示账号名、标题文案以及链接，因此制作视频时要注意不要把视频字幕放在下方。下部分的底色可以设计为浅色背景，不要太花哨，以便于展现推广文案。

7.3.4　使用编辑器制作行业视频创意

在智钻的后台还提供了视频编辑器工具，通过使用该工具可以提升短视频的创作效率。智钻的视频编辑器包括了空白和行业两种剧本，空白剧本支持上传已经制作好的本地视频；行业剧本根据行业类型进行了分类，可通过替换剧本中的素材实现视频的快速制作。

在智钻后台的“创意”页面单击“视频模板库”超链接可进入剧本选择页面，然后根据行业选择合适的剧本，如选择女装剧本，如图7-34所示。

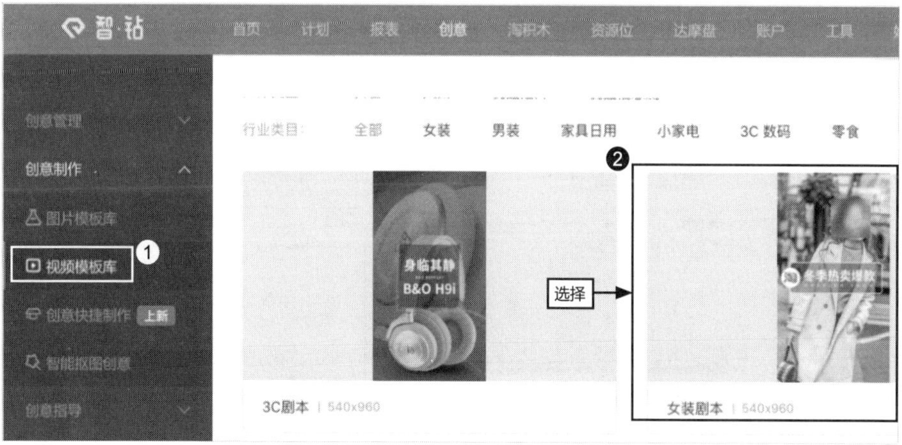

图7-34

行业剧本是根据行业特征来设计的，不同行业的剧本结构片段会有所不同，比如女装剧本包括模特演示、细节描述等片段。进入剧本编辑页面后，能查看到剧本提供的时间轴分段，可根据每个分段的特征替换视频和文案，单击“+”按钮可以添加新片段，如图7-35所示。

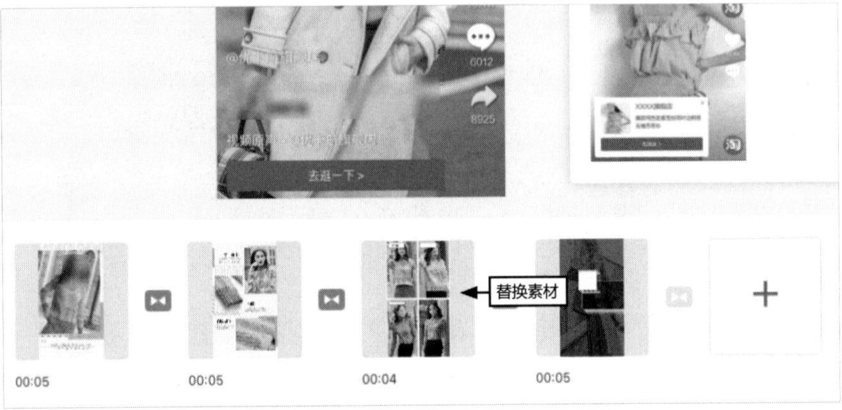

图7-35

编辑视频片段时，可以在“展示时长”数值框中输入数字进行时长设置，还可以编辑片段素材和文案，如图7-36所示。

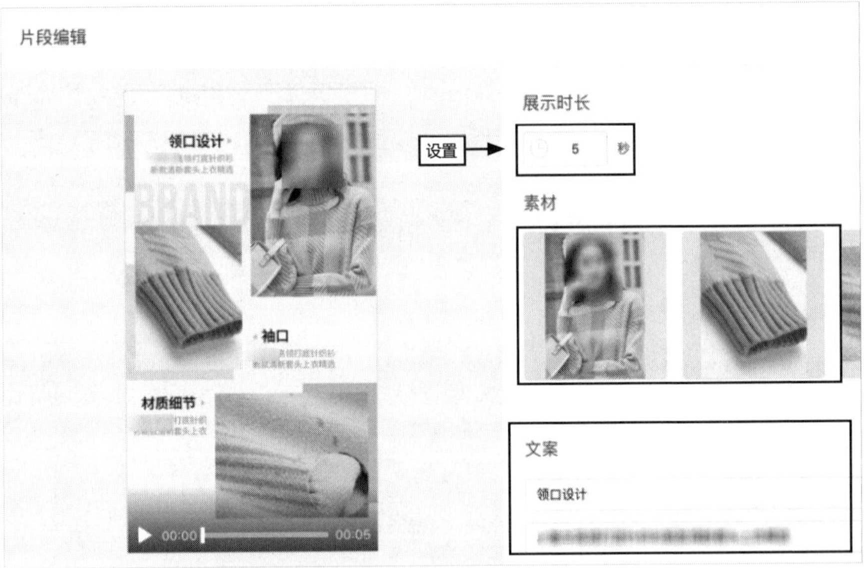

图7-36

视频编辑器还提供了字幕编辑功能，在时间轴片段中单击“T”按钮可进入字幕编辑页面，字幕有多种样式可根据需要进行选择。另外，单击时间轴片段之间的“转场”按钮可添加转场效果。完成行业剧本所有素材的替换和编辑后，再返回创意提交页面单击“完成”按钮即可。

第8章

多平台推广，助力产品引爆销量

短视频推广的渠道除了电商平台外，还有短视频平台、社交平台等。多渠道综合性的短视频推广，可以让短视频获得更多曝光量，进一步带动商品销量的提升。本章就来看看如何在短视频和社交平台实现视频推广。

8.1 通过抖音平台快速传播

抖音是进行短视频推广不可忽略的平台，前面我们了解了通过智钻进行抖音付费推广的方法。要知道通过抖音本身也可以进行免费推广，但需要掌握抖音平台的一些推广技巧，争取让发布的视频获得更多浏览，获得粉丝的关注。

8.1.1 利用好抖音平台的算法机制

在抖音进行短视频推广要充分了解平台的算法机制，增加账号的权重，实现叠加推荐。在抖音发布视频后，平台会进行一次审核，主要审核视频中是否有违规内容，因此我们首先要保证发布的视频不违反抖音规则。

当发布一条新视频后，抖音会给予一定的基础流量推荐（基础流量的大小根据账号的权重来分发），一般会先推荐给粉丝、附近的人等。随后系统会根据这部分人对视频的反应来判断该视频是否被人喜欢，主要看新视频的4个反馈数据。

◆ 完播率：是指用户观看该视频的完整程度。

◆ 点赞量：是指新视频被点赞的数量。

◆ 评论量：是指新视频被用户留言的数量。

◆ 转发量：是指新视频被用户转发的数量。

只有上述4个数据表现得好，系统才会给予视频再次推荐。如果再次推荐后4个数据的表现仍然很好，那么系统会进行叠加推荐，连续给账号加持流量，这也是为什么有的视频能实现一夜爆红的原因。反之，如果数据表现不佳，系统会判定视频为低质视频，不会再给予流量推荐。

通过抖音的算法机制可以看出，如果想要获得更多的流量，那么在视频第一次被推荐时就要获得好的反馈。对于新账号而言，在初期进行抖音运营时，一定要保证视频的质量，争取能做出一条爆款视频，获得一个流量的持续推荐。

可以通过让同事、朋友点赞并评论视频来提高视频的互动率。完播率可以通过发布较短的视频来提高，比如发布15秒以内的视频，不要让视频的时长太长。

账号的完整度在一定程度上会影响账号的权重，而权重的高低会影响基础推荐量，所以在保证视频质量的同时，提高账号的信息完整度也很重要。抖音账号信息由昵称、logo、简介以及地区等信息组成。昵称、logo和简介是账号的重要标识，一定要填写。

对于电商卖家来说，昵称可以是网店的简称，比如网店名为一味美食旗舰店，那么抖音昵称为一味美食即可；logo一般可以与网店一致；简介主要说明网店的经营范围，用于表明身份，如图8-1所示。

图8-1

如果账号要打造达人的人设，那么昵称设置最好具有人物属性，比如××（网店名）搭配师-闪闪，××（网店名）家装师珊珊，logo可以用真人头像。简介也要体现人物人设，如我是××，一个热爱生活的设计师，为您探索美好的家居好物。

8.1.2　短视频上抖音热门的秘诀

在运营抖音的过程中可能会出现这种情况，一条视频在发布一周，甚至一个月后，反馈数据都不是很理想，而在某一天却突然火了，甚至上了热门，这是什么原因呢？

出现这种情况与抖音重新挖掘优质内容的行为有关，这些视频之所以在后期突然火起来，首先是视频内容足够优质，其次是因为账号已经发布了足够多的垂直内容，形成了一定的标签属性。在这种情况下，系统可以将一些比较老的优质内容挖掘出来，推荐给更精准的用户，这样视频就可能在后期引爆。

另一种情况是因为一个作品的带动效应，当一个视频获得了大量的曝光后，由此带来的用户可能会翻看主页中的其他视频，这样之前不火的一些视频，也可能因此被带火。

通过以上内容可以看出，视频想要在后期被引爆，提高视频内容的垂直度很重要，优质内容+精准用户的组合更容易让视频获得的好的反馈数据。为了保证内容的垂直度，在前期就要做好抖音定位，便于系统给账号打标签。

发布视频时添加话题也可以帮助定位人群标签，在抖音插入话题时可以发现，系统会自动推荐一些话题。输入一个关键词后会出现与该关键词有关的话题，如图8-2所示。

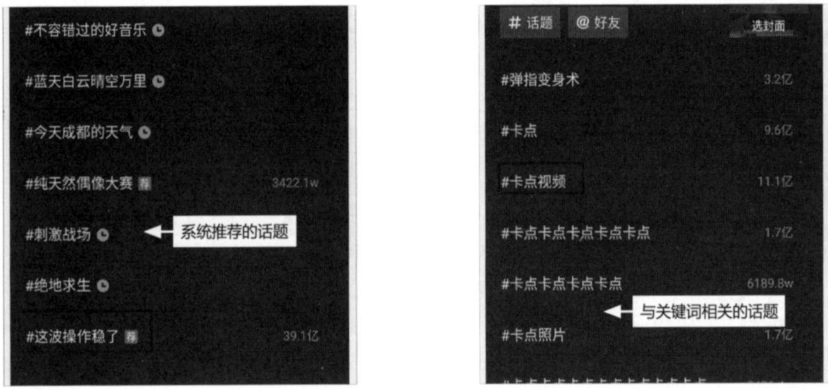

图8-2

插入话题时，尽量选择系统推荐的或者更热门的话题，比如上图中的“这波操作稳了”“卡点视频”等。

8.1.3 抖音养号要做哪些操作

对于新开通的抖音账号而言，在初期，可以通过一些养号的小技巧来提高账号的权重。养号一般养5~7天，这几天里先别急着发布内容，而是完善账号信息，进行实名认证，具体操作如下所示。

登录抖音后，在“我”页面点击☰按钮，❶在打开的下拉菜单中选择“设置”选项。❷在打开的页面中选择“账号与安全”选项，如图8-3所示。

图8-3

进入“账号与安全”页面，❶选择“实名认证”选项，❷在打开的页面中输入真实姓名和身份证号，❸单击“开始认证”按钮，如图8-4所示。

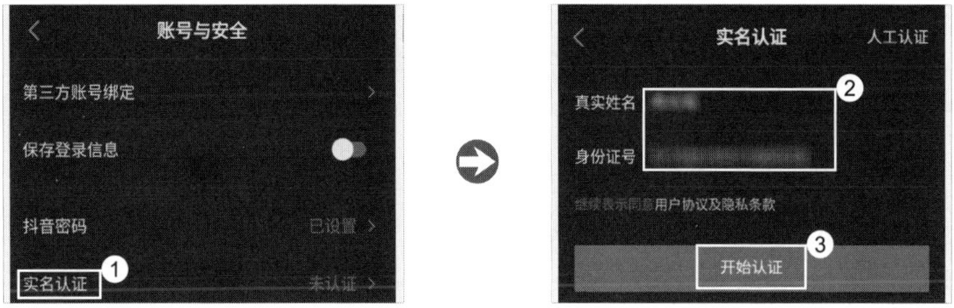

图8-4

完成实名认证后，在有第三方账号的条件下，尽量绑定第三方账号，如微信、QQ、新浪微博或今日头条，这里建议绑定今日头条，绑定后在账号主页可以显示头条主页链接，用户点击该链接能进行跳转。另外，还可以实现短视频的同步发布，下面来看看如何绑定今日头条账号。

❶在“账号与安全”页面选择“第三方账号绑定”选项，❷在打开的页面中选择“今日头条”选项，如图8-5所示。

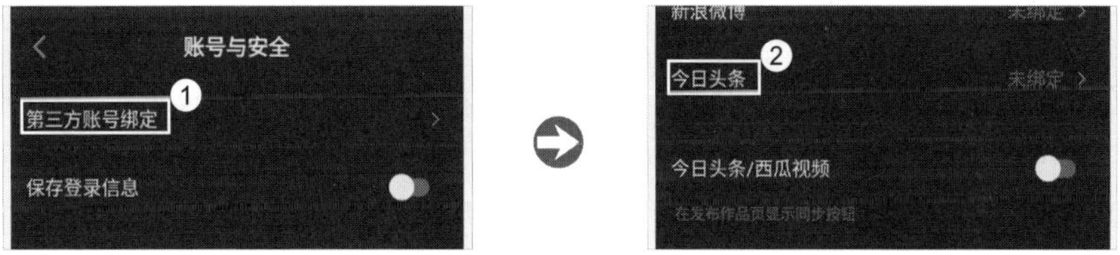

图8-5

此时会打开今日头条登录页面，❶输入手机号和密码，❷单击“授权并登录”按钮。登录成功后系统自动进行账号绑定，❸在打开的对话框中单击“开启同步”按钮，如图8-6所示。

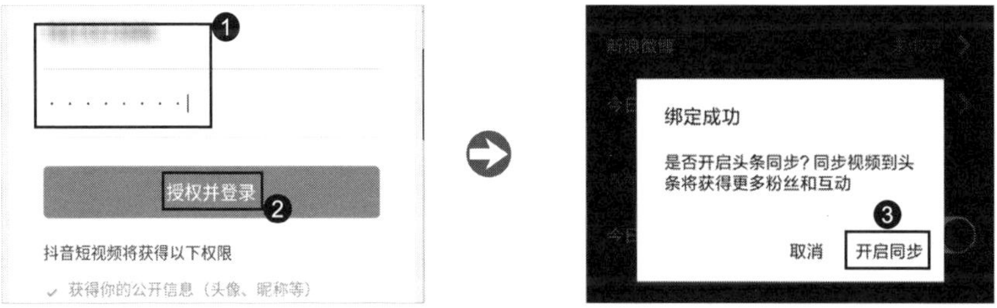

图8-6

接下来就是保证7天内每天都登录抖音，在此期间，还要浏览推荐的、同城视频，一天要浏览20~30分钟，可以保证账号具有一定的活跃度。在浏览视频的同时可以进行互动，如点赞、评论、关注等。另外，还可以进入直播广告观看直播，关注抖音热搜榜、音乐榜、官方活动等，在这一过程中可以进行音乐、文案等素材的收集工作。

注意，浏览视频并不是随意去刷，而是有目的地观看，主要看与账号定位相符的垂直视频，比如账号的定位是美食养生达人，那么就多看与美食、健康养生等相关的视频，让系统给账号打上合适的标签。

在养号期间不建议频繁登入登出账号或者反复修改个人信息，一个账号最好只绑定一个手机号码，尽量做到一号一卡。

7天后可以尝试发一条视频。作为试水，这条视频可以选择比较火的、与账号定位相关的视频合拍。合拍是抖音认可的原创视频创作方式，具有蹭热门的作用。❶在视频播放页面单击“分享”按钮，❷在打开的页面中单击“合拍”按钮即可进行视频合拍，如图8-7所示。

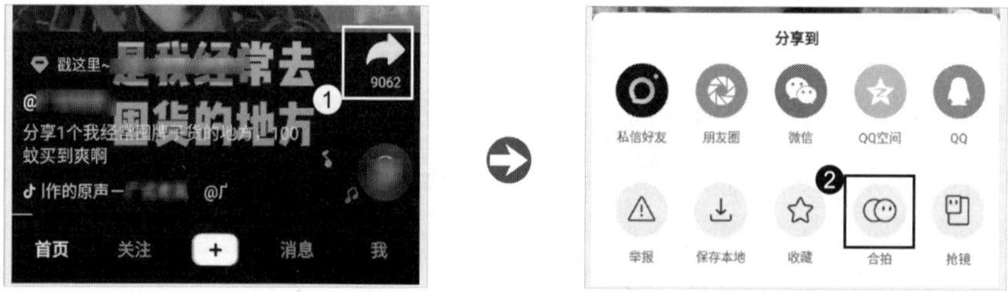

图8-7

发合拍视频主要用于检测账号的流量情况，如果不愿发合拍视频，且已经有了合适的视频发布素材，也可以发布常规视频。发布视频后，观察播放量情况，如果播放量不错，那么账号的养号就可以结束了。如果播放量表现不佳，比如只有10~50左右的播放量，那么还需要继续养号。另外，播放量也可能与视频质量有关，所以养号期间发布的视频也要保证质量。

8.1.4　申请官方认证获得更多权益

当账号有了一定的粉丝基数后，可以申请抖音官方认证。官方认证通过的账号会有“V认证”标识，且拥有营销工具、数据监测、粉丝管理等权益，这有助于账号实现品牌曝光和营销转化。官方认证的类型有个人认证、机构认证和企业认证。

◆ **个人认证**：适合知名度较高的公众人物、领域专家和网络名人。

◆ **机构认证**：适合国家机构、媒体及其他非营利性机构。

◆ **企业认证**：适合具有营业性质的企业或企业下的品牌。

账号需要满足抖音的认证条件才可以申请官方认证，个人认证需满足以下两个条件。

◆ 账号至少发布过一个视频，粉丝量超过10 000，账号已绑定手机号。

◆ 账号无违规记录。

企业认证的准入资格比较复杂，可进入抖音企业认证（https://renzheng.douyin.com/）页面，在页面底部单击“企业认证审核标准”超链接，查看具体内容，如图8-8所示。

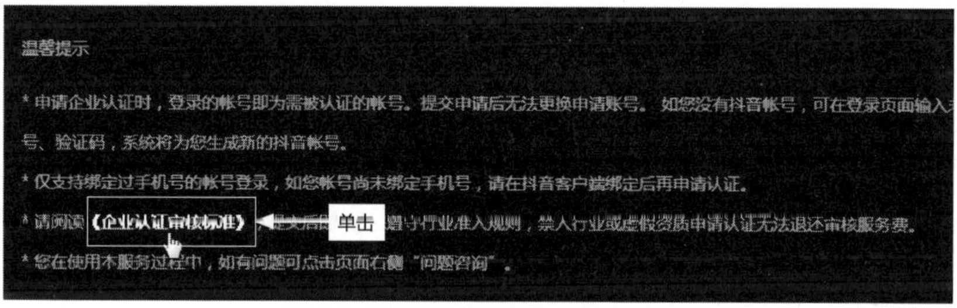

图8-8

申请个人认证和企业认证也可以直接在手机APP上进行，❶在抖音APP的“账号与安全”页面选择“申请官方认证”选项，❷在打开的页面中，点击“立即申请”按钮，即可看到认证入口，如图8-9所示。

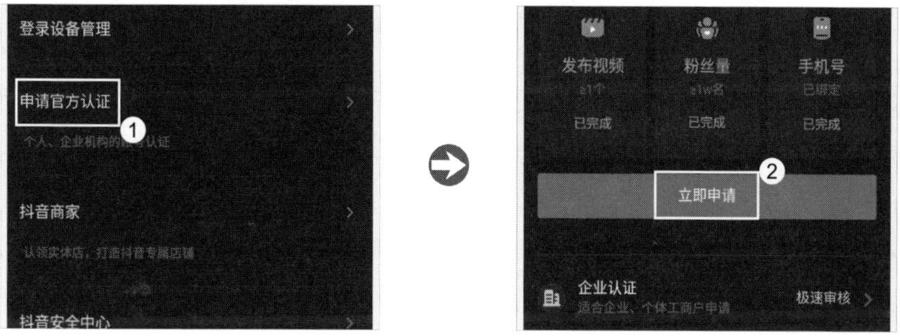

图8-9

媒体认证需要在抖音电脑端（https://www.douyin.com/）进行申请操作。需要注意，企业认证需要支付认证审核服务费。

8.1.5 参与活动，获得上推荐的快速通道

参与挑战活动，抖音都会给予一定的流量扶持，因此参与活动是让视频上推荐的快速通道。对新账号而言，参与活动也能实现“混脸熟”的作用。挑战活动有不同的风格类型，我们要选择适合自己的，下面来看看如何参与。

❶在视频播放页面点击“搜索”按钮，在“发现精彩”中可以查看到近期的官方活动，❷点击banner链接进入，如图8-10所示。

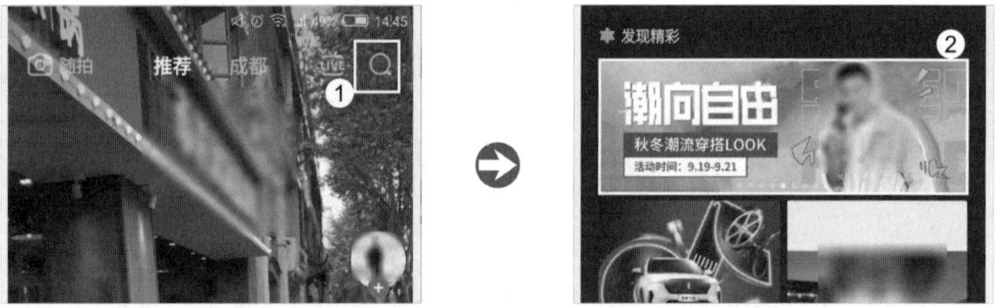

图8-10

在打开的页面中可以查看到活动介绍，❶点击“参与”按钮，❷进入拍摄页面，进行视频拍摄或上传，如图8-11所示。

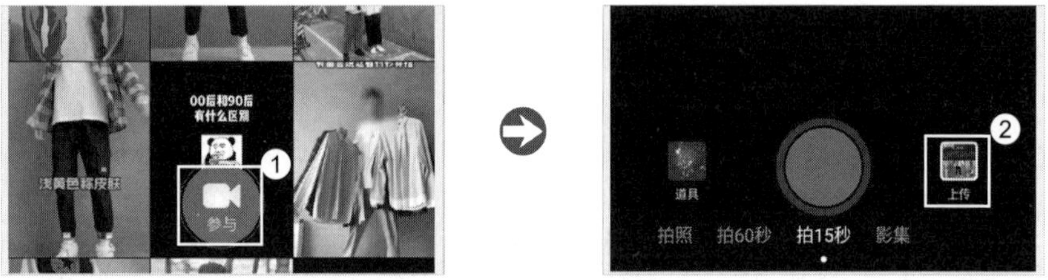

图8-11

在参与活动时，要仔细阅读视频要求，保证视频内容与活动主题相关，这样才可以获得平台的更多推荐。比如“潮向自由”这个活动，活动时间是9月19日~9月21日，那么我们就要在这一时间区间内参与活动才行。对于视频内容则有以下要求：斜杠青年、职场男性、佛系少年……都有自己的潮流生活，发布带购物车的视频并添加话题#潮向自由#，分享你的穿搭好物。

从活动要求可以看出，我们视频的内容方向应为男性潮流穿搭，且发布

视频时要加上购物车，购物车的商品应与视频中的服装一致，标题中要插入#潮向自由#话题，如图8-12所示。

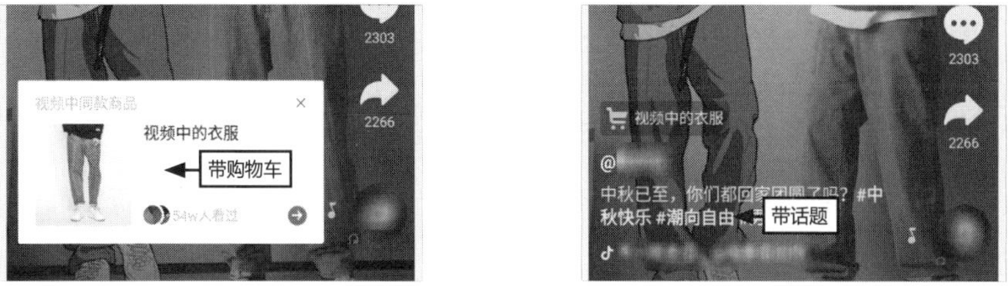

图8-12

在“发现精彩”的下方也会有一些活动，只是这些活动可能没有那么多的热度，点击活动链接后可以查看活动内容，有的活动还有视频内容示范，如图8-13所示。

图8-13

挑战活动会不定期更新，如果不想错过最新的活动，那么可以关注“抖音小助手”，抖音小助手会给我们推送活动邀请，如图8-14所示。

图8-14

8.1.6 如何开通抖音购物车橱窗

购物车功能可以帮助商家或达人更好地实现视频带货，购物车支持添加抖音平台精选商品或淘宝、京东、考拉第三方平台的商品。要利用这一功能首先需要开通商品分享功能，抖音账号若满足以下条件即可申请开通。

◆ 发布的非隐私且审核通过的视频大于等于10个。

◆ 通过抖音实名认证。

❶满足条件的抖音账号可在“设置”页面选择“商品分享功能”选项，在打开的页面中点击“立即开通”按钮，❷然后点击“立即申请”按钮进行申请，如图8-15所示。

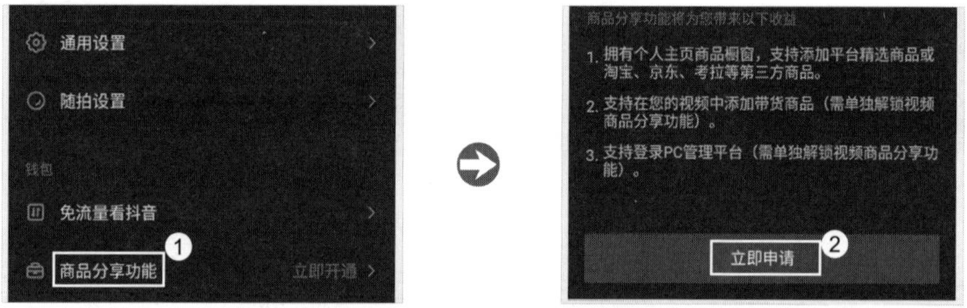

图8-15

商品分享功能申请通过后，可以获得个人主页商品橱窗权益进行橱窗商品添加。❶点击个人主页中的“商品橱窗”链接，❷进入“商品橱窗”页面点击“橱窗管理”按钮，如图8-16所示。

图8-16

进入商品橱窗管理页面后，点击“添加商品”按钮，此时会进入商品添加页面，搜索商品进行添加即可。

在商品分享功能申请通过的10天内成功添加一个商品到橱窗，即表示完成了新手任务，此时账号的商品橱窗权限才会正式解锁。若没有完成新手任务，橱窗权益会被收回，需要重新提交商品分享功能的申请。

若要添加第三方平台的商品到橱窗，需要满足一定的条件。以淘宝网为例，需满足以下条件。

◆ 抖音账号与淘宝账号已进行绑定（首次添加淘宝商品时会提示绑定）。

◆ 淘宝店铺等级在一钻及以上，店铺评分不低于4.7分或行业平均。

◆ 店铺商品已加入淘宝联盟。

满足条件的淘宝卖家可复制需要添加的商品的淘口令，❶在商品添加页面点击“商品链接添加”按钮，❷在商品搜索栏中粘贴淘口令进行添加，如图8-17所示。

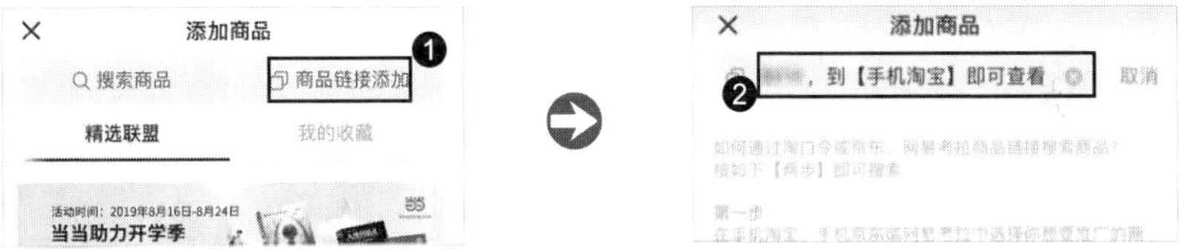

图8-17

如果要解锁账号的购物车商品分享功能，在视频中添加商品，需要完成橱窗新手任务，解锁橱窗权限后进行权限升级操作。在“商品橱窗”页面点击“权限升级”按钮，满足条件的账号会自动解锁“视频电商”权益，如图8-18所示。

图8-18

需要注意，在视频电商权益解锁的15天内，发布两条带商品的视频，才能完全解锁该权益。否则该权益会被再次锁定，需要在15天以后才能重新进行解锁操作。

解锁该权益后，在视频发布页面可以看到“添加商品”按钮，点击该按钮后，在打开的页面中搜索商品，进行商品的添加即可，如图8-19所示。

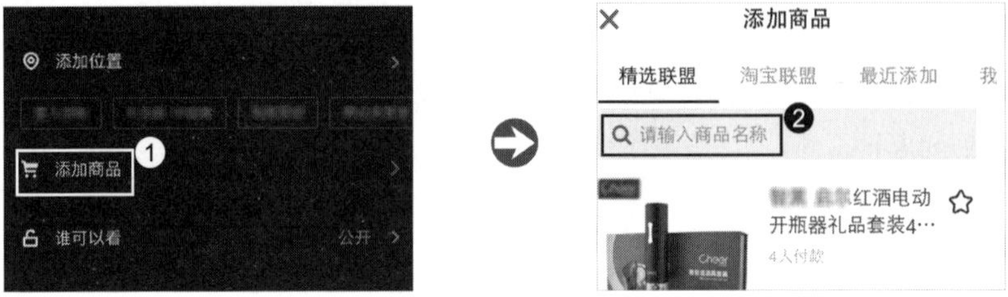

图8-19

8.1.7 哪些商品禁止通过购物车功能分享

并不是所有的商品都可以通过购物车功能分享，商家或达人需要查看《抖音平台禁止分享商品目录》了解相关信息，具体查看方法如下所示。

❶在“设置”页面选择“反馈与帮助”选项，❷在打开的页面中选择“购物推广”选项，如图8-20所示。

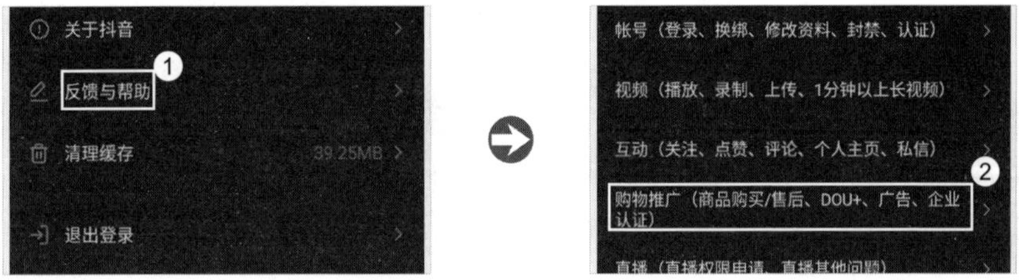

图8-20

❶在打开的页面中选择“商品分享/购买”选项，❷选择“内容电商禁售类目/不支持的商品有哪些”选项，如图8-21所示。

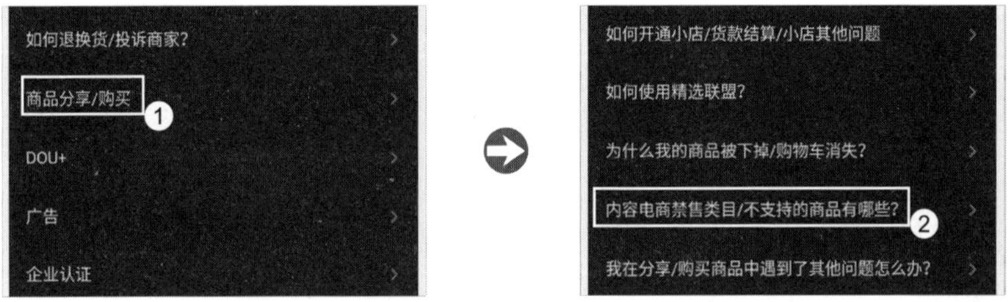

图8-21

点击“更多”超链接，在打开的页面中可以查看到《抖音平台禁止分享商品目录》的内容，如图8-22所示。

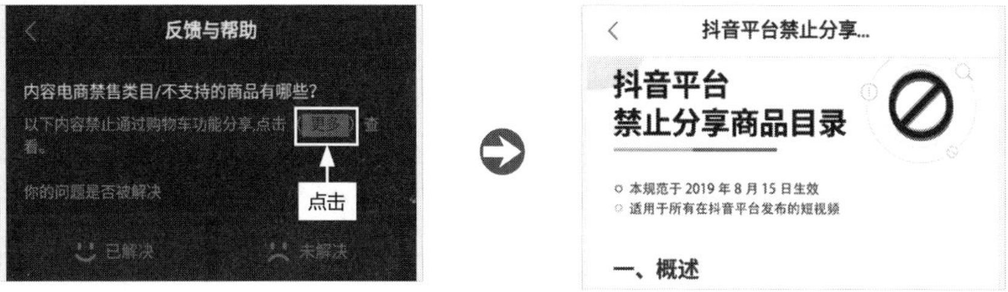

图8-22

8.2 其他短视频平台推广实操技法

我们做短视频推广不会仅限于抖音这一个平台，还有一些其他热门的短视频平台也需要我们去运营，但不同的平台玩法会有所不同，这就要求我们熟悉各个平台各自的规则玩法。

8.2.1 提高快手短视频的播放量

快手的推荐机制与抖音有相似之处，视频的初始完播率、点赞量和评论量等数据都会对视频的再次展示产生影响。但快手也有自己的算法机制，当一个视频达到一定的热度后，会对流量进行限制，并把流量分发给其他视频，让其他视频也能获得一定的流量。这样普通小号也有机会获得展示，而不是与抖音一样，对同一视频持续加码流量。

快手在分发流量时，会根据兴趣标签和关注来推荐，这从快手的主页界面就可以看出，平台将版块分为了关注、发现和同城3个，如图8-23所示。

图8-23

因此，新账号可以先积累一定的粉丝基础，发动身边的朋友关注自己的快手账号，这样有助于初始播放量的提升。在用户内容喜好上，快手与抖音也有一定的区别，游戏、动漫、美食、萌宠等是快手平台上比较受欢迎的垂直领域，所以一个视频在抖音能火，在快手上不一定能火。

在快手的“发现”页面会显示视频的封面，用户通过点击进入视频播放页，在观看完一个视频后，需要返回“发现”页，然后点击想要观看的其他视频。基于这样的呈现方式，我们在快手发布视频时就要更注重封面的选取，封面要足够有吸引力才能吸引用户点击。

建议在封面添加文字体现视频亮点，在快手视频编辑页面也提供了封面文字编辑器，可以直接使用提供的样式模板插入文字，也可以选择视频中带文字的一帧作为封面。另外，用户可以制作单独的封面图片，因为快手在编辑视频时支持视频和图片混合插入，如图8-24所示。

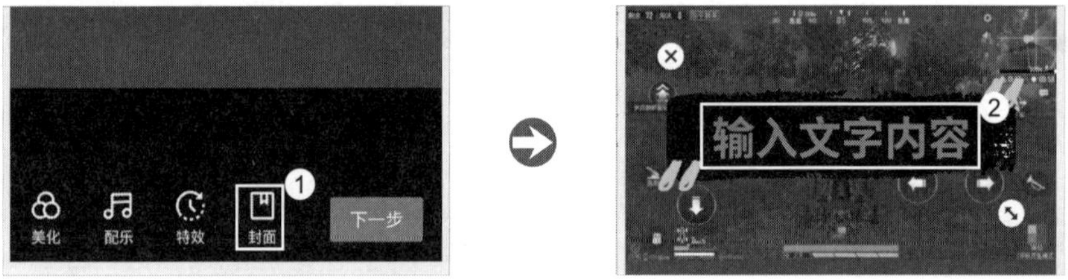

图8-24

部分人可能会觉得，在快手“发现”页中已经有了很多文字色块了，如果自己的视频也添加文字色块，会不会看起来不美观。其实这与平台的展现机制有关。为了获得更多点击，我们必须将视频的亮点体现出来，而封面文字就是一种很好的体现方式。

在快手发布视频时也可以插入话题标签，插入时要选与视频契合度高的，且在快手平台比较热门的。我们不能图方便直接将抖音视频标题中插入的话题直接搬过来，因为同一话题在不同平台的热度并不完全相同。

比如同样是“卡点”这个关键词，在抖音中，“卡点视频”“卡点”就比较火；而在快手，“卡点”“野狼disco卡点”“快影卡点”就比较火。插入热门话题蹭流量也要基于快手平台的热门来选择，进入快手的“推荐标签”页可以查看快手推荐的话题标签，如图8-25所示分别为快手插入话题页和推荐标签页。

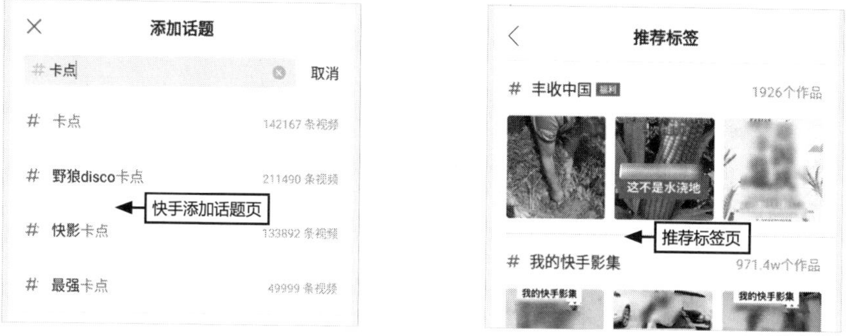

图8-25

快手的社交属性比较明显，互动对推荐的影响很大，因此我们要重视与粉丝的互动评论，比如有的游戏主播会在视频中说：只要在视频下方评论的粉丝就会送一套操作指南，这样可以大大地提高粉丝评论的数量。

有粉丝评论后，作为视频的创作者也要及时去互动，提高粉丝的黏性。在快手上，评论的位置有视频下方的评论区以及账号主页中的动态“说说”页，这两个区域的评论互动都要去做，如图8-26所示。

图8-26

8.2.2　美拍如何提高粉丝数量

美拍是按照栏目来对视频进行分类推荐的，在新用户初次使用美拍时，系统会让用户选择自己感兴趣的栏目并推荐账号，然后根据用户选择的标签进行视频的推荐。在美拍中，原创的、有特色的垂直视频更容易获得青睐，如图8-27所示为美拍的发现页和频道页。

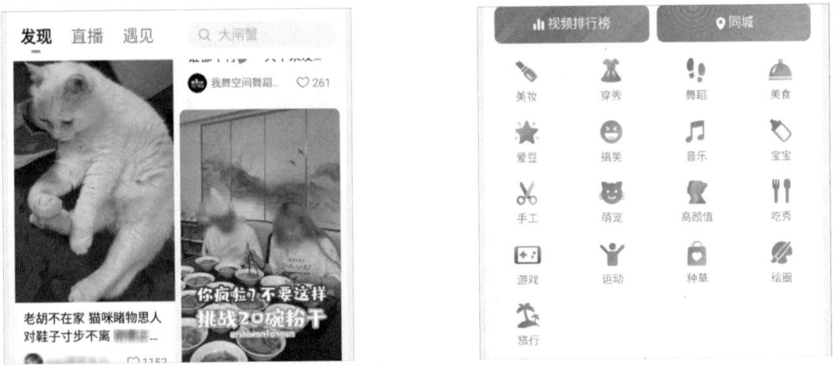

图8-27

美拍视频能否登上热门同样与视频发布后的点击率、点赞量以及评论量等互动数据有关，数据反馈好的视频会被推荐到首页或频道页。在美拍，要让视频上热门，实现带货变现，离不开粉丝的支持，因为在有了一定的粉丝基数后，系统会优先把视频推荐给粉丝。

在初期运营美拍时，首先要搭建一个有辨识度的账号。美拍账号头像建议用真人照片，该平台女性用户较多，使用真人照片来打造达人人设会更好，昵称也最好带有人的属性。

在美拍中可以看到“遇见”版块，该版块是美拍提供的达人推荐页，展示的是达人的“个性名片”。我们可以通过发布“遇见”视频来介绍自己，从而获得粉丝的关注，下面来看看如何设置。

❶打开美拍APP，点击“我”按钮进入美拍个人主页，❷选择“美拍”选项，如图8-28所示。

图8-28

❶在打开的页面中点击“去设置”按钮，进入视频选择页面，❷选择视

频，❸点击“完成”按钮，如图8-29所示

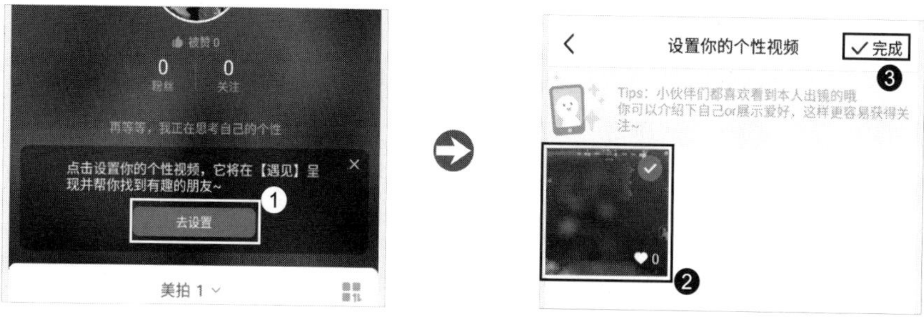

图8-29

个性视频设置完成后，这条视频会作为“遇见”版块的卡片进行展示。但是该个性视频是否能被“遇见”推荐，与账号的活跃度和互动程度有关，经常与粉丝互动，有助于提高个性视频被推荐到“遇见”版块的概率。

发布视频时，可以在视频中增加互动来提高粉丝活跃度，比如在标题中提醒粉丝点赞、添加互动话题、粉丝福利活动等，如图8-30所示。

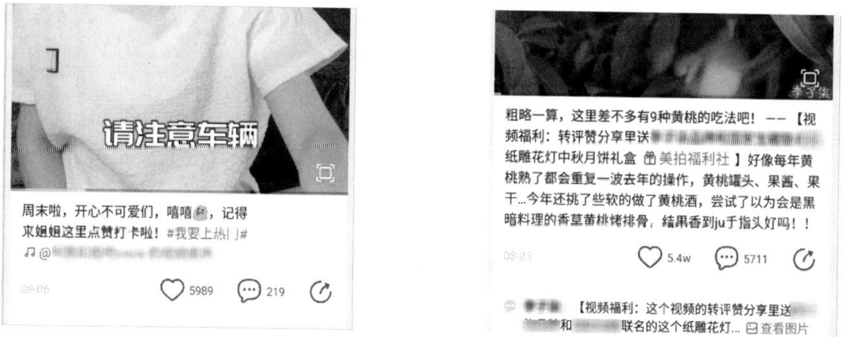

图8-30

在美拍“频道”页有一个热门话题广场，参与话题活动可以让内容出现在对应的话题页中，从而使账号获得更多曝光。点击想要参与的话题，在打开的页面中点击“参与”按钮即可参与话题互动，如图8-31所示。

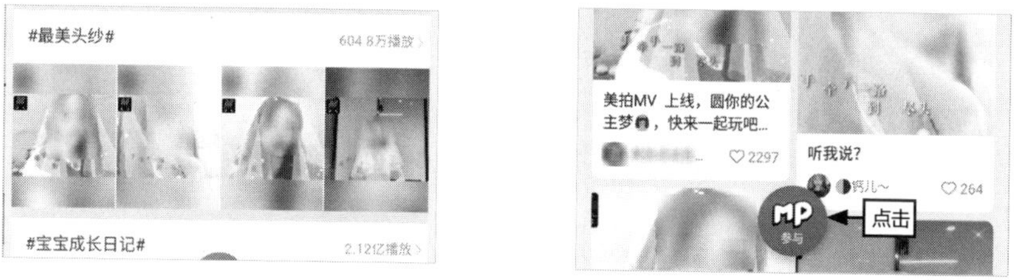

图8-31

8.2.3 火山小视频创建圈子实现粉丝围观

在浏览火山小视频时，在部分视频底部可以看到标签，这个标签是“圈子”的标识，类似于话题库，如图8-32所示。

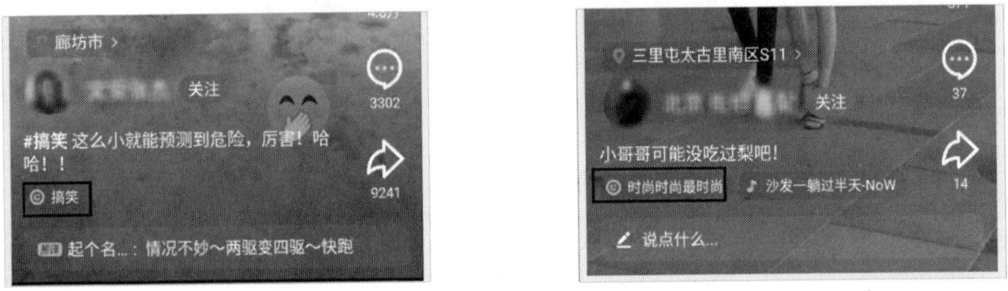

图8-32

圈子中聚集了具有同样兴趣爱好的人群，通过在符合账号定位的圈子中发布视频，可以为账号精准吸引粉丝。点击个人头像，在打开的页面中选择“圈子”选项即可进入圈子页面。

火山小视频提供的圈子类型有很多，可以搜索感兴趣的圈子加入，也可以加入推荐的圈子，如图8-33所示。

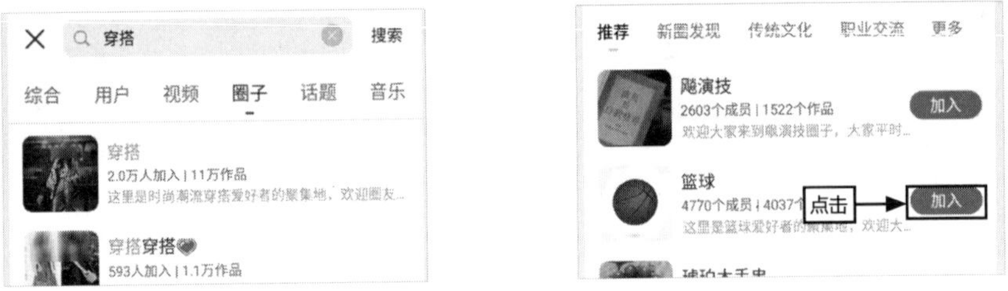

图8-33

进入圈子详情页后，可以看到圈子简介，点击“发视频”按钮发布圈子视频，如图8-34所示。

图8-34

当火山小视频账号的粉丝量达到10人，加入过任意一个圈子后，我们就可以自主创建圈子并申请成为圈主，圈主具有@全员、内容置顶、圈主评论标识等权限，这有利于账号进行视频推广和粉丝运营。❶在圈子主页点击“创建圈子”按钮，❷在打开的页面中点击“开始创建”按钮即可进行圈子创建，如图8-35所示。

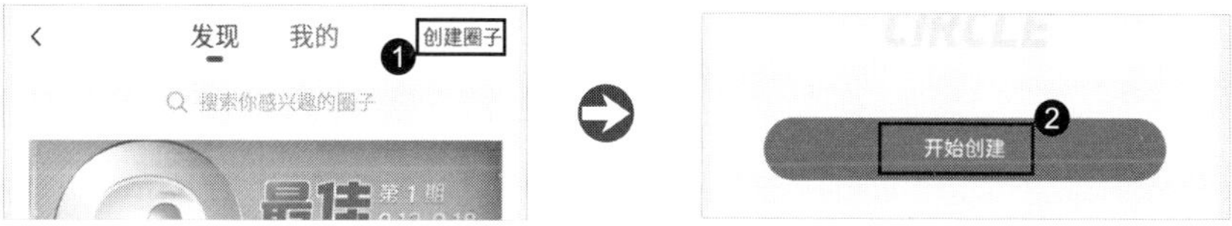

图8-35

8.3 社交平台分享曝光视频

社交平台拥有庞大的活跃用户量，具有信息到达率高、营销转化率高的优势，是我们进行短视频粉丝推广不可忽略的渠道。下面将以微信和微博两大平台为例，讲解如何进行社交平台短视频推广。

8.3.1 朋友圈熟人社交分享

不管是达人还是商家，都可以建立一个专属微信号进行朋友圈短视频营销推广。这个微信号要和个人号分开，主要用于服务网店的顾客或者微信公众号中的粉丝，便于后期做社群运营。微信号中的粉丝可从网店中引流，如在客户的快递包裹中放上好评返现卡片，从而实现为微信号引流，如图8-36所示。

图8-36

另外，也可以通过推送短信的方式来为微信号引流，短信可以在用户收货以后发，也可以在快递发货时发送，如图8-37所示。

图8-37

许多用户的微信号都是手机号，因此我们可以通过通讯录主动添加顾客，添加时要注明身份，如你好，我是××（店铺名）旗舰店的客服；我是××（店铺名）护肤顾问，如图8-38所示。

图8-38

当微信号有了一定的粉丝后，就可以进行短视频的营销推广了。在朋友圈中发布的短视频可以偏生活化些，且频率不能太高，刷屏式的发布广告信息只会引起粉丝的反感。可以发布新品预告、技巧分享、福利放送或者与个人生活有关的视频，如图8-39所示。

图8-39

对于福利类、新品预告类的短视频，发布朋友圈时可以在评论中粘贴淘口令（注意不能在内容中发布链接或淘口令，会被屏蔽），或者告知粉丝联系在线客服参与福利，从而实现粉丝的转化，如图8-40所示。

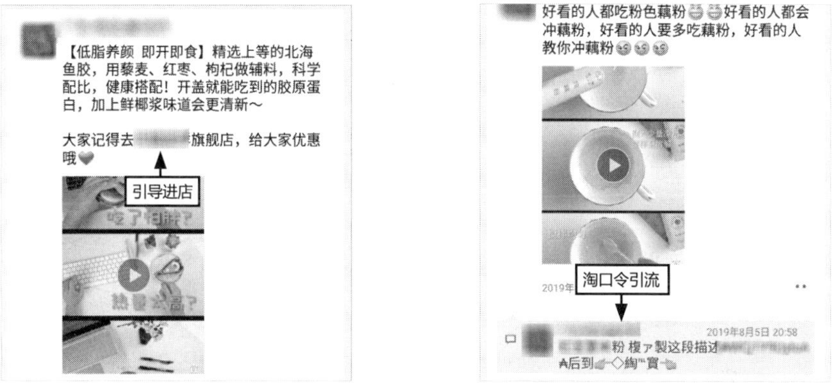

图8-40

在评论中粘贴淘口令时要注意，不能将从淘宝获取的所有淘口令内容直接粘贴在评论中，这样也可能被屏蔽。只需要使用相关部分内容即可。

8.3.2　公众号文章植入短视频

微信公众号是商家与粉丝进行互动的平台，在发送公众号文章时，可以在图文消息中插入短视频，这样粉丝就可以直接在公众号推文中观看视频，下面来看看如何插入视频到公众号图文消息中。

打开微信公众平台（https://mp.weixin.qq.com/），❶输入账号和密码，❷单击“登录”按钮，❸在打开的页面中使用微信扫码，如图8-41所示。

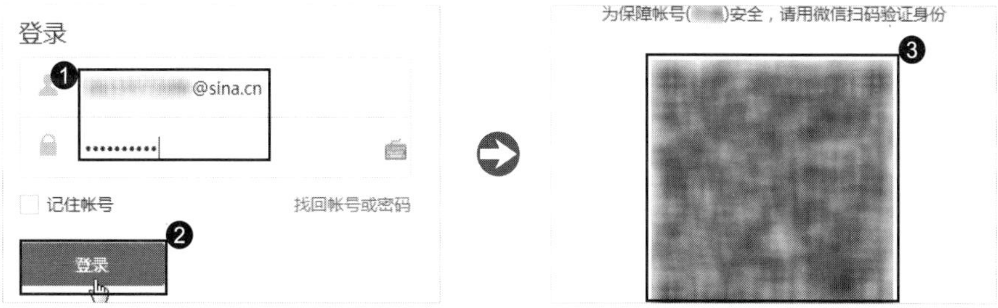

图8-41

扫描成功后，❶在手机中点击“确定”按钮。返回微信公众平台，❷在首页单击“素材管理”超链接，如图8-42所示。

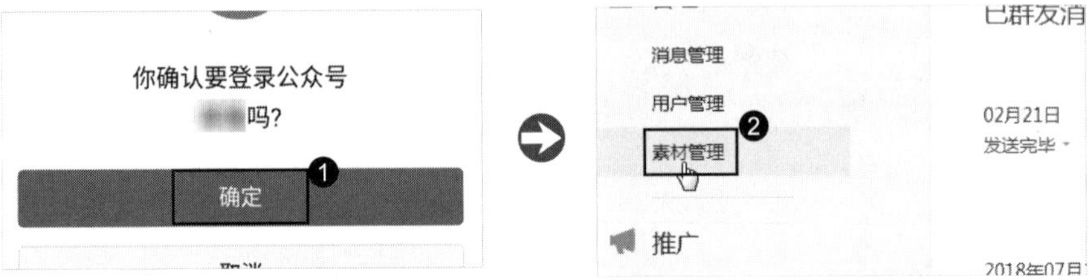

图8-42

进入素材管理页面，❶单击“视频”超链接，❷在打开的页面中单击“添加”按钮，如图8-43所示。

图8-43

❶在打开的页面中单击“上传视频”按钮，❷在本地电脑中选择视频，❸单击“打开”按钮，如图8-44所示。

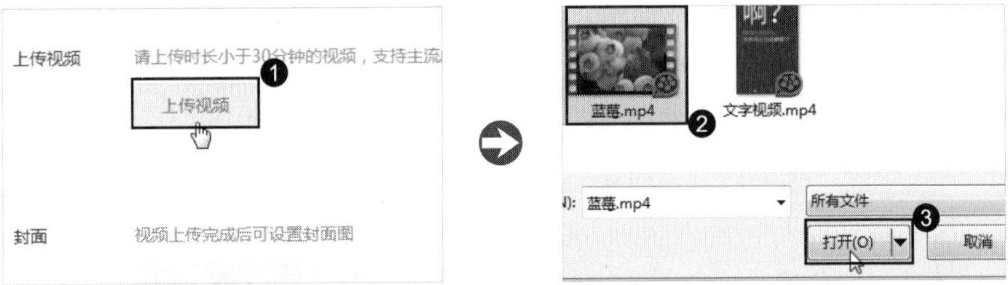

图8-44

❶上传成功后需选择封面，❷编辑视频标题、介绍、分类等，❸选中“我已阅读并同意”复选框，❹单击“保存”按钮，如图8-45所示。

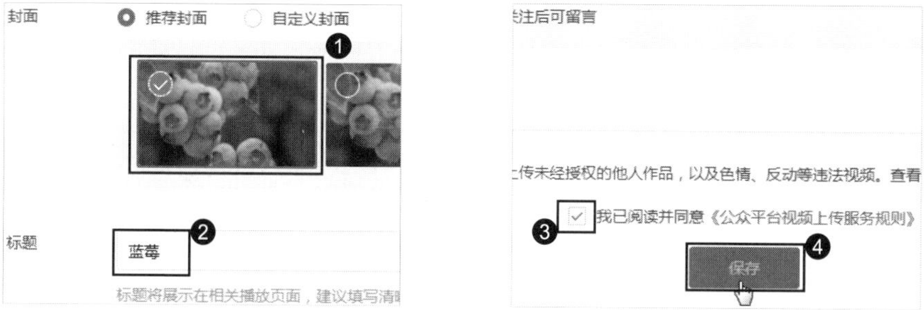

图8-45

保存后需等待微信公众平台审核，审核通过后，❶在“素材管理/图文消息”页面单击“新建图文素材”按钮，❷在打开的页面中单击“视频”超链接，如图8-46所示。

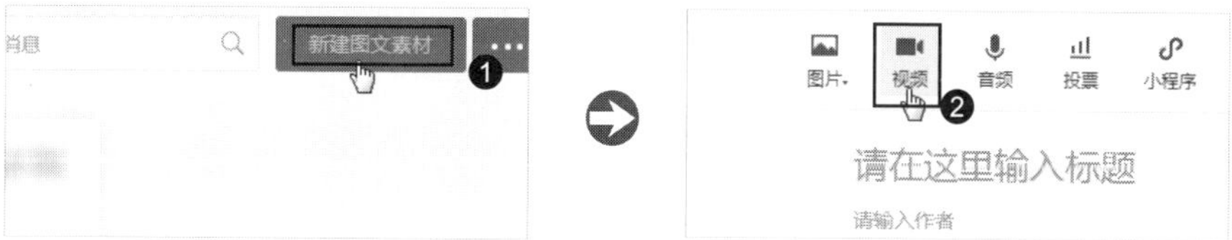

图8-46

❶在素材库中选择视频，❷单击“确定”按钮，❸返回图文消息编辑页面，完善标题、正文内容后单击“保存并群发”按钮发布内容，如图8-47所示。

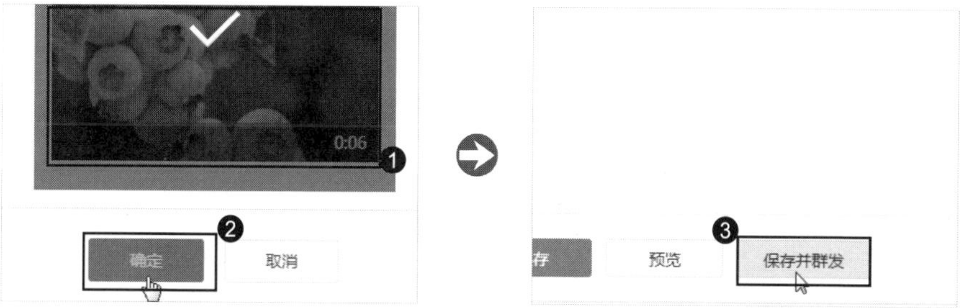

图8-47

为了避免内容出现错误，可以在图片消息编辑完成后单击“预览”按钮，在手机上预览内容，确定无误后再进行群发操作。如果要在一条群发消息中推送多条图文内容，那么有视频的内容最好作为第一篇图文。因为订阅号消息目前是以贴图的方式展现的，第一条图文内容的点击率相对而言会高于其他图文。如果将视频放在第二篇或第三篇图文中，视频的观看人数就会少很多，如图8-48所示为订阅号消息展现方式。

图8-48

8.3.3 微博转发曝光为短视频造势

微博是一个社交分享平台，与微信相比，微博更注重传播而不是社交，因此在微博上发布视频，更容易产生病毒式的营销效果。在微博上发布视频比较简单，❶登录微博账号后单击“视频”超链接，❷上传后输入内容，❸单击“发布”按钮即可，如图8-49所示。

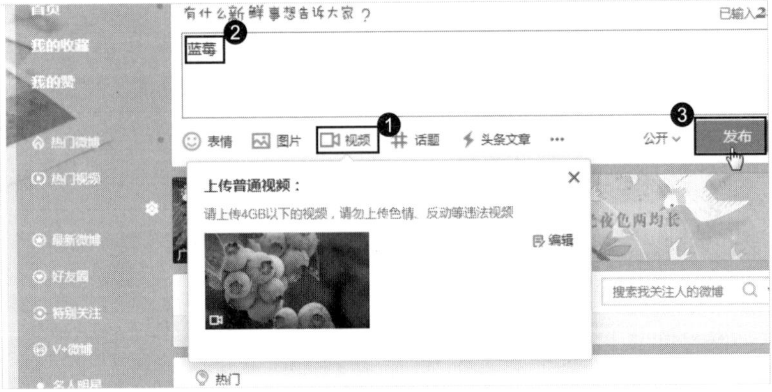

图8-49

发布视频后为了让更多的微博用户能够看到我们的内容，可以在微博中发起转发活动，如转发抽取礼品、转发+关注抽粉丝送××等，通过这种方式可以让视频获得更多曝光机会，同时也可以增加微博账号的粉丝量，如图8-50所示。

图8-50

部分微博粉丝在关注我们的账号后，会进入账号主页浏览我们发布的其他内容，这时可以将热门的视频设置为置顶显示，让粉丝在进入主页后能第一时间观看，如图8-51所示。

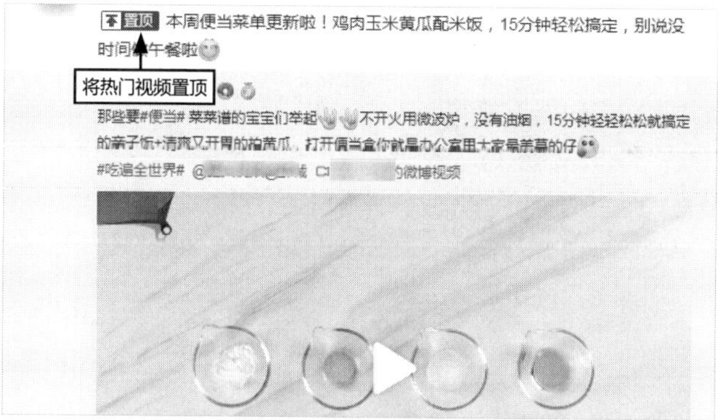

图8-51

微博置顶功能需要开通微博会员后才能使用。开通后，在个人账号主页选择要置顶的微博内容，在“设置”下拉菜单中选择“置顶”命令，如图8-52所示。

图8-52

微博提供了商品橱窗功能，在橱窗中添加商品后，粉丝能在主页看到商品并购买。另外，发布产品视频时也可以添加同款橱窗商品（需要在微博手机端发布内容时添加），从而实现粉丝的转化获利，如图8-53所示。

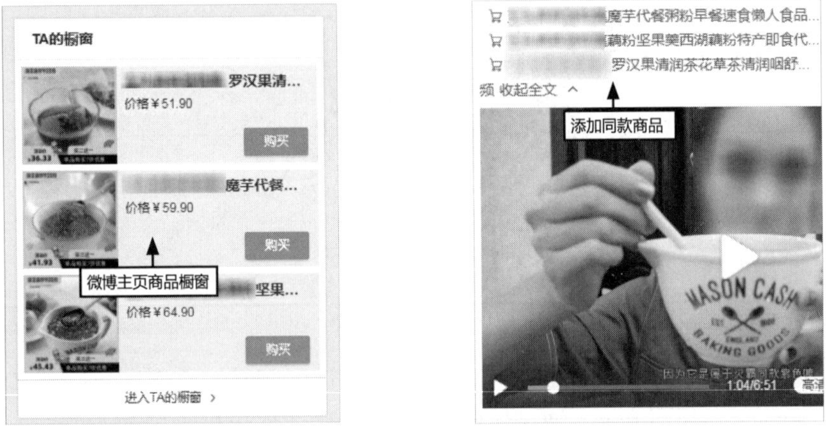

图8-53

❶在微博账号首页单击“管理中心”超链接，❷在“微博橱窗”下拉菜单中单击“创建商品”超链接，如图8-54所示。

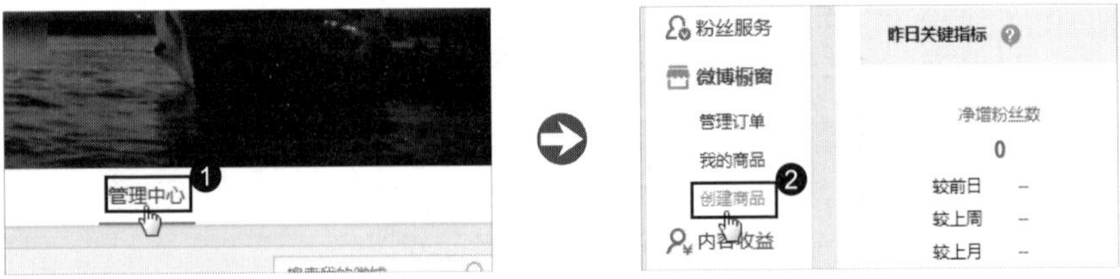

图8-54

❶在打开的页面的“商品链接”文本框中输入淘宝商品链接，❷在打开的对话框中单击“一键导入”按钮，可一键添加淘宝商品，如图8-55所示。

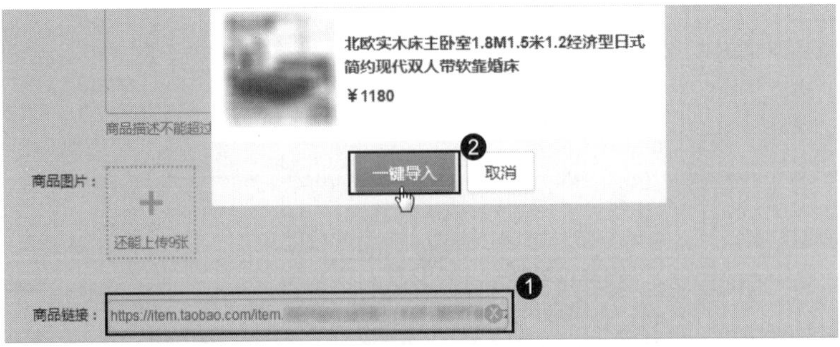

图8-55

第9章

数据分析，把握短视频整体运营趋势

在短视频运营过程中，数据分析贯穿了整个运营流程。在短视频内容策划中，数据能为视频的选题提供参考，帮助选出热门的、更受用户喜欢的题材。在视频发布后，数据分析能帮助运营者了解视频的受欢迎程度、转化效果等，从而为短视频的后期运营提供决策依据。

商家自运营，查看营销转化效果

- 如何进入生意参谋短视频页面
- 了解不同数据指标的含义
- 运营人要注重的5个数据指标
- 通过读者分析全面了解读者偏好

数据监控，培养热门话题嗅觉

- 百度风云榜跟踪热点蹭流量
- 微博搜索了解热搜动态
- 公众号分析挖掘优质选题
- 短视频榜单热门视频一手掌握

9.1 商家自运营，查看营销转化效果

对电商卖家来说，从淘宝提供的数据工具中就可以查看短视频的流量数据，包括公域和私域的数据情况，通过分析有效播放次数、引导支付商品数等，可以了解短视频的带货能力。

9.1.1 如何进入生意参谋短视频页面

商家可以在生意参谋中查看短视频的数据。进入生意参谋首页（https://sycm.taobao.com/），❶单击“业务专区”选项卡，❷在打开的页面中选择“淘宝短视频”选项，如图9-1所示。

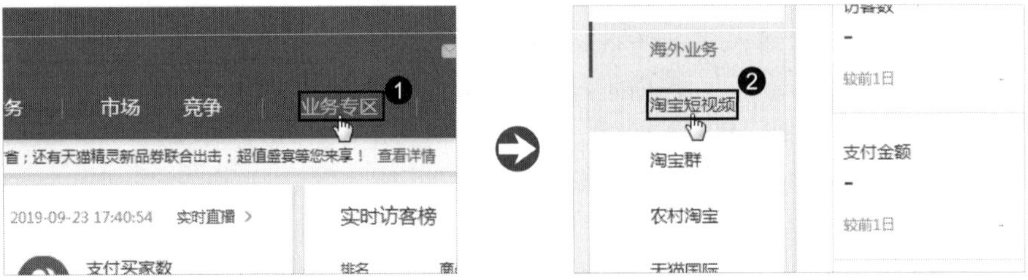

图9-1

在打开的页面的“渠道排行”中可以查看到不同渠道的有效播放次数、有效播放人数以及人均播放时长等数据。❶选中不同数据的复选框可查看不同指标的数据情况，❷在下拉列表中可切换公域和私域的数据，如图9-2所示。

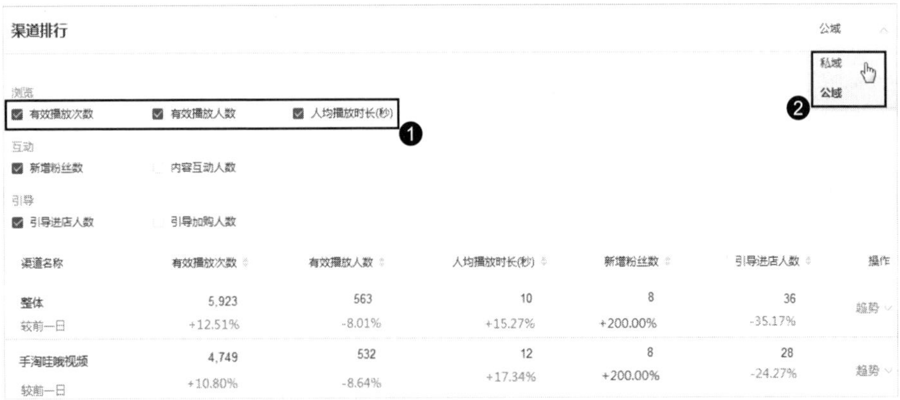

图9-2

在“单条效果”中，可以查看单条视频的播放次数、播放时长等数据，并帮助我们分析每条视频的转化情况，如图9-3所示。

图9-3

对于短视频达人来说，如果要查看短视频数据，可进入阿里创作平台查看。登录阿里创作平台后，❶单击“内容分析”超链接，❷在打开的页面中单击“单条分析”超链接，如图9-4所示。

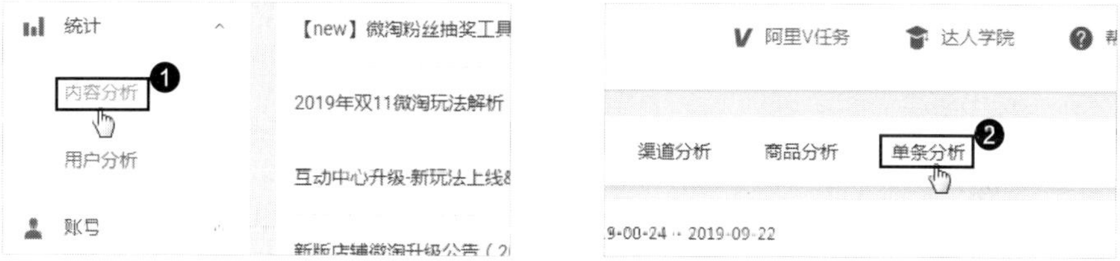

图9-4

在打开的页面中单击“短视频”选项卡，进入短视频数据查看页面，可根据浏览、互动和引导3种指标数据来查看，如图9-5所示。

图9-5

9.1.2 了解不同数据指标的含义

充分了解不同数据指标的含义有助于我们进行数据分析，对于生意参谋中提供的各种指标，都可在后台查看其注释，具体方法如下所示。

❶在生意参谋首页单击“帮助”选项卡，❷在打开的页面中单击“业务专区”选项卡，如图9-6所示。

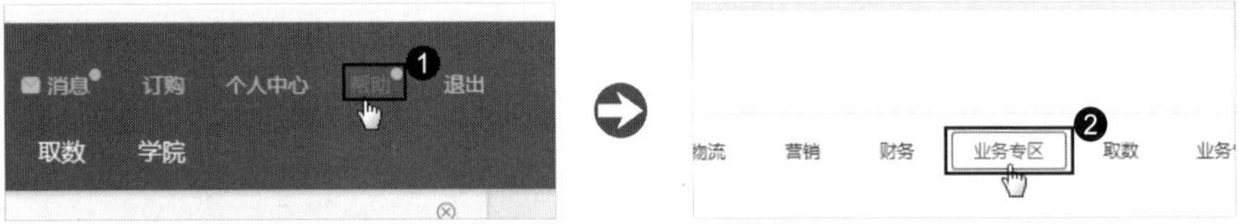

图9-6

在打开的页面中单击“商家短视频”超链接，此时可以看到不同数据指标的注释，如图9-7所示。

图9-7

9.1.3 运营人员要注重的5个数据指标

从淘宝后台提供的短视频数据可以看到，平台提供的指标有很多，在这些指标中需要重点分析播放量、互动量、转粉量、加购量和支付量，这几个指标反映了用户对短视频的喜爱程度以及短视频的转化情况。

◆ **播放量**：反映播放量多少的数据有播放次数、播放人数、有效播放次数和有效播放人数，其中有效播放是指播放时长大于3s的视频。播放次数和播放人数越高，视频的曝光量也越高。

- **互动量**：反映互动量的数据有点赞次数、点赞人数、评论次数、评论人数、分享次数和分享人数。在一定程度上，互动量会影响视频的播放量，互动量能够反映粉丝对视频的喜爱程度。
- **转粉量**：反映转粉量的数据有新增粉丝数和取关粉丝数，新增粉丝数说明了一个视频带来了多少粉丝。一般情况下，发布一条视频后，有一定的粉丝取关是正常，但如果取关粉丝数远远大于新增粉丝数，那就要分析原因了，是视频质量出现了问题，还是选题粉丝不感兴趣。
- **加购量**：反映加购量的数据有引导加购人数和引导加购商品数，加购量的多少与引导进店人数和引导进店次数有关，同时也会受产品本身、详情页图文内容等的影响。
- **支付量**：反映支付量的指标有引导支付子订单数、引导支付人数和引导支付金额，这一指标是很多电商卖家最关心的，因为它可以说明短视频所带来的直接转化效果。

在分析以上几个指标时，不能单独来看，还要看比率。比如一条视频的有效播放人数为12000，点赞人数为100，可以算出点赞率为0.83%，这个点赞率就算是好的互动表现了。在淘宝平台中，点赞率一般不会很高，大号多在0.2%~0.5%之间。而在短视频平台中，如抖音、美拍这样的平台，点赞率和评论率会相对较高，大号能达到3%~5%，有的小号也能达到1%左右。所以在分析数据指标时，还要结合具体的平台来看。

换算出不同数据指标的比率后，可将这一比率与其他同类视频做对比，了解两者的数据差异。比如在淘宝网中，可通过“渠道排行”数据了解手淘哇哦渠道的视频播放情况。通过后台数据计算出点赞率和评论率后，再进入哇哦视频中查看竞品视频的数据情况，由此计算竞品视频的点赞率和评论率。如果我们的视频数据比率明显低于竞品视频，那么需要分析自身不足之处并学习他人的长处。

9.1.4　通过读者分析全面了解读者偏好

在生意参谋和阿里创作平台中，都可以查看读者分析数据。这一数据可以帮助我们了解读者的基础特征和偏好，下面以阿里创作平台为例，来看看如何查看。

❶在阿里创作平台首页单击“用户分析”超链接，❷在打开的页面中单击“读者分析”选项卡，如图9-8所示。

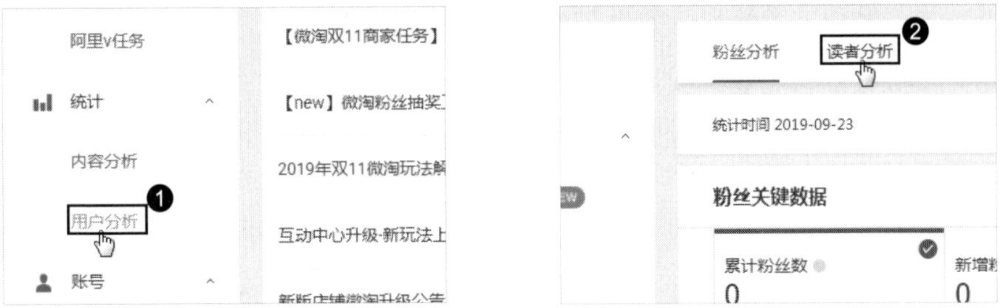

图9-8

进入“读者分析”页面可以看到读者的基础特征，通过基础特征可以了解读者的人群属性，明确短视频的目标对象，包括性别占比和年龄分布情况，如图9-9所示。

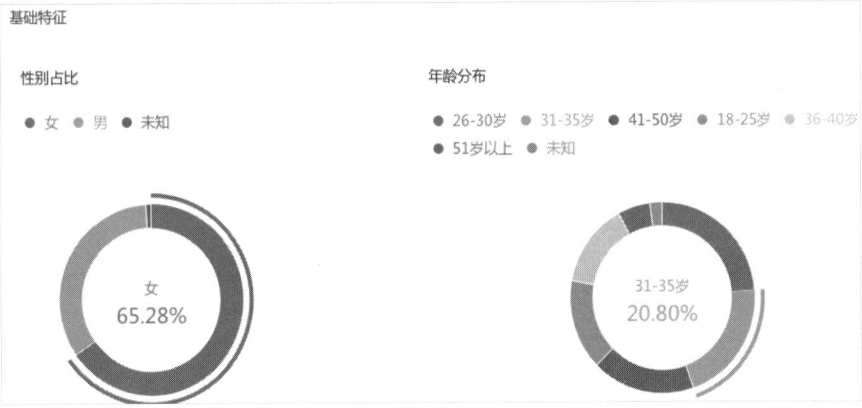

图9-9

接下来可以查看读者的地域分布情况，包括省份分布和城市分布，如图9-10所示。

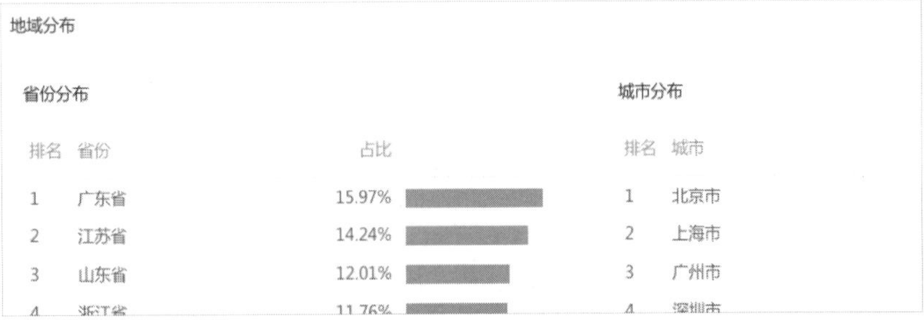

图9-10

在“人生经历”中展现了读者的职业分布和学历占比数据，这一数据可以帮助我们了解读者的职业属性，如图9-11所示。

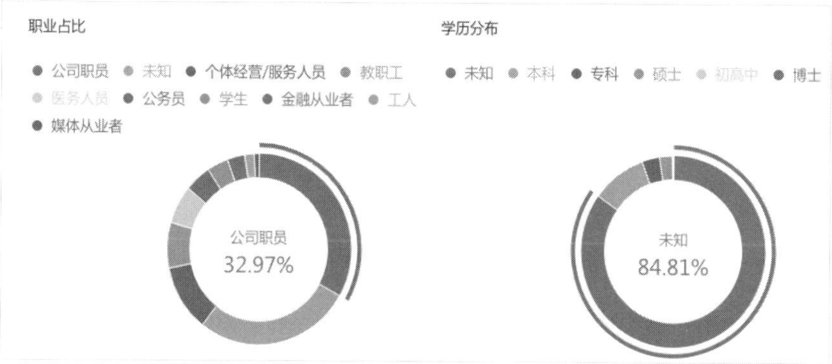

图9-11

除此之外，还可以查看到读者浏览品牌和浏览类目的偏好（除虚拟类目）。通过读者分析数据，我们基本上可以清楚读者的人群属性。以上述数据为例，读者画像为：31~35岁的女性公司职员，广东省、江苏省和山东省偏多，喜欢浏览连衣裙、休闲裤类目。

在查看读者分析数据时，我们可以将这一数据与做短视频内容策划时定位的目标群体画像做对比，看两者是否有很大的出入，以检测目标群体的定位是否准确。

9.2 数据监控，培养热门话题嗅觉

策划选题是贯穿于短视频运营始终的，对不少视频创作者来说，持续策划优质的短视频选题比较困难。有的创作者在制作了几条视频后，会发现自己陷入了选题瓶颈期，面对这样的问题，创作者要有一个积极的心态去应对，同时还要借助工具帮助自己获取短视频选题的灵感。

9.2.1 百度风云榜跟踪热点得流量

实时关注热点有助于创作者找到热门的短视频选题，找热点可以借助百度风云榜来查看。百度风云榜（http://top.baidu.com/）是以网民每日的搜索行为作为数据基础建立的排行榜，进入首页后可以看到实时热点以及今日上榜热搜，如图9-12所示。

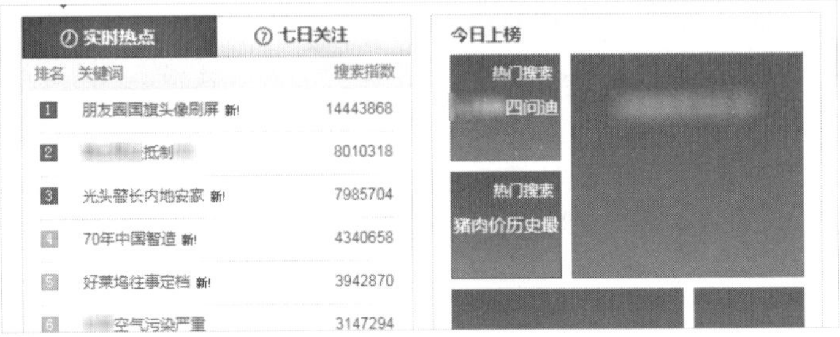

图9-12

在百度风云榜中，我们可以结合读者分析数据来查找目标对象关注的热点。❶单击“人群风向标”选项卡，❷在打开的页面中单击“热点”选项卡，如图9-13所示。

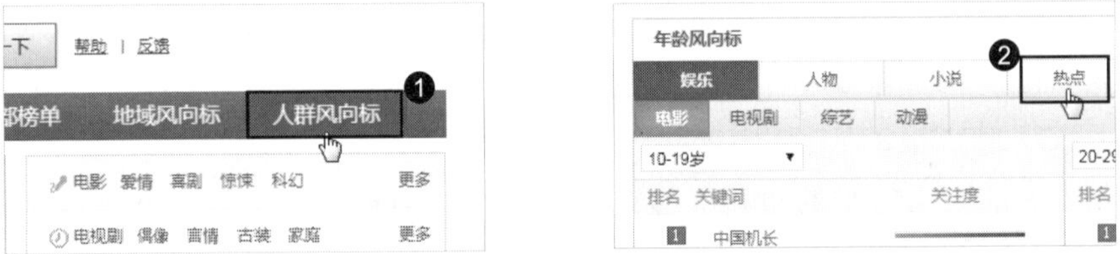

图9-13

❶切换至“热点”选项卡，❷在年龄下拉列表中选择与读者对象相匹配的年龄阶段，比如选择“30-39岁”选项，如图9-14所示。

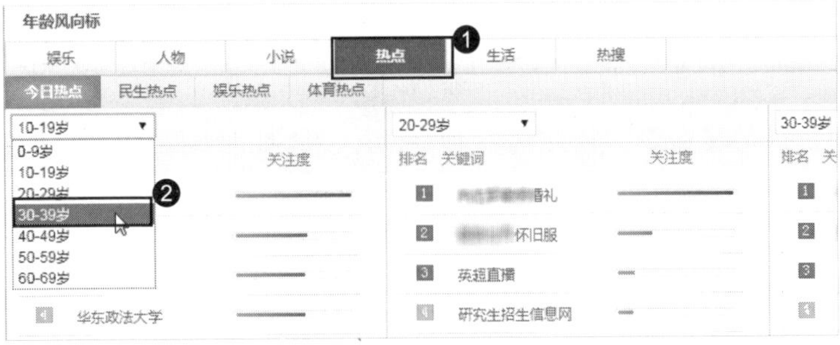

图9-14

如果要按地域查看读者对象热搜内容，可在首页单击“地域风向标”选项卡，❶在打开的页面中单击“热搜”选项卡，❷选择要查看的城市，如图9-15所示。

图9-15

百度风云榜中的“实时热点”榜单每1～2小时会更新一次，“今日上榜”栏则是从众多榜单中挑选的当日或近期上榜的热门词条。“人群风向标”按照细分人群关注的关键词来排序，“地域风向标”按照各省份人群关注的关键词来排序。

9.2.2　微博搜索了解热搜动态

微博也是我们短视频选题可以利用的平台，在微博中，我们可以重点查看微博热搜和热门话题榜。进入微博首页，单击“微博热门话题”栏中的“查看更多”超链接，在打开的页面中即可查看到热门话题榜单，如图9-16所示。

图9-16

单击“更多”下拉按钮可根据分类来查看话题榜，这里我们可以根据短视频的垂直领域来筛选。如单击“美食”超链接，在打开的页面中可以查看到与美食相关的话题榜单，如图9-17所示。

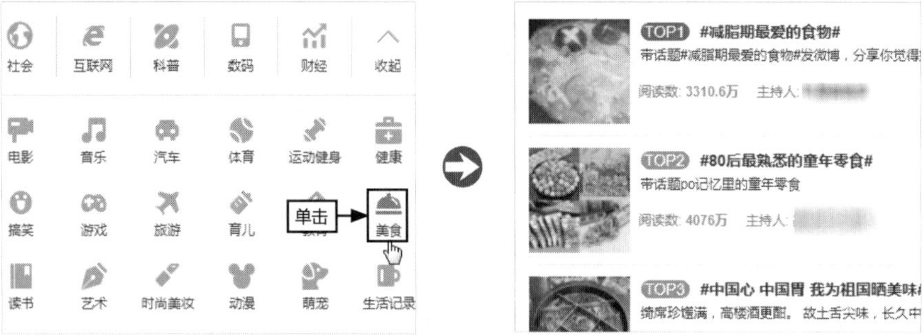

图9-17

❶单击“搜索”按钮，❷在“热搜榜”栏中单击“更多”超链接，如图9-18所示。

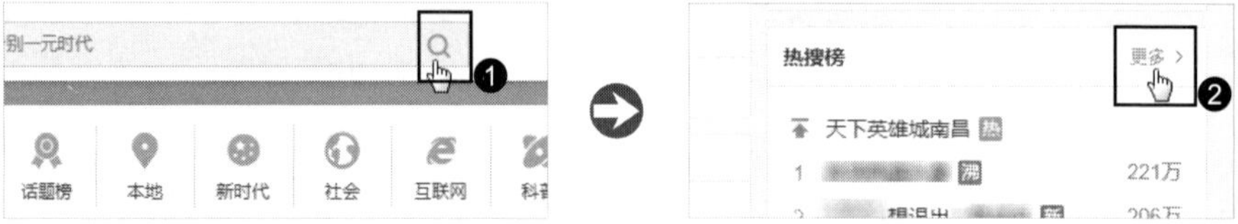

图9-18

在打开的页面中可以查看到热搜榜，单击榜单中的标题超链接，可跳转至该话题的微博搜索页面，如图9-19所示。

图9-19

微博实时热搜榜按照短时间内的搜索量来排序，短时间内搜索量非常高、上升趋势非常快的词都有可能进榜。话题榜按单位小时内话题的阅读量增量及用户参与量来排序。

9.2.3　公众号分析挖掘优质选题

公众号中每天都会产生大量的内容，这些内容的选题很多都是优质且热门的，通过了解公众号的热门内容，可以帮助我们挖掘适合短视频的优质选题。这里以新榜为例，来看看如何查看公众号热门内容。

进入新榜（https://www.newrank.cn/）首页，在“热文”栏中单击“更多”超链接，如图9-20所示。

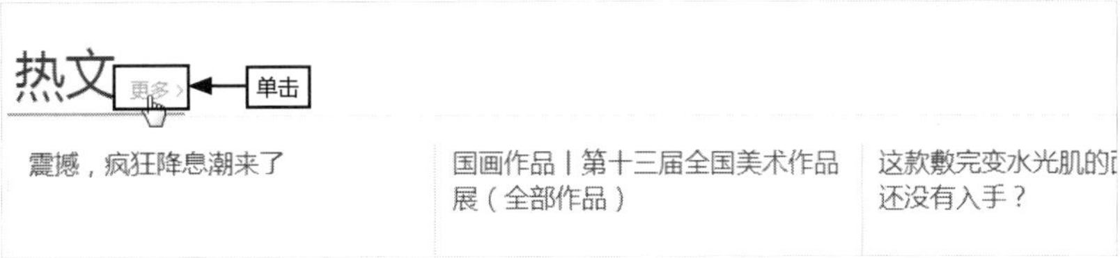

图9-20

在打开的页面中选择与短视频垂直领域相匹配的分类，如选择“美食”超链接，在筛选结果中可以查看到该分类下的热门内容，如图9-21所示。

图9-21

另外，在新榜中还可以进行关键词趋势查询，了解关键词在某一时段内的阅读总量的变化。❶在首页单击“趋势”超链接，❷在打开的页面中输入关键词，按【Enter】键进行搜索，如图9-22所示。

图9-22

在打开的页面中可以查看到阅读数趋势以及与该关键词相关的公众号文章，将鼠标光标移动到圆点位置可以查看该时段内阅读数最高的公众号文章排序，如图9-23所示。

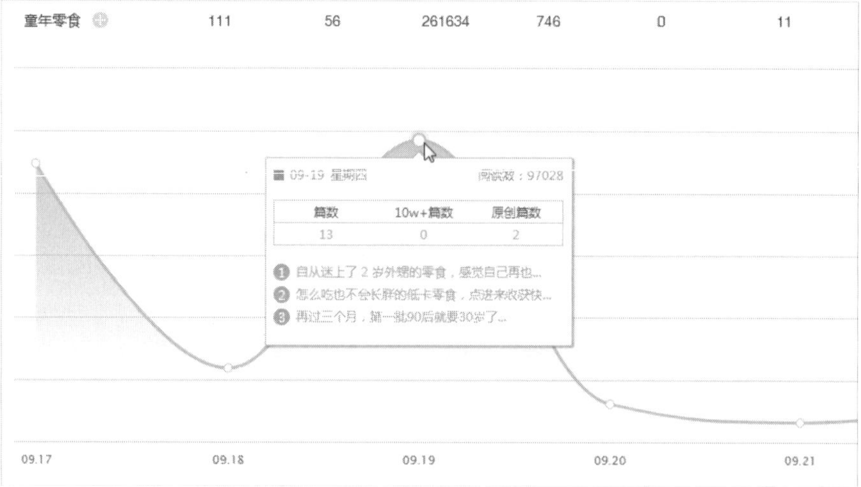

图9-23

9.2.4 短视频榜单热门视频一手掌握

在做短视频选题时，短视频平台的热门视频是不能忽视的题材库。可以查看短视频榜单的工具有很多，这里推荐几个比较实用的工具。

◆ TooBigData

进入TooBigData（https://kolranking.com/）首页后就可以看到抖音KOL数据，单击“热门视频”超链接，在打开的页面中即可查看到抖音平台的全部热门视频。并了解视频的作者、描述、点赞数、评论数和分享数，单击视频描述超链接，可跳转至视频详情页，在该页面可观看该视频，如图9-24所示。

图9-24

◆ 超微视矩

进入超微视矩（https://www.chaov.com/）首页，单击“排行榜”超链接，如图9-25所示。

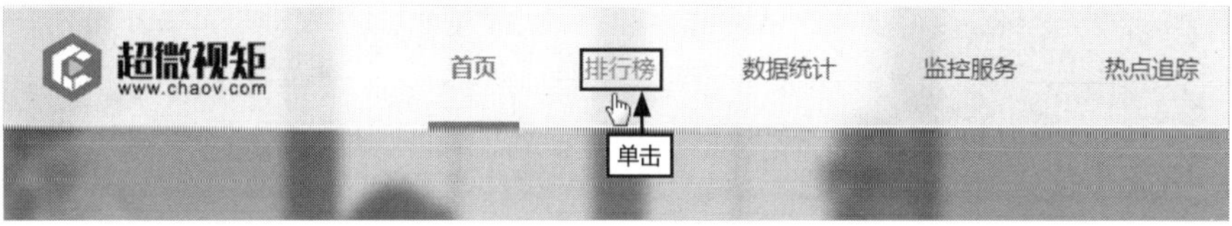

图9-25

在打开的页面中可以查看抖音拍客榜、抖音视频榜和抖音音乐榜，如图9-26所示。

图9-26

◆ 飞瓜快数

登录飞瓜快数（https://ks.feigua.cn/）后，❶单击“排行”超链接，❷在“短视频生态服务平台”下拉列表中选择要查看的平台，如图9-27所示。

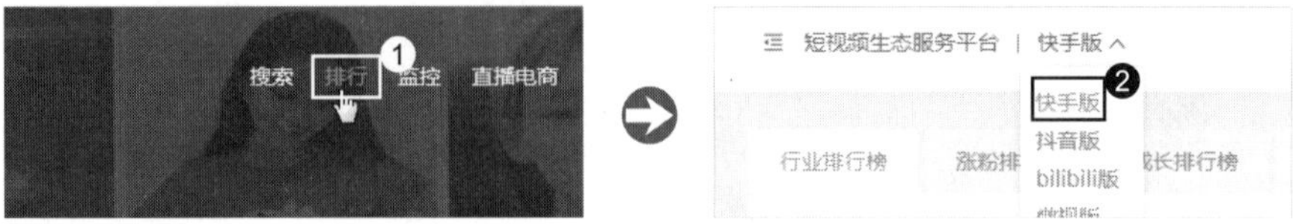

图9-27

在“快手热门素材”下拉列表中选择“快手热门视频”选项，在打开的页面中即可查看到快手热门视频，如图9-28所示。

图9-28

9.3 善用工具，提高短视频运营效率

在运营短视频时，借助工具可以帮助运营者提高短视频制作和发布的效率。这些工具使用起来都不难，但却是运营者的“好帮手”，下面来看看有哪些实用的工具可供运营者使用。

9.3.1 快捷去水印，对优质视频进行收集

在视频制作过程中，有时需要收集优质的短视频，对其进行二次加工后使用。如果直接从短视频平台上下载视频，这些视频都会带有水印，这时便可使用短视频去水印工具，去除视频水印后再下载，这里以去除抖音短视频的水印为例进行介绍。

❶在抖音APP的视频播放页面点击“分享”按钮，❷在打开的菜单中点击“复制链接”按钮，如图9-29所示。

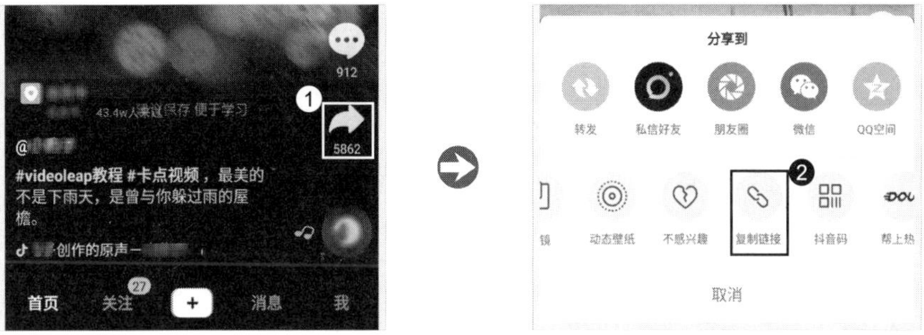

图9-29

打开手机微信，❶在搜索框中输入“去水印工具”，❷搜索类型选择小程序，❸在搜索结果中选择一个程序，如图9-30所示。

图9-30

打开小程序后，❶粘贴复制的抖音链接，❷点击“解析”按钮，❸解析完成后点击“下载视频”按钮，如图9-31所示。

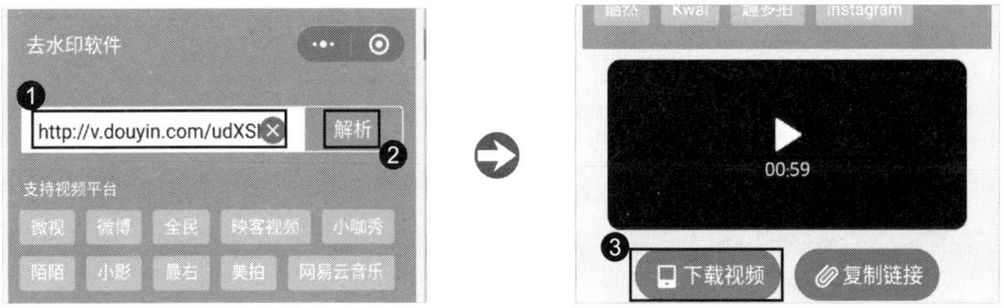

图9-31

完成以上步骤后视频会自动保存到手机相册中，在手机中播放视频可以看到视频水印已被去除。

9.3.2 账号评估，了解抖音号价值

在运营抖音账号一段时间后，如果想要了解账号的价值和基础数据等信息，可以使用超微视矩对账号进行评估，具体操作如下所示。

在被评估的抖音账号主页，点击按钮，❶在打开的页面中点击“分享”按钮，❷在打开的下拉列表中点击“复制链接”按钮，如图9-32所示。

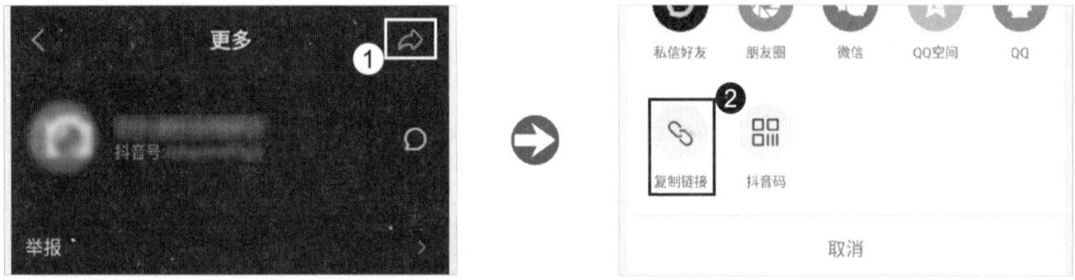

图9-32

进入超微视矩首页并登录，❶粘贴复制的抖音账号链接，❷单击“确认账号”按钮，❸在打开的下拉列表中单击“评估该账号”按钮，如图9-33所示。

图9-33

此时页面提示已提交评估，打开超微视矩微信公众号，在消息窗口点击获取到的账号评估报告，如图9-34所示。

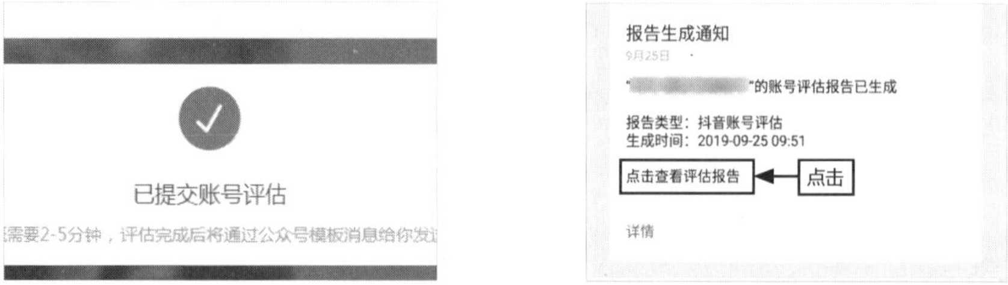

图9-34

在打开的页面中可以查看到账号的粉丝数、作品数、爆款作品数和账号运营时长数据，在“账号价值评估”栏中可查看账号估值。在“基础数据”栏中可查看视频的数据表现，如图9-35所示。

图9-35

在“带货能力评估”栏中可以查看视频的带货能力，包括带货视频数、带货视频总赞和带货视频均赞。在“视频互动率”栏中可查看视频的互动数据，如图9-36所示。

图9-36

9.3.3　一键分发，提高发布效率

现在的短视频平台有很多，我们做短视频运营也不会只局限于一个平台，制作一条视频会将其发布在多个平台，实现多平台曝光。如果每发布一条视频时都要登录多个平台账号进行发布，这样效率会很低，我们可以借助

一些工具来对各平台的账号统一管理，进行视频的一键分发。这里以视频兔兔为例，讲解如何进行视频的多平台一键发布操作。

进入视频兔兔（http://www.videototo.com/）首页并登录，❶单击"开始使用"按钮，❷在打开的页面中单击"账号管理"超链接，如图9-37所示。

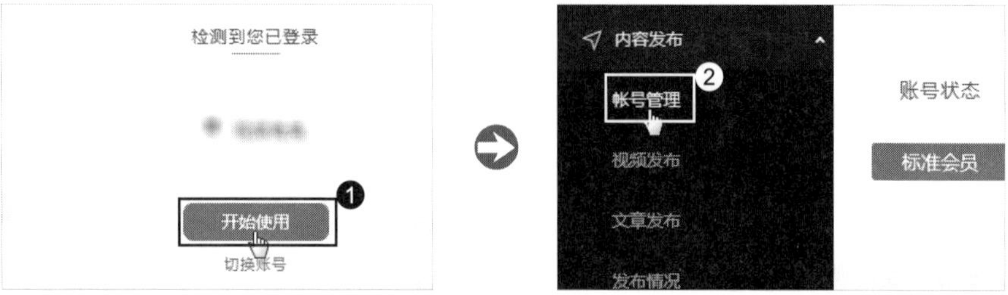

图9-37

❶单击账号添加的平台超链接，❷在打开的对话框中输入账号和密码，❸单击"确定"按钮，如图9-38所示。

图9-38

登录成功后按要求绑定账号即可，绑定完成后可在"账号管理"中查看已绑定的账号，已过期的账号可单击"重新绑定"按钮进行绑定，如图9-39所示。

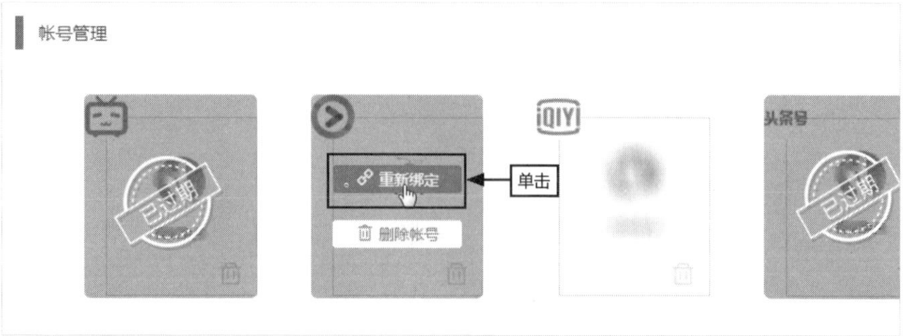

图9-39

完成所有账号的绑定后，❶单击“视频发布”超链接，❷在打开的页面中单击“上传视频”按钮，如图9-40所示。

图9-40

在打开的本地电脑中选择视频，单击“打开”按钮，视频上传成功后选择要发布的账号，如图9-41所示。

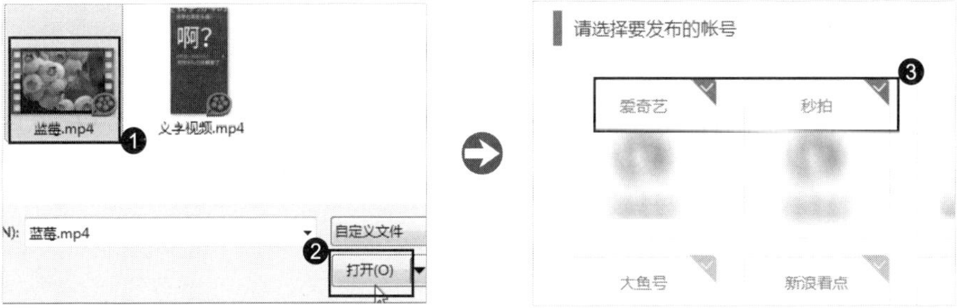

图9-41

选择账号后，按平台要求完善视频标题、简介、分类和发送时间，单击“保存并收起”按钮，如图9-42所示。

图9-42

因为不同的平台，风格会有所不同，所以在填写视频基本信息时最好有所区别，如果所有平台视频基本信息都相同，则可以单击“同步信息到所有账号”按钮一键同步信息。

完善所有平台的基本信息后，在页面左下角单击“确定发布”按钮发布视频，如图9-43所示。

图9-43

9.4 落实优化，用数据指导运营

在获取了短视频的各种数据后，我们需要利用这些数据来指导短视频的后期运营和优化，并对短视频的内容、渠道等方面做调整，从而促进视频运营的良性发展。

9.4.1 用数据持续指导运营渠道

在短视频运营的初期，我们并不清楚哪个渠道更适合我们，所以会铺设多个渠道。但在短视频运营一段时间后，我们就需要通过不同平台的数据表现来筛选渠道，将主要精力放在与我们的视频内容相匹配且数据表现好的平台上。比如同一条视频，在不同平台的数据表现如表9-1所示。

表9-1 同一视频在不同平台的数据表现

标题	平台	播放量	评论量	点赞量	转发量
捡肥皂只是个玩笑，但是有人当真了……	抖音	96 274	275	774	16
捡肥皂只是个玩笑，但是有人当真了……	快手	42 936	50	249	10

续上表

标题	平台	播放量	评论量	点赞量	转发量
捡肥皂只是个玩笑，但是有人当真了……	美拍	40 665	82	194	1
捡肥皂只是个玩笑，但是有人当真了……	优酷	1 288	26	37	2
捡肥皂只是个玩笑，但是有人当真了……	微视	2 430	14	15	0
……					

上表中，列举了一条视频在不同平台的播放和互动数据，从数据上可以看出，抖音、快手和美拍这几个平台的数据表现较好。而优酷、微视的数据表现较差。如果连续几期，微视和优酷的短视频数据依然没有起色，那么运营者就可以考虑对运营重心进行调整。

重点运营抖音、快手和美拍这3个短视频平台，且做精细化运营；对优酷和微视两个平台，则保证视频的发布即可。如果有的平台播放量和互动量长期表现只有一两百，甚至是零，那么针对这样的平台，运营者就需要考虑，是否要舍弃。

9.4.2 用数据指导短视频内容方向

一条视频是否被用户喜欢，用数据来检验最直接也最真实。通过统计不同的视频在同一平台或者全渠道的数据，就可以大致看出什么样的视频才是用户喜欢的。如表9-2所示为不同视频在全部渠道的数据情况。

表9-2 不同视频在全部渠道的数据表现

标题	推荐量	播放量	点赞量	评论量	转发量
跟小偷斗智斗勇智能音箱竟然会空城计	71 288	26 539	23	37	2
一分钟的浪漫烧掉亿元，人造流星雨，一颗花费100万	275 585	52 443	286	167	35

续上表

标题	推荐量	播放量	点赞量	评论量	转发量
不敢回家过年的90后们，你们是在怕什么	392 430	44 417	181	59	1
自行车中的宝马，轮胎不止能防爆还能折叠起来收着走	15 220	12 350	17	8	4
刷心脏支付？生物识别技术大盘点，不只是刷脸和指纹识别	16 693	12 823	22	6	2
……					

短视频在发布后会进入平台的推荐系统，所以上表中会有推荐量这一数据。从上表可以看出，前3条视频的播放和互动数据表现较好，后面两条视频的数据表现相对较差。从视频标题上可以大致看出，后两条的内容更偏向知识技能的传播，趣味性相对较少，因此数据表现相对较差。

在进行数据实际分析时，我们可以按播放量、点赞量、评论量和转发量来分析数据表现好的视频都有哪些特点，如下所示。

播放量高的视频特点分析：

1.标题足够有吸引力，有悬念或能引发好奇心

2.封面有趣，能够体现视频主要内容

3.内容具有实用性，与热点话题有联系

点赞量高的视频特点分析：

1.视频中有引导点赞的话术，如喜欢就点个赞呗

2.画质清晰，配音有趣

3.内容本身有能够打动用户的点，如创意、好玩、有趣

……

这样的分析方式对我们后期进行短视频内容策划会有很大的帮助，具体分析时，可以以一周或者一月的短视频数据作为依据，然后分析数据表现排在前面的视频特点。